파리 코뮌

파리 코뮌

− 한 보수주의자의 기록

Paris sous la Commune en 1871

샤를 베르즈랑 지음

강형식 옮김

도서출판 b

| 일러두기 |

1. 이 책은 Charles Bergerand, *Paris sous la Commune en 1871* (Paris: Adolphe Lainé, 1871)를 완역한 것이다.
2. 첨부된 각주는 모두 내용 이해를 돕기 위해 역자가 붙인 것이다.

<1871년 4월 2일부터 5월 24일까지의 파리 제2차 포위전>

| 차례 |

머리말 • 13

3월 18일   정부는 결정을 내리고자 한다—정부 포고문—빼앗기고 되찾은 대포들—피갈 광장의 사건—무기를 내려놓다—두 번째 포고문—르콩트 장군과 클레망 토마 장군의 암살—정부가 파리를 떠난다 • 17

3월 19일   파리와 새로운 주인—시민과 국민방위대에 대한 국민방위대 중앙위원회의 포고문—놀란 파리—위원회와 주르날 데 데바—누가 죄인이고, 누가 책임자인가?—국민방위대와 지불 기한 법 • 27

3월 20일   공식 신문의 첫 번째 호—위원회의 또 다른 포고문—'코뮌 의회' 선거—모레 유권자 소집—'내무부 대표' 임명—국회의원과 파리 구청장들 • 34

3월 21일   언론 선언—국민방위대와 전과자들—질서를 위한 시위—순찰과 총격 • 40

3월 22일   내일 선거—언론 공지—방돔 광장 총격 • 44

3월 23일   어제 비극에 대한 세부 소식—그들은 무장하지 않은 2만 명이었다—다시 연기된 선거—질서를 지키려는 국민방위대의 대응—한 교회의 수색—바크 거리로 향한 대포 • 47

3월 24일   세세 제독—희망을 품는다—위원회 대표들과 1구, 2구의 시청 직원들—합의 • 51

3월 25일   파괴된 희망—다시 보이는 희망—위원회가 최종적으로 승리한다—선거가 내일 진행된다—세세 제독이 베르사유로 돌아간다 • 54

3월 26일   합의 선언—주르날 데 데바의 태도—평온한 투표 • 57

3월 27일   투표를 권장한 신문들—권리와 사실 • 59

3월 28일   3월 26일 투표—그 도덕적 결과 • 61

3월 29일   파리 코뮌 정부—붉은 깃발—상지 장군과 크레메르 장군—전자는 후자 덕분에 석방되다—철도역의 모습—코뮌 회의, 연단 없음,

	공개 없음, 보고 없음-바리케이드-공무원들의 면직 • 63
3월 30일	코뮌과 임대료-징집 폐지 법령-파리에는 더 이상 군대가 없음-코뮌의 10개의 주요 위원회-공식 신문이 파리 코뮌 공식 신문이라는 제목을 채택한다-위원회 대표가 우체국 총국장을 방문-연합군 대대와 붉은 깃발 • 67
3월 31일	공식 신문이 옛 제목으로 돌아간다-3월 26일 선출된 인물들과 유권자 수-우체국 총국이 파리를 떠난다-우편 업무 봉쇄-또 다른 새로운 위원회-좌안 요새의 연합군-재무부와 코뮌-체포-기자의 역할이 어려워짐-팡테옹의 십자가들 • 72
4월 1일	시민 프로토, 대 판사-우편 업무와 상업-베르시 역에서 금고 압수-식료품 가격-공화국의 기마병들-언제 아시냐 화폐가 될까? • 77
4월 2일	코뮌에서의 사퇴자들-첫 전투-쿠르브부아에서 패배한 국민 방위대-도망자들-붉은 신분증이 없는 과일 상인 • 80
4월 3일	코뮌 대대들이 베르사유로 진격을 시도-'코뮌 장군들'의 계획-완전한 패배-기독교 학교의 형제들-상호 체포의 학교, 코뮌-베르사유와 더 이상 연락 없음-쿠르브부아의 신부 • 84
4월 4일	대포 소리와 시청의 침묵-리샤르-르누아르 대로의 연설자들-감시받는 대대들 • 90
4월 5일	의회군의 성공-플루랑과 뒤발의 죽음-신문 폐간-17세에서 35세의 독신자 징집-체포 • 93
4월 6일	용의자 법-시민 파스칼 그루세의 외국 강대국들에 대한 서한-지방에 대한 선언-체포와 수색-증권거래소 광장에서 소집된 회의 • 95
4월 7일	증권거래소 광장의 회의 방해-계속되는 체포-브리뇨 씨 체포는 시도에 그친다-코뮌 휴회-10일로 정해진 선거 • 100
4월 8일	대포와 소총 사격-시민 베르즈레와 낭공불락의 뇌이이-다른 임무로 배치되고 체포된 이 '장군'-장군 계급 폐지-베르즈레를

	대신하여 임명된 돔브로브스키 - 외국인들과 코뮌 - 이제 19세에서 40세까지 - 로피니옹 나시오날 기자 - 징집 불복자들 • 103
4월 9일	언론 자유와 시청 - 체포 - 압수 수색과 감동적인 이야기 - 제빵사와 정육점 주인들 - 콩코르드 광장의 바리케이드 • 107
4월 10일	명령, 명령 취소, 혼란 - 연합군의 신뢰를 얻기 위한 돔브로브스키의 업적 - 실종된 베르모렐 - 인간 사냥 - 교회 종의 침묵 - 파리의 슬픔 - 몇몇 훌륭한 대대들 - 복무와 급료 - 신생 언론들 - 플루랑의 어머니 - 체포가 늘어남 - 코뮌의 정치적 권력과 정부 - 사랑인가 경멸인가 • 113
4월 11일	계속되는 전투 - 연금이 쏟아진다 - 중앙위원회와 코뮌 - 죽지 않은 베르모렐 - 철거된 바리케이드 - 랑글루아 대령, 두 번째 사형 선고 - 계속되는 체포 - 이름만 여성일 뿐인 존재들 • 119
4월 12일	언론 기자들과 통행증 - 진실은 어디에 있는가? - 거리의 전쟁 - 도시가 받을 임대료 - 타인의 재산 • 123
4월 13일	트로카데로의 포대 - 가족에 대한 존중 - 모범적인 행정 - 장군들의 봉급 - 방돔 기둥 - 의심스러운 대대들 - 가족에 대한 사랑 - 체포 • 126
4월 14일	남쪽에서의 전투 - 티에르와 공화주의 연맹 - 모두에게 닥친 빈곤 - 계속되는 체포 - 석방된 아시 - 언론의 무분별함 • 130
4월 15일	코뮌의 승리 보도 - 시골 지역의 사람들과 신문 르 라펠 • 135
4월 16일	프로이센의 안보 - 파리의 보급 - 이사 - 코뮌은 직관적인 지식을 가진다 - 외드와 메지 - 하나의 여담 - 교도소에서의 포옹 - 부상자 구호를 위한 국제 협회 - 이야기하고 제스처를 취하는 사람들 - 전-경찰청 • 138
4월 17일	무해한 포격 - 후퇴가 일반화되다 - 재산권 - 체계적인 수색 - 이주 - 바리케이드 • 144
4월 18일	우리의 해방과 베르사유 정부의 계획 - 비와 연합군 - 채무 상환 기한에 관한 법령 - 코뮌 집행관의 창설 - 군사 재판소 • 148

4월 19일   연합군이 그들의 사망자를 불태운다 – 역에서 – 군사 재판소 사형 선고 – "부르주아 신문, 압수되었지만, 그것은 5수이다!" – 추방 • 153

4월 20일   휴전 – '프랑스 국민에게 드리는 선언문' – 4월 16일 선거 – 1,700표와 22,000명의 유권자 – 연합과 행정 권력 – 내 것과 네 것의 구분, 발언과 체포 – 고통스러운 통계 • 156

4월 21일   뇌이이에서 계속되는 전투 – 재조직된 열기구 부대 – 새로운 집행 위원회 – 코뮌의 경찰 – 미국 채석장과 국민방위대 – 새로운 체포 – 앵발리드의 은제품 • 162

4월 22일   4월 2일과 22일 부대 위치 비교 – 몇몇 대대의 손실 – 공공행정 직원들에게 내려진 최후통첩 – 신중한 선출자들 – 펠릭스 피아의 한마디 – 가택 방문 – 여전한 19세에서 40세에 관한 법령 • 166

4월 23일   군대가 영토를 확보하다 – 시민 브리온과 선거법 – 교육의 자유 – 코뮌의 인터내셔널 – 블루아 재판에 대한 회상 – 리볼리 거리의 바리케이드 – 코뮌으로 돌아온 베르즈레 • 171

4월 24일   '그들만을 위한 것' – 술의 남용과 부상당한 연합군 – 총을 든 모금 – 공증인, 감정인, 법원 서기의 설립 – 또 다른 외국인 – 저항 – "그를 제거하라!" – 음모 • 175

4월 25일   언론과 그 역할 – 인지세 폐지와 신문의 가격 – 신문 가격과 구매자 – 르 주르날 드 파리 – 휴전 – 포격 당한 이들 – 전-경찰 청과 그 대표들 – 생트-앙투안 외곽 지구와 제118대대 • 179

4월 26일   선출 원칙과 코뮌 – 프루동과 사회주의 – 하나의 예언 – 시청에서의 불화 – 재정적 어려움 – 존중받는 포스터 – 군사 법원 수장 시민 로셀의 사임 • 183

4월 27일   베르사유의 공격 – 철도 회사와 재무부 – 탈영 및 이탈 – 신문 라 페 – 종교 단체들에 대한 또 다른 비방 – 노동조합 연합 – 강제로 연 다섯 개의 금고 • 187

4월 28일   신문 르 탕의 협상안 – 인쇄업자들과 폐간된 신문들 – 강탈

	없이 끝난 압수 수색 – 연합군의 절제 부족 • 191
4월 29일	협약의 자유 – 하나의 수수께끼 – 값비싼 남용 – 티에르의 연설에 대한 여론 – 프리메이슨 – 펠릭스 피아와 그의 지역 여성 시민들 • 194
4월 30일	물리노와 클라마르 역 점령 – 연합군이 포기한 이시 요새 – 리옹 회사, 그들의 기부 – 독일 개입에 대한 소문 – 수수께끼의 해명 • 197
5월 1일	전쟁부 대표 클뤼즈레의 체포 – 로셀 시민이 해당 직책에 임명됨 – 잡화상과 관리관들 – 세금과 코뮌 – 소위 지방 시위 – 파타펭키 • 200
5월 2일	공안위원회의 설립 – 자체 관할권 – 제110 대대 지휘관 – 그가 사망자 중 하나로 포함된 방법 – 공안위원회와 언론 – 밤의 폭격 – 장관 집 약탈 – 새로운 신문 폐간 • 205
5월 3일	의회 깃발 – 미오와 공안위원회 – 반역자의 머리를 베어버려야 한다 – 공증인 사무실 폐쇄 – 언론 – 신문 라 나시옹 수브렌의 제안 – 로셀 그가 왜 코뮌에 갔는가? • 209
5월 4일	폐간된 라 나시옹 수브렌 – 코뮌과 제빵사들 – 노동의 자유 – 아시와 파리 – 주르날 – 통계 – 하루 500,000 프랑 – 물랭-사케 점령 • 212
5월 5일	열린 문을 여는 방법 – 말과 성벽 – 중앙위원회는 사퇴하지 않았다 – 전과자 출신 경찰 위원 – 지라르댕 씨와 그의 새로운 신문 – 코뮌의 구급대원들 • 215
5월 6일	암살의 미화와 변호 – 속죄 예배당 – 폐간된 7개의 신문 – 또다시 언급된 유대인 메 형제 – 고집 센 채무자들 – 코뮌의 전과자 회원 – 부르고뉴 거리에서 만난 제127대대 – 압수된 빵 • 218
5월 7일	27개의 신문이 6개로 줄어듦 – 공화주의 연합과 시의회 – 용맹한 대대 – 남편과 아들 때문에 체포된 여성과 어머니들 – 연합군을 배려한 군대 • 223

5월 8일 코뮌 언론과 모욕받은 농촌 - 카페 앞에서 살해된 연합군 대령
 - 잘못 배치된 리볼버 5만 정 • 227

5월 9일 말 강탈 - 티에르의 선언 - 19세 이상 40세 이하의 추가 소집 -
 정당성이 부족한 이름 - 이시 요새 점령과 전쟁부 대표 - 나는
 함정을 두려워한다 - 상반된 속보 • 230

5월 10일 혼란! - 로셀이 마자 감옥 감금을 요청함 - 들레스클뤼즈, 유럽
 을 구하자 - 비밀 위원회 - 중대한 결의 - 중앙위원회가 권력
 을 되찾다 - 방브 요새에 집중된 노력 • 235

5월 11일 시민 들레스클뤼즈가 전쟁부 대표로 임명됨 - 새로운 공안위원
 회 - 티에르 씨의 저택이 철거될 예정 - 로셀과 그의 감시인의
 탈출 - "우리끼리 서로 체포하자!" • 239

5월 12일 공안위원회의 포고문 - 새로운 무덤 - 여섯 명의 희생자 - 코뮌
 의 외과 의사들 - 여전히 위협받는 기둥 방문 • 244

5월 13일 코뮌의 법정 - 고백의 시기 - 감시 위원회 - 조국과 공화국 - 9
 구에서의 수색 - 코뮌의 전쟁 소식 • 247

5월 14일 5상팀짜리 공식 신문 - 시민 쿠르네를 대신해 전-경찰청장으로
 임명된 시민 페레 - 중앙 경찰서 설립 - 티에르 씨 집 철거 - 새
 로운 언론과 티에르 씨 가족에 대한 동정 - 코뮌에서의 르 페르
 뒤셴의 권위 - 용서를 요청하는 인용문 • 252

5월 15일 코뮌의 내부 방어 조직 - 세 명의 군 지도자들 - 시민증 - 코뮌
 의 급여와 계급 - 방브 요새 • 258

5월 16일 공화력과 공식 신문 - 코뮌 고위 관리들의 방식 - 코뮌은 싸움에서
 모든 파괴 수단을 사용할 것이다 - 도시들에 대한 호소 - 죽음과
 의 협약 - 파리는 스스로 폭발할 것이다 - 코뮌 내부의 분열 - 분
 열자들, 그들의 선언 - 또다시 신문 학살 - 기둥의 파괴 • 262

5월 17일 장군들의 부관들 - 또 다른 범죄적 법령 - 성벽에서 복귀한
 두 대대 - 탄약고의 폭발 - 성급했던 5월 7일의 선언 - 두려운
 선언들 - 또 다른 감방을 요구하는 사령관 • 269

| 5월 18일 | 끔찍한 비난 - 코뮌 신문과 이 비난 - 공안위원회의 선언 - 구세계의 종말 - 불복자들과 사형 - 코뮌 회의 - 열 개의 머리를 요구 - 코뮌에서의 소수자의 권리 - 상황에 대한 개요 • 277
| 5월 19일 | 공안위원회와 언론 - 아홉 명의 새로운 희생자 - 법령 위반자들이 군사 재판에 회부됨 - 그들은 사형에 처할 위험이 있음 - 계급장을 단 도둑들 - 신성 및 인간의 법률이 코뮌의 재판대에 섬 - 역에서 수색받는 우리의 여성들과 딸들 - 군사적 행동이 가까워짐 - 뇌이이에서 베르즈레의 준비 • 284
| 5월 20일 | 플로레알에서 프레리알로 - 코뮌과 그 도둑들 - 3월 18일은 인터내셔널의 작품 - 상황이 긴장됨 - 중앙위원회의 선언 - 그것은 전보다 더욱 강력함 - 코뮌의 푸키에-탱빌 - 선정적인 뉴스 - 인터내셔널의 집회 - 굶주림에서의 해방 - 태양과 땅은 프롤레타리아의 소유 - 우리의 철과 불의 고리 - 시간이 지날수록 조여짐 • 291
| 5월 21일 | 대장(大帳)을 불태우겠다는 위협 - 9개의 군사 보고서 - 죽은 자들이 말한다 - 현대의 헤로스트라토스 - 결정적인 순간에 도달했을까? - 코뮌의 급보, 모두를 만족시킨다 - 일부 군대가 요새를 뚫었을지도 모른다 • 301
| 5월 22일 | 소식이 사실이었다 - 밤 - 동네의 아침 - 삼색기 - 총알이 휘몰아친다 - 구원이다! - 군대가 파리에 입성하다 • 314
| ~31일 | 전투 - 살해와 방화 - 반란이 진압되었다 • 316

| 옮긴이 해제 | • 317

머리말

　이 책에 담긴 내용은 원래 출판을 염두에 두고 작성된 것이 아니며, 표현을 정성껏 다듬어 한 것이 아니다.

　지방 신문 편집장이고, 파리에 파견되었던 특파원 중 한 사람이었던 저자는 파리에 근무하는 동안 매일 저녁 전반적 상황을 신문사에 전해왔다. 그는 사건[1]이 시작된 뒤에도 그렇게 해오던 차에 드디어 3월 30일이 되었다. 그 날짜는 파리가, 9월 18일[2]과 마찬가지로, 지방과의 소통이 단절된 날이다.

　소통 단절이 일시적일 것으로 생각하고, 그는 매일 자신의 기록을 정리하는 것을 계속했다. 사건이 점점 심각해지자, 그는 어쨌든 자기 일을 계속하는 것이 중요하다는 것을 곧 깨달았다.

　어떻게 5월 31일에야 비로소 우편 통신이 재개되었는지 우리는 알고 있다.

　여기서 독자에게 공개하는 편지들은 3월 18일에 시작되어 파리의

---

1. 여기서 사건이란 프랑스-프로이센 전쟁(1870~1871)과 그로 인해 1871년 3월18일 발생한 파리 코뮌을 의미하는 것으로 보인다.
2. 1870년 9월 18일. 프로이센군이 파리를 포위하기 시작한 날. 포위는 이듬해 1월 28일까지 지속된다.

질서가 회복된 다음 날에 끝난다.

3월 30일에서 5월 31일 사이에 끊어졌던 파리와 지방의 연결이 복구되자, 코뮌 행위들,[3] 중대한 사건들을 날짜별, 시간별로 정리하거나 분석해 온 그 편지들은 세계사에 전례가 없는 고통스럽고 범죄적인 반란이 발생한 파리 모습을 전한 진정한 일지가 된다.

매일의 기록 작업은 그날그날의 흔적과 모습을 간직하고 있다.

특히 반란 기간에는 오늘과 내일이 크게 다르다. 예측이 이루어졌을 때는 정확했어도, 시간이 지나면 그 예측이 실현되지 않는다. 왜냐하면 새로운 사실이나 모순된 일이 벌어질 것이기 때문이다. 어떤 행위는 그것이 의도한 결과를 얻지 못할 수 있다. 얼마 지나지 않아 상황을 악화하거나 완화하는 변화가 생길 수 있기 때문이다. 현명하고 진실한 판단이라 해도 그 순간에는 옳을지 모르지만, 사건이 빠르게 진행됨에 따라 누구도 감히 예측할 수 없었던 새로운 상황이 발생하면서 그 판단이 틀렸다고 여겨질 수 있다.

이런 여건에서 작성된 이 내용들은 예측하고 기대했던 결과와 전혀 반대되는 결과가 발생한 여러 가지 예를 제시할 것이다.

저자는 자신의 작업을 이런 관점에서 다시 검토할 수도 있었고, '발생한 사실'에 더 적합하게 '과거'를 꿰맞추며 쉽게 예언자가 될 수도 있었다. 그러나 그는 그렇게 하려 하지 않았다. 실제로 그렇게 했다면 이 작업의 유일한 가치이자 앞에서 말한 가치를 없애버리는 결과를 낳았을 것이다. 여기서 말하는 가치는 독자가 당시의 모든

..
3. 코뮌 정부가 3월 18일에서 28일까지 도시를 통제하는 기간에 행한 결정, 행위, 법령, 조치 등을 모두 가리킨다.

행위를 통해 시간별로 반란 과정을 따라가게 하고, 새벽부터 밤까지 발생한 사건과 그것의 진실하거나 거짓된, 근거 있거나 없는 수많은 소문을 평가하게 하고, 행위나 사건에 대한 언론과 여론에 대해 의문을 던지며 각자가 느끼도록 하는 것이다. 이것이 저자가 의도한 유일한 목표이다. 그것이 이루어지길 바란다.

파리, 1871년 6월 5일

파리, 1871년 3월 18일

나는 여기서 몽마르트르 대포 사건 경위를 되풀이하려는 것이 아니다. 프로이센 군대가 샹젤리제와 콩코르드 광장에 나타났을 때 그들의 습격으로부터 보호한다는 명목으로 국민방위대가 어떻게 야간에 무기고를 습격하여 몽마르트르 언덕에 포대를 옮겨 설치했는지를 상기시킬 필요도 없다. 그리고 나중에 그 명분과 이유가 사라졌을 때, 공화국 방어가 '반동'과 정부 자체에 의해 위협받고 있다고 주장하며 어떻게 같은 대대들이 대포 반환을 거부했고, 포병대가 자신들을 방어해야 한다고 주장했는지도 언급할 필요가 없다. 이 비참한 상황은 모두에게 잘 알려져 있다. 더 알려진 사실은 이 반역적인 국민방위대가 이른바 '중앙위원회'의 명령에 따르고 있다는 것인데, 그 위원회는 자신들이 국민방위대의 대표자로 선출되었으며, 파리 시민 이름으로 무제한의 권한을 부여받았다고 주장하였다.

어쨌든, 이러한 상황이 지속되면 어려움이 커질 수밖에 없으며, 우호적인 해결책이 불가능하다는 것이 증명되면, 당국은 망설임 없이 힘을 통해 해결책을 찾아야 했다.

정부는 결단을 내렸으며, 어제 베르사유에서 열린 마지막 회의에서 최종 조치가 결정되었다.

오늘 아침 동틀 무렵에 도시의 모든 구역에서 경보가 울렸고, 동시에 정부는 다음과 같은 포고문을 게시했다.

정부 포고문

파리 시민들에게,

우리는 다시 한번 여러분의 이성과 애국심에 호소한다. 우리 목소리가 전해지길 바란다.

여러분의 위대한 도시는 질서 속에서만 유지될 수 있는데, 몇몇 지역은 심각한 혼란에 빠져 있다. 이 지역들의 혼란은 다른 지역으로 퍼지지 않더라도 그 자체로 일터로 돌아가 안정을 되찾는 것을 방해하고 있다.

얼마 전부터 일부 악의적인 사람들이 이제 이 도시에 더 이상 존재하지 않는 프로이센 군대를 저지한다는 명목으로 도시 일부를 장악하고 방책을 세우고 경비를 서고 있다. 이들은 비밀 위원회의 명령에 따라 여러분도 그들과 함께 경비를 서도록 강요하고 있으며, 이 위원회는 국민방위대 일부를 독단적으로 지휘한다고 주장하고 있다. 이에 따라, 적법한 지휘자 오렐 장군의 권위를 무시하고, 보통선거로 설립된 합법 정부와 대립하는 정부를 구성하려 하고 있다.

이들은 여러분에게 이미 큰 피해를 주었고, 여러분이 직접 10월 31일에 해산시켰다.[4] 이들은 여러분의 도시 안에 잠시 나타날 뿐인 프로이센 군으로부터 여러분을 방어한다는 명목을 내세우며, 이러한 무질서가 그들이 완전히 떠나는 것을 지연시키고 있다. 이들은 대포로 위협하는

---

4. 1870년 10월 31일 프로이센이 파리를 포위하는 동안 정부의 항복 움직임에 분노한 파리 사람들과 공화주의자들이 반란을 일으켰으나, 이는 국민방위대 일부와 정부 병력에 의해 **빠르게** 제압되었다.

데, 만약 발포된다면 그 대포는 여러분의 집, 아이들, 여러분 자신을 파괴할 뿐이다. 또한 공화국을 방어하기는커녕 위태롭게 하고 있는데, 만약 공화국이 무질서를 필수적으로 동반한다고 사람들이 생각하게 된다면, 공화국은 몰락할 것이기 때문이다. 이들을 믿지 말고, 우리가 진심으로 여러분에게 전하는 진실에 귀 기울이기를 바란다.

국가 전체에 의해 설립된 정부는 국가로부터 탈취되어 현재 오직 여러분만을 위협하고 있는 대포를 되찾고, 상업을 방해할 뿐인 터무니없는 진지陣地를 제거하고, 외국과의 전쟁을 내전으로 바꾸려는 범죄자들을 법의 심판에 맡길 수 있었다. 그러나 정부는 시민들을 속인 사람들과 그들에게 속은 시민들이 분리될 시간을 주고자 했다.

그렇지만 진실한 사람들과 불의한 사람들을 분리하기 위해 주어진 시간은 여러분의 휴식, 여러분의 안녕, 그리고 프랑스 전체의 안녕을 빼앗고 있다. 따라서 이를 무한정 연장해서는 안 된다.

이 상태가 지속되는 한 상업은 멈추고, 여러분의 상점은 황폐해지고, 사방에서 몰려들어야 할 주문은 중단될 것이다. 여러분의 일손은 한가해지고, 신용은 다시 회복되지 않는다. 그리고 정부가 적의 점령에서 영토를 해방하는 데 필요한 자본도 투자를 망설이게 된다.

여러분 자신의 이익과 여러분의 도시 그리고 프랑스 전체의 이익을 위해 정부는 행동하기로 결심했다. 자신들의 정부를 세웠다고 주장하는 죄인들은 정식 사법부에 인도될 것이고, 국가에서 탈취된 대포는 군수품 창고로 반환될 것이다. 정의와 이성을 위한 이 긴급한 행위를 수행하기 위해 정부는 여러분의 협력을 기대한다.

선량한 시민들은 나쁜 사람들과 함께하지 말라. 공권력에 저항하지 말고 협력하라. 그렇게 하면 도시는 안정을 되찾고, 사람들 마음의 무질서가 공화국을 파괴하지 않게 될 것이다.

    파리 시민 여러분, 우리는 여러분의 상식, 지혜, 애국심을 존중하기 때문에 이렇게 말한다. 그러나 이 경고가 주어진 후에는 우리가 힘을 사용해야 한다는 것을 지지해 주기 바란다. 왜냐하면 어떤 대가를 치르더라도 하루바삐 여러분의 안녕에 필수적인 질서를 전면적, 즉각적, 영속적으로 회복해야 하기 때문이다.

파리, 1871년 3월 17일

티에르THIERS, 각료회장, 공화국 행정부 수장. 뒤포르DUFAURE, 법무부장관. E. 피카르E. PICARD, 내무. 푸이에-카르티에POUYER-QUERTIER, 재무. 파브르FAVRE, 외무. 르플로LE FLÔ 장군, 전쟁. 포튀오POTHUAU 제독, 해군. J. 시몽J. SIMON, 공보. 드 라르시DE LARCY, 공무. 랑브레크트LAMBRECHT, 상무.

모두 열심히 이 문서를 읽는다.

그러나 이미 아침 사건에 관한 첫 번째 정보가 도착하고 있다.

여기서 시기, 장소, 시각의 상황이 중요하다.

결정적인 순간에는 정보가 증권거래소 광장과 여러 큰 거리에 집중된다.

나도 그곳으로 간다. 내가 도착했을 때는 8시였다.

그곳에서 내가 알게 된 사실은 이렇다.

새벽부터 몽마르트르 언덕 주변 모든 주요 도로는 정규군이 군사적으로 점거하였다.

전날 밤은 몹시 추웠다. 짙은 안개로 몽마르트르 언덕에 주둔한 대부분 국민방위대가 자리를 비워, 원래 이삼백 명이 있어야 할 대포를 지키는 초소에 고작 예순 명만 남았다.

잠든 초소를 급습하고 보초들을 무장 해제시키며 장소를 장악하는 것은 우리 병사들[5]에게 짧은 순간의 일이었다.

그것은 새벽 3시에서 4시 사이에 벌어진 일이었다.

모두가 끝난 것처럼 보였고, 실제로 몇 시간이 흘렀지만, 새로운 분쟁은 보고되지 않았다.

곳곳에 사람들이 모여 있었고, 활발한 대화가 오갔다. 모든 지점에서 군중이 늘어나고 있었다. 그리고 그것이 전부이다.

8시 30분경, 임무 수행을 위해 준비된 마차들이 큰 어려움 없이 언덕에 도착하여 대포를 병기고로 돌려보내기 위해 실어 나르기 시작했다.

10시가 되었다. 갑자기 국민방위대가 다시 공격을 시작하고, 언덕이 다시 그들 수중에 넘어갔으며, 군대가 항복하고 폭도들과 화해하고 있다는 소문이 파리 시내에 퍼졌다.

도대체 무슨 일이 벌어진 것일까?

전모는 이렇다.

포병이 가져온 마차들은 늦게 도착하고, 숫자도 부족했다. 반란군

---

5. 저자가 '우리 병사', '우리 군대'로 표현하는 것은 베르사유 정부군이다. 코뮌에 가담한 국민방위대는 군인과 시민이 연합된 '연합군'으로 지칭한다. 이렇게 부르는 이유는 다양한 계층과 이념을 가진 사람들이 함께 참여했기 때문이다. 국민방위대는 노동자, 시민, 그리고 일부 기존 정부군 출신 병사들까지 포함하여 조직되었다.

은 정부군이 장소를 점령하는 시간과 대포를 옮기는 시간 사이를 이용했다. 경보가 울리고, 비상소집이 발령되었다. 사방에서 지원군이 도착했다. 그렇지만 대포 일부는 마차로 끌고 가거나 포병 자신들이 직접 끌면서, 언덕을 내려와 이동되기 시작했고, 대열은 방해 없이 르피크 거리rue Lepic 근처의 아베스 거리rue des Abbesses까지 도착했다.

그곳에서 대열은 많은 수의 여성과 함께 집결한 국민방위대에 의해 저지되었다. 이를 보호하려는 군대가 르피크 거리를 따라 블랑슈 거리rue Blanche로 진입하려고 시도했으나, 수적으로 압도되어 대포를 반란군에게 넘겨주었다. 반란군은 대포를 몽마르트르 지역 구청 광장으로 운반했다. 그러나 이 포기 결정은 원정대를 지휘하는 사령관 르콩트Lecomte 장군의 생각에는 일시적으로 그런 것이었다. 그는 철수하고 재정비한 후 블랑슈 거리와 두아이 거리rue de Douai에 도달하였다. 그리고 피갈 광장place Pigalle을 향해 진격했는데, 몽마르트르에 있는 구청 광장을 목표로 삼았고 그곳에서 대포를 되찾으려 했다.

폭도들은 그러한 움직임을 예견하고 군대를 앞질러 피갈 광장에 도착했다. 여기서 반란군과 원정대가 만나게 된다.

반란군의 대열은 더 커졌다.

방위대는 정부군에게 무기를 내려놓고 시민 '형제들'에게 발포하지 말도록 간청한다. 남성들의 간청에 여성들은 그들의 간절한 기도를 보탠다.

바로 그때 국민방위대의 대열에서 발사된 총알이 한 저격 장교를 즉사시킨다. 몇 발의 총성이 뒤따랐고, 국민방위대와 정부군이 산발적으로 반격한다.

거의 동시에 큰 소란이 벌어진다. 정부군 병사들과 국민방위대가 서로 뒤엉킨다. 혼란이 극에 달한다. 갑자기 르콩트 장군이 그의 참모진과 강제로 떨어져 포위되어 말에서 끌어내려지고, 샤토-루즈Château-Rouge로 이송된다. 그곳에서 장군은 여러 군인, 군사경찰과 함께 포로로 잡힌다.

그 순간부터 일선 병사들은 완전히 혼란에 빠져 싸움을 거부하고, 항복한다. 무리 지어, 혹은 혼자서 모든 방향으로 도망치고, 몇몇은 반란군에게 합류한다.

클리냥쿠르 도로chaussée Clignancourt는 몽마르트르와 라 샤펠la Chapelle을 나누는 큰길이다. 많은 부대가 그 길의 경비를 맡았고, 몽마르트르의 부대에 국민방위대가 합류하지 못하게 하는 임무를 맡고 있었다. 그러나 그곳에서도 이 부대들은 국민방위대에 설득당했다. 그들은 더 나아가 방위대에 무기, 탄약, 장비를 넘겨주었다.

이렇게 자신의 임무와 깃발을 져버린 연대의 번호를 나열하면 정규군 제88연대와 제120연대 등이다.

내가 특별히 말하고 싶은 것은 그 부대의 장교와 부사관들이 어떤 정도로도 반란에 가담하지 않았으며, 모두가 군대의 대열에 다시 합류했다는 점이다.

몇몇 차이는 있지만, 같은 사건들이 다른 장소에서도 반복되었다. 예를 들어 라 빌레트la Villette와 루아얄 광장place Royale 등에서도 발생했다.

이렇게 정규군의 이탈로 인해 국민방위대의 반란 부대는 아침에 교묘히 빼앗겼던 위치를 되찾게 되었다. 그들은 다시 높은 곳을 완전히 장악하게 되었다.

이 모든 일이 8시 반에서 9시 반 사이에 벌어진 일이다.

아침부터 파리의 주요 지점들이 군대에 의해 점령되었다: 콩코르드 광장, 뤽상부르Luxembourg, 팡테옹, 시청, 법원, 바스티유 광장에 강력한 부대가 배치되었다. 정오에는 이 부대들이 각자의 병영으로 돌아가라는 명령을 받았다. 그리고 몽마르트르, 벨빌Belleville, 라 빌레트의 국민방위대 부대로 교체되었다.

바스티유 광장은 처음 점령된 지점이다. 제66대대가 약 2시에 그곳에 도착한다. 그리고 한 방위대원이 원형 기념물 기단에 올라 붉은 깃발을 흔든다.

같은 시각, 센la Seine[6] 지역 국민방위대 전 총사령관인 클레망 토마Clément Thomas 장군이 외곽 대로에서 평민 복장을 한 채 발각되어 반란군에게 체포되어 포로로 잡혔을 것이라는 소문이 퍼졌다.

얼마 지나지 않아 르콩트 장군과 클레망 토마 장군이 총살되었을 것이라는 소식이 들렸다.

이 두 명의 살해는 대중의 분노를 불러일으켰다.

3시. 정부는 다음과 같은 새로운 포고문을 게시한다.

파리의 국민방위대에게

정부가 쿠데타를 준비하고 있다는 터무니없는 소문이 퍼지고 있다.

공화국 정부는 오직 공화국의 안녕 이외의 다른 목표를 가지고 있지 않고, 가질 수도 없다.

정부가 취한 조처는 질서를 유지하기 위해 필수적이었다. 정부는

---

6. 당시 센(La Seine) 지역(道)은 파리를 둘러싼 행정구역으로 현재에는 여러 지역으로 나누어져 있다.

반란 위원회를 끝내기를 원했고, 지금도 원하고 있다. 그 위원회는 거의 모두 시민에게 알려지지 않은 구성원으로 이루어져 있고, 공산주의 이념만을 내세우고 있다. 그리고 국민방위대와 정부군이 협력하여 조국과 공화국을 방어하지 않는다면, 그 위원회는 파리를 약탈하고 프랑스를 무덤에 빠뜨릴 것이다.

파리, 1871년 3월 18일
A. 티에르, 뒤포르, E. 피카르, 쥘 파브르, 쥘 시몽, 푸이에-카르티에, 르 플로 장군, 포튀오 제독, 랑브레크트, 드 라르시

아침부터 중앙위원회의 명령에 따라 언덕에서 경보가 울리고, 비상소집이 발령된 것처럼, 이번에는 정부의 명령으로 파리 내부에 같은 명령이 내려진다.

4시 반, 모든 정치집단에서는 정부가 파리에서 안전하지 못하다고 판단하고 베르사유로 후퇴해서 대책을 논의하기로 했다. 정부의 권위를 내세울 수 없는 상황에서 정부는 그 권위를 훼손하지 않도록 해야 할 의무가 있다고들 말한다.

일부는 찬성하고 일부는 비난한 이 결정에 따라 당일 밤 안으로 모든 공권력도 베르사유로 이동하게 될 것이다. 또한 사람들은 모든 국가와 도시 서비스도 따라갈 것이라고 말한다.

저녁이 다가올수록 반란군의 대담한 행동이 쉬워진다. 앞서 말한 대로 정부군이 아침에 있던 곳에서 철수하자, 위원회 부대는 바스티유를 차지한 후 리샤르-르누아르 대로boulevard Richard-Lenoir, 프랭스-위젠 대로boulevard du Prince-Eugène, 콩코르드 광장place de la Concorde 등을

차례로 점령한다.

그렇지만 아침부터 질서 유지군이 차지하고 있던 방돔 광장place Vendôme은 저녁 8시까지도 아직 반란군이 들어오지 않았다.

8시 반에, 몽마르트르의 두 대대가 2,500에서 3,000명의 병력으로 페 거리rue de la Paix 입구에 나타난다. 그들은 이곳을 점령하러 온 것이다. 사령관에게 자신들을 따라 총을 머리 위로 들어 올리라고 요청한다.

사령관은 이러한 위협에 대해 무기를 장전하고 맞서라고 명령한다. 이러한 강경한 태도는 몽마르트르의 반군들을 압도한다. 협상을 시도한다. 그렇지만 사령부로부터 광장을 넘겨주라는 명령이 도착한다. 이 명령만으로도 정부가 파리를 일시적으로 비웠다고 몇 시간 전부터 사람들이 주장해 온 것이 확인된다.

이것이 3월 18일의 상황이다. 이날은 우리 역사에서 가장 고통스러운 날 중 하나로 기억될 것이다.

내가 이 짧은 요약을 마무리하는 순간, 르콩트 장군과 클레망 토마 장군의 살해는 더 이상 의심의 여지가 없다. 희생자들은 심지어 재판 시늉조차 없이, 로지에 거리rue des Rosiers 6번지에서 총살되었다.

3월 19일

오늘 아침, 파리는 스스로 자리를 차지한 주인의 통치 아래 깨어난다.

자칭 국민방위대 중앙위원회는 그에게 복종하는 대대들을 통해 파리의 모든 주요 지점, 시청, 대부분 부처, 경찰 본부 등을 점령하고 있다. 붉은 깃발이 시청 건물 위에 휘날리고 있다.

파리의 새 정부는 오늘 아침 다음과 같은 포고문을 게시한다.

프랑스공화국

자유, 평등, 박애

인민에게

시민들이여,

파리 시민은 강요받던 굴레에서 벗어났다.

힘을 유지하며 냉정하고 침착하게 시민들은 공화국을 해치려던 파렴치한 미치광이들을 두려워하지 않고, 도발하지도 않으며 기다렸다.

이번에는 군대의 형제들이 우리 자유의 성궤에 손을 대기를 원치 않았다. 감사하다. 그리고 파리와 프랑스가 힘을 합쳐 모든 측면에서 환호받는 공화국의 기초를 세우기를 바란다. 이 공화국은 침략과 내전의 시대를 영원히 끝낼 유일한 정부이다.

계엄령이 해제되었다.

파리의 시민은 구역별로 지방 선거에 응하기를 바란다. 모든 시민의 안전은 국민방위대의 협력으로 보장된다.

파리 시청, 1871년 3월 19일

국민방위대 중앙위원회,

아시ASSI, 빌리오레BILLIORAY, 페라FERRAT, 바빅BABICK, ED. 모로ED. MOREAU, CH. 뒤퐁CH. DUPONT, 바를랭VARLIN, 부르시에BOURSIER, 모르티에MORTIER, 구이에GOUHIER, 라발레트LAVALLETTE, FR. 주르드FR. JOURDE, 루소ROUSSEAU, CH. 륄리에CH. LULLIER, 블랑셰BLANCHET, J. 그롤라르J. GROLLARD, 바루BARROUD, H. 즈레슴H. GERESME, 파브르FABRE, 푸즈레POUGERET

프랑스공화국

자유, 평등, 박애

파리 국민방위대에게

시민들이여,

여러분은 우리에게 파리와 여러분의 권리를 방어하도록 요청하였다. 우리는 그 임무를 완수했다고 생각한다. 여러분의 고결한 용기와 놀라운 침착함으로 우리는 우리를 배신한 이 정부를 몰아냈다.

이 순간, 우리의 임무는 종료되었으며, 우리는 그것을 보고한다. 우리는 인민의 숨결이 지금 막 몰아낸 사람들의 자리를 차지할 의도가 없다.

그러므로 즉시 지방 선거를 준비하고 시행하여, 우리가 언제나 바랐던 단 하나의 보상을 주기 바란다. 그것은 진정한 공화국을 세우는 것을 보는 것이다.

그동안 우리는 인민의 이름으로 시청을 지키겠다.

파리 시청, 1871년 3월 19일
국민방위대 중앙위원회,
아시, 빌리오레, 페라, 바빅, ED. 모로, CH. 뒤퐁,
바를랭, 부르시에, 모르티에, 구이에, 라발레트,
FR. 주르드, 루소, CH. 뤼리에, 블랑세, J. 그롤라
르, 바루, H. 즈레슴, 파브르, 푸즈레

파리는 놀라고 아연실색한다. 자신을 대표자라고 주장하고, 이름을 감히 포고문에 인쇄하는 사람들의 글을 벽에서 읽는다.

이 글을 읽는 대중의 심정을 〈주르날 데 데바*le Journal des Débats*〉[7]가 다음과 같이 표현한 것보다 더 잘 대변할 수는 없을 것이다.

인민의 이름으로 시청을 점거할 권리를 스스로 주장한 국민방위대 중앙위원회가 도대체 무엇이란 말인가? 우리 중 누가 그들을 지명하였나? 우리 중 누가 오늘 우리에 의해 성립되었다고 주장하는 이 숨겨진 권력이 만들어진 것을 의심이라도 했나? 저들의 가소로운 투표함 주변

..
7. 〈주르날 데 데바〉는 1789년 프랑스 혁명 초기, 국민의회(Assemblée nationale)의 토론과 결정 사항을 국민에게 알리기 위해 창간되었으며, 19세기 프랑스 언론 중 가장 영향력이 컸다. 1944년 8월 프랑스 수복 직후, 독일 점령기 협력 혐의로 폐간되었다.

으로 우리를 부르도록 저들에게 허용된 권리는 무엇인가? 감히 어떤 선량한 사람이 오늘날 프랑스에 존재하는 유일한 권위가 명령하지 않은 이 투표에 자신의 표를 던지겠는가? 시민과 국민방위대에게는 호소하면서, 르콩트 장군과 클레망 토마 장군의 암살자를 비난하고 규탄하지 못하는 이 정부는 도대체 무엇인가? 경찰 본부에서 틀림없이 본인들의 아주 상세한 경력이 기록된 사법 문서를 소멸시키는 것으로 시작하는 이 통치자들은 누구인가? 2월 24일 임시정부[8]는 그 안에 라마르틴 Lamartine, 아라고 Arago 같은 명망 있는 사람을 포함했다. 1870년 임시정부는 쥘 파브르 Jules Favre의 설득력과 에르네스트 피카르 Ernest Picard의 정교함과 정치적 명철함을 자랑할 수 있었다. 3월 18일 쿠데타는 노동조직의 파괴자인 아시 Assi와 그들의 호위병들조차 이름을 들어본 적이 없는 사람들에 의해 행해졌다. 그리고 불과 6주 전에 선출된 프랑스 전역의 합법적인 대표들을 침묵시키려 하는 사람들이 바로 이들이다! 이건 아니다. 정말로 우리는 그런 모욕을 참을 수 없다. 그리고 이 끔찍한 반란에 대한 정의로운 판단이 내려질 때까지, 우리는 우리의 명예와 양심을 걸고 전력을 다해 항의하며, 3월 18일의 슬픈 영웅들에게 크게 외친다. 파리가 여러분을 모르는데, 여러분은 파리를 대신해 발언할 권리가 없다. 당신들을 너무 잘 아는 사람들을 제외하면, 아무도 당신들이 누구인지 모른다. 공공의 분노 앞에서 당장 물러나고, 절대 나서지 말아야 했던 군중 속으로 돌아가라. 파리는 당신에게 복종하지 않을 것이다! 우리는 오직 하나의 권위만을 알고 있다. 국회! 우리는 국회의 편이 된다. 오직 국회만이 프랑스를 지휘할 권리가 있다. 우리는 국회가

---

8. 아마도 1848년 2월혁명 정부를 지칭하는 것 같다.

행사하거나 위임하는 권한 외에는 어떠한 권위도 인정하지 않는다. 중앙위원회는 물러나라!

한편 정부 쪽에서는, 행정부 수반과 대부분의 장관이 전날 밤 파리를 떠났다. 오늘은 업무를 이송하기 위해 몇 시간을 더 머물러야 해서 어제 떠나지 못했던 사람들이 떠났고, 나머지 군대도 수도를 떠났다. 현재 파리는 홀로 내버려져 있다. 더구나 파리는 반란에 내맡겨져 있다. 제멋대로 통치하고 처분하려 하는 하층 계급의 몇몇 음모자들의 손에 맡겨진 것이다. 이것이 부정할 수 없는 고통스러운 진실이다.

이 전례 없는 상황 앞에서 사람들은 경악스러워했고, 이제 막 상황의 심각성을 깨닫기 시작하는 동안, 이 상태로 이르게 된 원인에 대한 검토로 이어졌다.

일반적인 느낌은 어제의 원정에서 정규군이 질서유지를 맡은 국민방위대의 지원을 받았다면 그들은 임무를 다했으리라는 것이다.

일부 정치 그룹에서는 국민방위대의 협력 부족에 대한 책임을 전적으로 정부에 두고 있다.

반대로 다른 그룹에서는 국민방위대가 유일한 책임이 있다고 주장한다. 정부가 불렀지만 오지 않았다는 것이다.

실패의 모든 책임을 당국에 돌리는 사람들은 당국이 전날이 아닌 새벽 1시 또는 2시경에 장교들에게 미리 알리지 않았다는 점을 비난한다. 전날에 미리 알리는 것은 위험이 있었을 수 있지만, 이것은 특별한 임무로 각자의 집에서 명령받는 것이며, 정해진 시간이 되면 경보신호로 소집을 완료했어야 한다고들 말한다. 다른 시기였다면, 소집령과 경보만으로 충분했을 것이다. 포위 공격[9]이 끝나고 난 뒤, 이 방법이 완전히 비효과적으로 될 정도로 그것을 남용하여, 당국은 그것이 효과가 없을 것임을 알아야 했다.

첫 번째 포고문에 관해서는, 그것이 17일 자로 되었지만 18일 아침에야 게시되었다고 그들은 지적한다. 따라서 그것은 국민방위대에 알려지지 않았고, 무장 호출을 하는 이유도 전해지지 않았다.

이에 대해 국민방위대의 불참을 비난하는 사람들은 방위대가 소위 몰랐다는 것은 근거가 없으며, 이 불참의 이유를 다른 곳에서 찾아야 한다고 말한다. 그리고 그들은 실제로 그 이유를 찾았다. 어디서 찾았을까?

보르도에서 통과된 지불 기한에 관한 법률[10]이다.

여기서 이 법의 여러 결점을 조사할 필요는 없다. 그것은 틀림없이 여러 결함이 있었을 것이다. 왜냐하면 그 법과 관련된 여러 다양한 이해당사자 중 누구도 만족시키지 못했다고 말하기 때문이다. 그러나 국민방위대가 그들의 행동을 정당화하기 위해 이 법의 결점 뒤에 숨는다면, 그리고 그 결점을 상업과 산업계가 쉽게 개정 요구할 수 있었던 것이라면, 군은 용서받기 어려울 것이다.

결국, 국민방위대가 소집 명령의 이유를 전혀 알지 못했다고 믿는 것이, 지불 기한 법률을 변명으로 인정하는 것보다 낫다고 생각한다.

• •
9. 1870년 9월 19일부터 1871년 1월 28까지 이어진 프로이센 군대의 파리 포위 공격을 말한다.
10. 1871년 3월 12일 통과된 법안. 1870년 8월 12일에서 11월 12일 사이에 만기가 된 어음을 즉시 갚게 한 법안. 시초 지불 기한보다 7개월 앞당긴 것이다. 이것은 소상인과 노동자들에게 불만과 긴장감을 고조시켰다. 경제, 사회적으로 이미 어려움을 겪고 있는 파리에 긴장감을 고조시키려는 보르도 의회의 시도라고 여겨졌다.

국민방위대는 소집 목적을 조사하지 않은 죄가 남을 것이며, 오늘 그들은 자신의 임무 불이행의 첫 번째 결과를 충분히 판단할 수 있다.

오늘 하루는 비교적 조용했다.

모든 지점, 특히 대로에는 많은 사람이 무리 지어 있다.

어제까지 반란군이 차지하지 못한 몇몇 공공시설들이 오늘 그들에게 점령되었다. 공식적으로 말하자면, 반란군은 오늘 밤 파리 전체를 손에 넣었다.

3월 20일

중앙위원회는 어젯밤 공식 신문을 위한 인쇄소와 인쇄기 및 모든 장비를 탈취했다.

그들은 이 신문의 책임자로 '대표'[11]를 임명했다.

오늘 3월 20일 자 신문 앞머리에 수록된 첫 번째 문서는 '중앙위원회 부속 국민방위대 공화주의 연합'이라는 제목의 새로운 포고문이다.

위원회는 소위 그들의 임무가 생긴 원인을 설명하고, 그것을 실행한 관대함과 자비를 강조하는 데 열중하고 있다. 정부가 "가장 무서운 범죄인 내전을 시도하는 것"을 두려워하지 않았으며, 이러한 도발에 응답한 것이라고 말했다.

클레망 토마와 르콩트 장군을 비열하게 살해한 것에 대해, 위원회는 이를 비난하는 한마디도 하지 않았다. 그들은 단지 "처형 명령이 결코 서명된 적이 없다"라고 주장하면서 책임을 회피하고 있다.

여기 이 대담하고 거짓된 문서의 전문을 수록한다.

---

11. 여기서 말하는 대표(délégué)란 용어는 사회주의에서 흔히 민주적 또는 집단적 결정을 하기 위해 특정 임무를 위임받아 수행하는 사람을 지칭한다. 이는 특히 노동조합, 정치 운동 또는 공동체에서 중요한 개념으로 사용된다.

국민방위대 공화주의 연합
중앙위원회 부속

만일 국민방위대 중앙위원회가 하나의 정부라면, 그 위원회는 유권자의 품위를 위해서라도 자신을 변명할 필요가 없을 것이다. 그러나 그 첫 번째 주장이 "인민의 숨결이 지금 막 몰아낸 사람들의 자리를 차지할 의도가 없다"는 것이었고, 위원회에게 맡겨진 명시적인 임무 범위를 정확히 지킬 것이지만, 중앙위원회는 변호할 권리가 있는 개인들로 구성되어 있다.

'박애'라는 위대한 말을 표어로 새기는 공화국의 자식으로서, 위원회는 비방자들을 용서한다. 하지만 무지로 인해 비방에 공감한 선량한 사람들을 설득하고자 한다.

위원회는 비밀스럽지 않았다. 위원들은 모든 게시물에 자신의 이름을 올렸다. 그 이름이 잘 알려지지 않았더라도, 그들은 큰 책임을 회피하지 않았다.

위원회는 알려지지 않았던 것도 아니다. 위원들은 215개 국민방위대 대대의 자유로운 투표로 탄생했다.

위원회는 무질서의 비호자가 아니었다. 위원회의 지휘를 받아들인 국민방위대는 과도한 행동이나 보복하지 않았으며, 지혜와 절제 있는 행동으로 위엄 있고 강력한 모습을 보였다.

그렇지만 도발이 계속되었다. 그리고 정부는 가장 수치스러운 방법으로 최악의 범죄인 내전을 시도하는 것을 멈추지 않았다.

정부는 파리를 비방하고 지방을 선동했다.

정부는 우리 군대의 형제들을 데려와 우리에게 대항하게 했다. 각자의 가정에서 그들을 기다리고 있는 동안 그들을 우리 광장에서 얼어

죽게 했다.

정부는 우리에게 사령관을 임명하려고 했다.

우리가 대포를 프로이센군에게 넘기지 못하게 막은 후, 정부는 야간 작전으로 우리의 대포를 무장 해제하려고 시도했다.

마침내, 보르도의 놀란 공모자들[12]과 함께, 정부는 파리에게 이렇게 말했다. "너는 이제 막 영웅적인 모습을 보였다. 그런데 우리는 네가 두렵다, 그래서 우리는 너의 수도의 왕관을 빼앗는다.[13]"

중앙위원회는 이러한 공격에 대응하기 위해 무엇을 했을까? 위원회는 연합을 설립했다. 그들은 절제, 말하자면, 관대함을 강조했다. 무력 공격이 시작될 때, 위원회는 모두에게 이렇게 말했다. "절대 먼저 공격하지 말라, 그리고 최후의 순간에만 대응하라!"

위원회는 모든 지성과 모든 능력을 불러 모았다. 위원회는 장교단의 협력을 요청했다. 위원회는 공화국의 이름으로 문을 두드릴 때마다 문을 열었다. 그러면 정의와 공정은 어느 쪽에 있었는가? 그리고 부정직함은 어느 쪽에 있었는가?

이 이야기는 너무 최근의 일이고 우리에게 너무 생생해서 누구나 아직도 기억하고 있다. 우리가 떠나기 전날 이런 이야기를 쓰는 것은, 반복하지만, 우리에 대한 비방을 경솔하게 받아들인 선량한 사람들을 위한 것이다. 그 비방은 그것을 시작한 사람들에게만 적용될 것이다.

최근 우리에 대해 이들이 크게 분노한 내용 중 하나는 우리의 이름이 알려지지 않았다는 것이다. 천만에! 많은 이름이 알려져 있었고, 매우

..
12. 보르도 의회 국회의원.
13. 프랑스 수도의 지위를 파리에게서 빼앗는다.

유명했으며, 그 유명세가 우리에게 치명적이었다!

그들이 우리를 대적하는 가장 최근의 수단 하나를 알고 싶은가? 그들은 민중에게 발포하느니 차라리 무장을 해제하고 싶어 했던 군인들에게 빵을 주지 않으며, 우리를 암살자라고 부른다. 그들은 암살을 거부한 것을 굶주림으로 처벌한다!

먼저 우리는 분노하며 말한다. 우리의 명예를 훼손하려는 피비린내 나는 중상모략은 비열한 치욕이다. 우리는 결코 처형 명령에 서명한 적이 없다. 국민방위대는 결코 범죄를 저지르는 데 참여하지 않았다.

그들이 무슨 이득을 얻겠는가? 우리가 무슨 이득을 얻겠는가?

그것은 치욕스럽고 불합리하다.

게다가, 우리를 변호하는 것은 거의 수치스럽기까지 하다. 우리의 행동이 궁극적으로 우리가 누구인지를 보여준다. 우리가 보답이나 명예를 갈망했는가? 215개 대대의 신뢰를 얻을 수 있었으면서도 우리가 알려지지 않았다면 우리 자신의 홍보를 무시했기 때문이 아니겠는가? 명성을 얻기는 쉽다. 몇 마디 빈말이나 약간의 비겁함이면 충분하다. 최근의 과거가 이를 증명했다.

우리는 우리의 머리 위를 무겁게 누르는 책임감으로 임무를 맡았고, 우리는 주저함 없이, 두려움 없이 그것을 수행했다. 그리고 이제 목적지에 도달했다. 우리는 우리를 믿고 의견을 들어준 사람들, 종종 초조해하고 실망했을 사람들에게 이렇게 말한다. "당신이 우리에게 맡긴 임무가 이것이다. 우리의 개인적 이익이 시작되는 곳에서 우리의 의무는 끝난다. 당신의 뜻을 따르라. 주인이여, 당신은 자유로워졌다. 며칠 전만 해도 알려지지 않았던 우리가 이제 당신의 대열로 가서 무명으로 돌아가겠다. 머리를 높이 쳐들고 시청의 계단을 내려갈 수 있다고 통치자에게 보여줄 것이다. 계단 맨 아래에서 당신의 충성스럽고 강인한 손을 마주 잡겠다."

중앙위원회 위원,

ANT. 아르노ANT. ARNAUD, 아시ASSI, 빌리오레BILLIORAY, 페라FERRAT, 바빅BABICK, 에두아르 모로EDOUARD MOREAU, C. 뒤퐁C. DUPONT, 바를렝VARLIN, 부르시에BOURSIER, 모르티에MORTIER, 구이에GOUHIER, 라발레트LAVALLETTE, FR. 주르드FR. JOURDE, 루소ROUSSEAU, CH. 륄리에CH. LULLIER, 앙리 포르튀네HENRY FORTUNÉ, G. 아르노G. ARNOLD, 비아르VIARD, 블랑셰BLANCHET, J. 그롤라르J. GROLLARD, 바루BABROUD, H. 즈레슴H. GÉRESME, 파브르FABRE, 푸즈레POUGERET, 부이BOUIT

    더구나 석간신문들은 대체로 이 포고문을 그대로 전하는 것에 그쳤고, 어떤 논평도 덧붙이지 않는다. 그들이 할 말이 없어서가 아니다. 천만의 말씀이다. 이러한 침묵에 대한 설명은 지면 중 하나에서 발견된다. 〈가제트 드 프랑스*la Gazette de France*〉에 의하면 "이 문서에 서명한 개인들에게 어떠한 권위도 인정하지 않기 때문에 이를 논의하는 것은 불필요하다."라는 것이다.

    그러나 이 신문은 중앙위원회가 "국민방위대 215개 대대의 대표이다"라는 주장은 침묵하고 그냥 넘어갈 수 없다. 신문은 투표의 증거, 즉 회의록을 제시할 것을 정당하게 요구한다.

    사실 중앙위원회의 존재는 18일에 게시된 정부의 17일 포고문에 의해 처음으로 대중에게 공개되었다. 또한, '그 위원회의 부속기관'인 국민방위대 공화주의 연합은 오늘 20일 아침 그 이름을 단 포고문을 통해 처음 알려진 것이다.

*

우리의 새로운 대표자들이 내린 법령에 따르면, 유권자들은 모레 수요일 22일에 시의회를 선출하는 투표에 소집된다.

주민들은 투표를 모레보다 내일이나 오늘 저녁에 시행해도 잘 준비하고 있었을 것이다. 시청의 신사분들, 당신들의 날은 소중히 흘러간다, 그리고 당신들은 벌써 하루를 잃었다.

*

선거 운영을 지휘하거나 최소한 필요한 지침을 마련하기 위해 고위 행정 부서가 작동해야 한다. 위원회 신문을 통해 그를리에Grêlier라는 사람이 '내무부 대표'로 임명되었다고 우리에게 알린다.

*

최근 사건들로 인해 파리 시민들에게 초래된 상황이 걱정되어, 센la Seine 지역 의원 일부는 18개 구의 구청장 및 부구청장들과 연합하여 오늘 저녁에 포고문을 게시했다. 그들은 "사람들의 마음을 진정시키기" 위해 필요한 조치가 국민방위대에는 총사령관을 선택할 권리를 주고, 파리에게는 시의회를 선출할 권리를 주는 것이라고 믿는다. 서명자들은 이 제안을 오늘 국회에 제출할 것이라고 발표한다.

*

겉으로는 평온한 분위기가 이어진다.

3월 21일

파리의 언론은 국가적 의지로 탄생한 베르사유에 있는 정부를 인정한다. 이 정부는 3월 18일의 고통스러운 날에 범죄를 범하며 행복해하던 소수의 폭도가 전복하려고 애쓰고 있다. 따라서 언론은 시청의 사람들이 시도한 첫 번째 진지한 권위적 행위에 대해 공식적으로 항의했다.

내일 있을 선거를 맞아 오늘 스물일곱 개의 신문이 그들의 머리기사에 다음과 같은 선언문을 발표했다.

파리 유권자들에게
언론 선언

선거인 소환은 국가 주권의 행위이며,

이 주권의 행사는 보편적 참정권에서 나온 권력에만 속한다.

따라서, 시청에 설치된 위원회는 이 소환을 할 권리나 자격이 없다.

서명된 신문 대표들은 3월 22일로 예정된 소환을 무효로 간주하며 유권자들에게 이를 무시할 것을 권고한다.

참석하고 동의했음

조간신문

〈주르날 데 데바〉, 〈콩스티튀시오넬Constitutionnel〉, 〈엘렉퇴르 리브르Electeur libre〉, 〈프티트 프레스Petite Presse〉, 〈베리테Vérité〉, 〈피가로Figaro〉, 〈골루아Gaulois〉, 〈파리-주르날Paris-Journal〉, 〈프티-나시오날Petit-National〉, 〈몽드Monde〉.

석간신문

〈프레스Presse〉, 〈프랑스France〉, 〈리베르테Liberté〉, 〈페이Pays〉, 〈나시오날National〉, 〈위니베르Univers〉, 〈클로슈Cloche〉, 〈파트리Patrie〉, 〈프랑세Français〉, 〈비엥 퓌블릭Bien public〉, 〈위니옹Union〉, 〈오피니옹 나시오날Opinion nationale〉, 〈주르날 데 빌 에 캉파뉴Journal des Villes et Campagnes〉, 〈주르날 드 파리Journal de Paris〉, 〈모니퇴르 위니베르셀Moniteur universel〉, 〈프랑스 누벨France nouvelle〉, 〈가제트 드 프랑스〉.

오늘 아침, 시민 아시Assi와 그 일행의 신문에는 중요하지 않은 다양한 공지 또는 포고문이 실려 있다.

그렇지만 눈길을 끌 만한 조처가 하나 있다.

그것은 "국민방위대 제복을 입고 대열에 숨어들어오는 외부인이 없도록 각 분대장이 주의하라"는 명령이다. 공화주의 연합은 "파리에 돌아온 많은 전과자가 재산을 탈취하려 할 가능성이 있다"라고 말한다.

이것은 위원회가 대단히 조심하고 있는 것을 보여준다. 위원회는 위험에 대비하고 있지만, 결국 파리 시민에게는 경고가 전달되었다. 파리를 지키는 경비 중에는 많은 전과자가 포함되어 있다. 결코 안심할 수 없는 상황이다.

*

여전히 각자 두세 자루의 소총을 들고 다니는 많은 국민방위대를 만날 수 있다. 일부는 권총도 가지고 있다. 이 무기들은 우리 무기고 관련 창고에서 나온 것이다. 이 무기들은 중앙위원회 소속 대대의 일원임을 증명하는 사람이면 누구에게나 서명한 영수증을 통해 제공된다. 소총은 샤스포 소총 또는 일명 타바티에르 소총이다.

*

3시경. 대로가 아주 소란스럽다. 질서를 위한 시위가 벌어진다고 한다. 실제로 시위가 나타난다. 시위대는 무기가 없고, 국민방위대, 노동자, 일반 시민으로 구성되어 있다. 시위는 여러 대로와 비비엔느 거리rue Vivienne를 통과한다. 삼색기가 앞장선다. 이 깃발에는 '질서 있는 사람들의 모임. 프랑스 만세! 공화국 만세!' 등이 쓰여 있다. 증권 거래소 광장에서는 이 시위의 성격을 알아보자마자 주민들이 열렬히 환영한다. 몽마르트르 거리와 같은 이름의 대로에서 가장 열정적인 환호를 받았고, 어느 곳을 지나가든 사람들이 모자와 손수건을 흔든다. 그 행렬은 한 걸음마다 늘어나고 있다. 나는 마들렌 교회 앞에서 그 행렬과 헤어져 다른 곳으로 이동한다. 이 장엄한 시위대는 적어도 3,000에서 4,000명에 이르렀고, 모든 계층에서 참가했다.

5시. 나는 방돔 광장을 가로지른다. 위원회의 명령에 따라 점점 더 많은 국민방위대가 그곳을 점령하고 있다.

시청 주변도 마찬가지로, 수많은 대포가 모든 방향으로 겨누어져 있다.

*

하나의 세부 사항을 첨가하자면, 시청을 점령하면서, 위원회가 함께 장악한 것은 바로 유동 자산이었다.

*

저녁 9시. 나는 몽마르트르 대로에 돌아왔다. 9구 구청이 있는 드루오 거리rue Drouot는 높은 곳에서 온 몇 개의 대대가 지키고 있다. 이들 대대가 대로와 인근 거리에서 질서를 유지하고자 순찰한다. 공공 도로에 거대한 군중이 몰려 있다. 순찰대가 지나가면 군중들이 "일터로! 질서 만세!" 등을 외친다. 바로 그 순간 두 발의 총성이 울린다. 이 이중 총성으로 사람들은 즉시 대로를 벗어나 인접한 거리로 밀려난다. 아무도 다치지 않은 것으로 알려졌다.

반란의 서로 다른 주동자 사이의 통신 수단으로 파리 여러 곳에 설치한 것으로 보이는 대포 소리 없이 밤이 지나간다.

3월 22일

베르사유 〈공식 신문〉은 오늘 아침 불행한 프랑스의 유일하고 합법적인 권력 기관인 국회의 훌륭한 회의의 결과를 보도했다. 이 회의에서 국회는 국회와 의원들에 걸맞은 포고문을 국민에게 발표했다. 이 포고문은 현재 여러분의 수중에 있으며, 아마 모든 벽에 게시될 것이다. 내가 이 글을 쓰는 시각에 이곳에는 아직 게시되지 않았다.

*

바로 오늘 우리의 우연한 통치자들의 명령으로 파리 시의회 의원 선거가 열릴 예정이었다. 약속된 선거 지침은 전혀 전달되지 않았다. 전 언론이 항의했고, 사람들은 시청의 권좌에 있는 위원회가 이 선거 농담을 포기한 것으로 생각했다. 그것은 잘못된 생각이었다. 오늘 아침 공식 신문에는 이 선거가 내일 목요일 23일로 연기되었다는 법령이 실려 있다.

*

파리 언론이 유권자들에게 기권하도록 권유했기 때문에, 선거가 내일로 연기된 것이다. 사람들이 언론의 조언을 따를지 두려워했지만, 이제 위원회는 더 이상 두려움이 없다. 위원회는 언론에 경고를 발송하며, 자기 생각을 직설적으로 전한다.

이 문서는 여러 면에서 흥미로우며, 다시 살펴볼 가치가 충분하다. 여기 내가 직접 〈공식 신문〉에서 복사한 내용이 있다.

이 문서는 특히 파리 시민의 주권을 자칭 대표한다는 자들의 언론에 대한 감정을 독자들에게 알릴 것이다.

경고

내전의 자극, 노골적인 모욕과 비열한 비방 이후, 시청에 있는 정부의 명령에 불복종하라는 공개적인 도발이 필연적으로 뒤따르게 되었다. 이 정부는 약 266개 중 215개 파리 국민방위대 대대의 압도적 다수에 의해 정당하게 선출되었다.

실제로, 여러 신문은 오늘 중앙위원회의 법령에 불복종하라고 도발하는 기사를 발표하고 있다. 이 법령은 이달 22일에 있을 파리 시의원 선출을 위한 선거를 위한 것이다.

여기 그 기사가 있다. 이것은 반동 언론의 편집자들이 저지른 파리 시민의 주권에 대한 진정한 공격이다.

(이 기사는 해당 날짜에 내가 기록했다. 3월 21일 내용 참조.) 〈공식 신문〉의 편집자는 계속 이어간다.

이미 선언한 바와 같이, 시청에 있는 중앙위원회는 언론의 자유, 즉 모든 시민이 모든 홍보 수단을 통해 위원회의 행동을 검토하고, 토론하고, 비판할 권리를 존중한다. 하지만 중앙위원회는 파리 시민 주권 대표자들의 결정을 존중하게 할 것이며, 불복종을 계속 조장함으로써 그 결정과 명령이 더 이상 침해되는 것을 그대로 허용하지 않을 것이다.

이러한 공격이 계속 발생한다면 엄격한 탄압이 뒤따를 것이다.

*

4시. 사람들이 나에게 방돔 광장에서 전투가 벌어졌고 사상자가 있다고 말한다. 나는 서둘러 대로로 향한다. 그곳에서 이 편지를 보낼 것이다.

이탈리앵 대로 boulevard des Italiens, 오후 5시. 반란이 저지른 범죄를 확인하게 되어 유감이지만, 그러나 바로잡을 필요가 있다. 전투를 벌인 것이 아니다. 그게 아니라 방돔 광장을 점령한 비열한 자들이 무장하지 않은, 해를 끼치지 않은 군중에게 근접 사격을 가했다. 그 군중의 유일한 죄라면 질서 회복과 계속 법을 합당하게 존중하라고 요구한 것이었다. 10명이 사망하고, 아직 숫자를 알 수 없는 다수의 부상자가 이 살인자들의 총에 쓰러졌다. 파리는 충격을 받았다.

3월 23일

방돔 광장의 끔찍한 사건에 대해 내가 수집한 세부 사항은 다음과 같다.

21일 시위가 끝나고 헤어지면서, 참가자들은 다음날 1시에 마들렌 광장에서 다시 모이기로 약속했다.

매시간 상황이 심각해지고 있다. 사람들은 마침내 심각성을 이해한다. 반란군에게 대항하기 위해 한순간도 허비할 시간이 없다. 그러나 유혈 사태는 피해야 한다. 따라서 시위는 무기 없이 이루어질 것이다. 어제는 4,000명이 참여했으나, 오늘은 20,000명이 넘는다고 평가된다. 이 거대한 군중은 2시경에 움직이기 시작한다. 그들은 대로를 따라 질서 있게, 천천히 그리고 자신감 있게 페 거리rue de la Paix로 향한다. 지나가는 곳마다, 그들은 가장 호의적으로 환호받는다. 페 거리에 도착하자, 그들은 이 넓은 길을 따라 나아간다. 그들의 행진은 곧 총검을 들고 줄지어서 그 자리를 지키던 초병들에 막힌다. 시위 선두에 있는 사람 중 하나가 협상을 요청한다. 그는 사람들이 질서 회복을 돕기 위해 국민방위대 참모부의 지원을 평화적으로 요청하러 온 것임을 알리려고 노력한다. 갑자기 군중 위로 몇 발의 총성이 울린다. 그것이 신호였을까? 아무도 모르지만, 분명한 명령 없이, 동시에 총이

겨눠지고 군중에게 격렬한 사격이 가해진다. 새로운 끔찍한 범죄가 발생했다. 신문들은 희생자들의 이름을 수집하여 전달할 것이다. 현재 내가 알고 있는 것은 사망자 수가 12명이고 부상자 수가 40명이라는 것이다. 희생자들은 모든 사회 계층에 속한 사람들이다.

*

어제 말했지만 파리는 충격에 휩싸였다. 당신도 쉽게 믿을 것이다. 실제로 상점, 가게, 작업장, 공공기관들이 모두 문을 닫은 반란 지역뿐만 아니라 다른 모든 지역도 같은 상황이다. 오랫동안, 이 대도시는 이런 모습을 보여준 적이 없다. 폭격의 고통스러운 날들을 포함해서 말이다. 아, 내전이여!

*

오늘 아침 파리에 나붙은 벽보는 어제 연기된 선거가 오늘에서 3월 26일로 다시 연기된다고 알리고 있다.

우리의 자칭 정부가 제시하는 이유는 무엇보다 그들이 맞닥뜨리는 '저항을 무너뜨릴' 시간이 필요하기 때문이며, 그렇게 해서 국민이 '자신의 의지로 자발적으로' 이 선거를 치를 수 있도록 하기 위한 것이다.

진짜 이유는 사람들이 이 찬탈자 모임의 호소에 응답하지 않았을 것이고, 그 공범자들이 동사무소를 점령하려 했을 때, 그들을 막기 위한 건전한 국민방위대들을 맞닥뜨리게 되었을 것이기 때문이다. 만약 3일 이내에, 시청에 있는 불청객들이 정의의 심판을 받지 않는다고 해도, 선거는 더 이상 이루어지지 않으리라는 것이 확실하다. 이 사람들은 세 번째로 선거를 연기할 구실을 찾게 될 것이다.

*

오늘 오후 5시, 즉 오늘의 사건들을 오후 4시까지 전한 후, 나는 콩코르드 광장에서 국민방위대의 대대와 마주쳤다. 그 대대는 임무에 충실했던 사람들에 속하지 않음을 쉽게 알 수 있었다. 샤스포 총으로 무장한 이 대대 한가운데는 대구경 대포 5~6문이 배치되어 있었다. 그들은 오르세 강변길quai d'Orsay을 향해 왼쪽으로 접어들었다. 그들이 어디로 향하는지 아무도 모르며, 묻지도 않는다. 그들의 행렬은 루아얄-생트-오노레 거리rue Royale-Saint-Honoré에 아직 닫지 않았던 몇몇 상점을 닫게 했다.

*

내가 말한 것처럼, 국민방위대의 건전한 일부는 강력하게 반응하고 있다. 또한, 내가 가 본 마들렌la Madeleine에서 샤토-도Château-d'Eau까지 이어지는 대로에서는 오랫동안 파리를 공포에 몰아넣었던 병사와 다른 국민방위대들이 무기를 들고 다니는 것을 보며 다시 신뢰를 회복하는 것으로 보인다. 많은 상점이 다시 문을 열고 있으며, 다수의 공공기관도 문을 열고 있다.

*

몽마르트르에 있는 생-피에르 교회église Saint-Pierre는 무기가 숨겨져 있다는 구실로, 불미스러운 수색을 당했다. 반란군은 이 신성 모독적인 행위에 본당의 존경받는 신부가 참여하도록 강요했다.

*

오늘 저녁 10시 폭도들이 퐁-루아얄Pont-Royal로 옮겨서 지키고 있는 두 개의 대포가 바크 거리rue du Bac로 향해 있다. 이 대포들은 6시경에 그곳으로 옮겨진 것으로 보인다. 그들은 내가 5시경에 콩코르드에서 만난 포병부대 중 일부이고, 여러 지점에 배치되기로 했던 것 같다.

그 목적에 관해서는, 바크 거리에 모인 여러 그룹이 말한 가장 신뢰할 수 있는 의견은 '위원회'가 좌안의 철도를 통해 베르사유에서 공격해 올 가능성에 대비해 이러한 조처를 했다는 것이다. 나는 이 의견을 단순히 전달할 뿐이다.

3월 24일

전날 밤, 보지라르Vaugirard와 그 인근 지역에서 소집과 경보가 울렸다. 오전 6시부터 8시 반까지, 몽루즈Montrouge 방향으로부터 몇 발의 총성이 들린다. 사람들은 그것이 훈련이라고 생각하고 별다르게 신경 쓰지 않는다.

*

오늘 아침, 국민방위대 임시 사령관인 세세Saisset 제독이 다음과 같은 포고문을 게시했다.

프랑스공화국

자유, 평등, 박애

친애하는 시민 여러분

센la Seine 지역의 국회의원들과 파리의 선출된 시장들의 동의하에, 우리는 국회가 구성한 정부로부터 다음과 같이 승인받았음을 알린다.

1. 도시 자치권의 완전한 인정.
2. 국민방위대의 사령관을 포함한 모든 장교의 선거.
3. 지불 기한 법령의 수정.
4. 1,200프랑까지의 집세를 내는 사람을 포함해 세입자에게 유리한

집세 관련 예비 법안.

여러분이 나의 임명을 지지해 주거나 나를 교체해 줄 때까지, 우리가 성공적으로 얻은 화해의 법령들의 실행을 감독하고 공화국의 강화를 돕기 위해 나는 나의 명예로운 직책에 남아 있을 것이다.

파리, 1871년 3월 23일

부-제독

임시 사령관

세세

이 포고문은 크게 환영받는다. 이를 읽는 많은 사람이 좋은 인상을 받는다. 양보가 이루어져 모두가 안심할 수 있게 된다. 실제로 제독의 이 포고문은 가장 까다로운 사람들까지도 모든 만족시키는 약속을 하고 있다. 모두의 의견은 이제 위기에서 화합과 화해의 행복한 시기로 접어들었다는 것이다.

*

오늘 저녁 6시경. 나도 합류한 몇몇 무리가 대로에 모여 리슐리외 거리rue Richelieu로 향한다. 위원회 대표단이 2구 구청에서 시청 정규 직원들과 협상 중이라는 얘기가 들린다. 우리는 뇌브-데-프티-샹 거리rue Neuve-des-petits-Champs에서 200미터 떨어져 있다. 이동이 점점 어려워진다. 어지러운 소음이 들리므로, 가까운 지점에 많은 군중이 있다는 것을 알 수 있다. 갑자기 '공화국 만세!'라는 엄청난 함성이 들리고, 진군 북소리가 울린다. 인파는 점점 더 밀집한다. 나는 더 이상 앞으로 나아갈 수 없다. 나는 뒤로 물러선다. 리슐리외 거리에서 증권거래소 방향으로 내가 갈 수 있는 모든 거리가 폐쇄되어 있다.

어쩔 수 없이 다시 대로로 돌아온다. 그곳에서 내가 방금 목격한 움직임의 원인을 알게 된다.

중앙위원회가 1시경 생–제르맹–로세르와 광장place Saint-Germain-l'Auxerrois의 1구 구청에 대거 몰려갔을 것이다. 이 위원회의 대표들을 지원하는 반란 대대는 여전히 의회, 정부, 질서에 충실한 국민방위대가 구청을 견고하게 지키고 있는 것을 알게 되었다. 대표자들은 협상을 요청했고, 그들의 요청은 받아들여졌다. 양측에서 양보가 이루어졌고, 합의에 도달했을 것이다. 이 합의가 이루어진 후, 1구 구청이 위원회 대표들과 함께 방크 거리rue de la Banque에 있는 2구 구청에 가서 이를 확인했으며, 양측의 국민방위대가 하나로 통합되었다.

이 합의가 '공화국 만세!'라는 군중의 함성으로 환호를 받았을 것이다. 두 구청이 북소리와 함께 구청 주변의 거리를 돌며 좋은 소식을 전파하는 동안에 환호가 나온 것이다.

이 합의가 진실이기를 바란다!

*

어제 대중의 불안을 가중했던 퐁–루아얄Pont-Royal의 대포들은 오늘 사라졌다.

3월 25일

몇몇 아침 신문, 특히 〈주르날 데 데바〉는 어제 내가 말한 정보와 일치하는 내용을 입수했다. 몇몇 구청과 위원회 대표들 사이에 타협이 이루어진 것 같다. 실제로 이 신문은 "오늘 저녁에 이루어진 타협은 몇몇 반란 수장들과 파리의 여러 구청장이나 직원들 사이에 돌이킬 수 없는 불행이 생기는 것을 피하기 위한 것이었다."라고 말한다.

아시Assi 씨와 그 동료들의 공식 신문이 몇 시간 후에 배포되었다. 그것은 희망을 무너뜨리는 것이었으며, 내일 일요일 26일 파리 시의회 선거가 강행될 것임을 명령했다. 이 선거의 형태를 규제하는 법령의 공표는 다음과 같은 메모로 시작된다.

"중앙위원회는 구청들과 완전한 합의를 이루지 못하여, 그들의 협력 없이 선거를 진행할 수밖에 없다."

그리고 구청장의 거부에 대한 대책으로, 법령 제1조는 다음과 같은 규정을 포함하고 있다.

"선거는 중앙위원회에 의해 임명된 선거 위원회의 관리하에 각 구에서 진행될 것이다."

시청 정부가 계속 강행할 경우, 이 명령의 폭력적 실행으로 인해 어떤 일이 벌어질지 감히 예상할 수 없다. 모든 사람의 마음속에 불안감이 감돈다.

*

3시. 대로에는 활기가 넘친다. 평화적인 해결의 희망이 여전히 버려지지 않았으며, 선출된 구청들과 중앙위원회 간의 협상이 재개될 것이라는 소문이 있다. 반란 세력이 제시한 첫 번째 조건, 즉 시의회 즉시 선거에 대해 양측은 날짜 설정에만 이견이 있다. 구청장들은 목요일이나 빨라도 화요일을 원하고 있다. 실제로, 그때까지 국회가 시의원들과 구청들의 공동 제안을 결정할 것이라는 믿음이 있다. 그렇게 되면 선거는 법적이고 정규적인 성격을 가지게 될 것이다. 법이 통과되기 전에 선거가 진행된다면 불법적이고 반란의 성격을 가지게 되어 근본적으로 결함이 있어 무효가 될 것이다. 중앙위원회는 내일을 고집한다.

*

5시. 몇몇 구청장과 시의원들이 위원회의 요구에 동의했다는 소문이 퍼지고 있다. 따라서 선거는 내일 진행될 것이다.

6시. 타협이 이루어졌다. 자기 위신이나 폭력 때문에 구청을 떠났던 구청장들이 다시 구청으로 돌아와 선거 작업을 주도할 것이다.

길고 활발하게 논의했다고 한다. 구청장들과 시의원들은 행정 권력에 의해서만 투표 소집을 명령할 수 있다며 이 투표의 불법성을 주장했고, 이 투표는 아르노Arnaud(아리에주Ariége 지역 국회의원) 제안에 대한 국회 투표 후에만 가능하다고 했다. 위원회는 새로운 투표 연기를 불가능하게 만드는 분위기를 만들며 대응했다. 구청들은 앞서 제기한 법적 논거 외에도, 시간이 부족하다는 또 다른 이유를 들고나왔다. 즉, 사람들이 후보를 의논하고 선택할 시간이 **하룻밤밖에 없다**

는 것이다. 하지만 위원회는 아무것도 받아들이려고 하지 않았다고 사람들은 주장한다. 시의원과 구청장이 모두 양보했다는 것이다. 일부 그룹에서는 그들이 위원회의 폭력에 굴복했다고 말한다. 다른 그룹에서는 그렇게 생각하지 않고 그들이 새로운 유혈 충돌을 막으려 했다고 말한다. 또 다른 곳에서는 그들이 폭동에 항복하고 타협했다고 주장한다. 이 비난은 신뢰를 얻고 있다.

*

6시 반. 세세 제독은 타협, 즉 위원회의 요구를 무조건 수락한 것과는 무관하다는 소식이 전해진다.

이에 따라 위원회의 권위가 조금도 강화되지 않는다. 실제로 용감한 제독은 7시에 자신의 지휘를 받으러 온 여러 대대에 모든 임무를 중단하라는 명령에 서명했다.

3월 26일

전날 저녁과 밤은 평온했다.
조간신문들은 중앙위원회와 구청 단체가 결정한 결의안을 알리는 일종의 포고문을 받았고 이를 게재했다.
이것이 그 내용이다.

프랑스공화국
자유, 평등, 박애, 정의

파리의 시의원, 구청에 다시 복귀한 구청장 및 부구청장, 그리고 국민방위대 중앙 연합 위원회 위원들은 파리에서의 내전과 유혈 사태를 막고 동시에 공화국을 강화하는 유일한 방법이 즉각적인 선거를 진행하는 것이라고 확신하여, 내일 일요일 모든 시민을 투표소로 소집한다.

투표소는 아침 8시에 열리고 자정에 닫힐 것이다.

파리 주민들은 현재 상황에서 애국심으로 모두 투표에 참여해야 한다는 것을 이해할 것이다. 이는 선거가 오직 도시의 평화를 보장할 수 있도록 신뢰할 수 있는 성격을 가지게 하려는 것이다.

공화국 만세!

〈주르날 데 데바〉 신문은 투표 소집의 불법성을 강조하면서 계속 불참할 것이라고 선언한다. 신문에 따르면, "합법성을 준수하려는 우리는, 오늘 완전히 불법적인 권력과 법적으로는 합법적이지만 이 문제에 대해서는 무능한 권위자들이 유권자들에게 보낸 소집에 응할 수 없다." 이러한 태도를 대다수가 뒤따르게 될 것으로 보인다.

지금까지 투표소 근처는 조용하고, 사람들이 서두르는 모습은 보이지 않는다.

3월 27일

어제저녁과 밤은 아무런 중대한 사건이 없었다.

전반적으로 유권자들이 투표하러 가는 데 큰 열의가 없었다. 일부 장소에서는 완전히 무관심했다. 결과는 정오까지도 알려지지 않았으며, 오늘 중으로 전할 수 있도록 제시간 내에 결과를 얻을 수 있을지 모르겠다.

3월 18일의 사람들이 권력을 장악한 이후, 그들은 시민들의 의지로 그들에게 부여된 무거운 짐을 코뮌의 선출된 사람들에게 넘겨주고자 하는 강한 열망을 매일 같이 강조해 왔다.

어제도, 파리 시민들은 모든 벽에 다량으로 게시된 포고문을 읽을 수 있었다. 이 포고문에서 위원회는 다음과 같이 약속을 재확인했다. "시민 여러분, 우리의 임무는 끝났다. 우리는 여러분의 정식 대표자들에게 여러분의 시청에서의 자리를 넘길 것이다, 등등 (…)."

이 성명을 진지하게 받아들인 한 신문은 시청 사람들과 협력한 의심을 받지 않은 신문이었는데도, 투표를 권장하기 위해 이 내용을 근거로 삼았다. 기사 작성자의 주장에 따르면, "적어도 이 선거는 중앙위원회의 자의적인 지배에서 우리를 해방하고, 선량한 시민들이 스스로 결속할 수 있게 할 것이다. 우리는 이 점에서 파리 시민들의 지성과 애국심에 호소한다."

〈콩스티튀시오넬 *le Constitutionnel*〉 신문처럼 위원회의 약속을 신뢰하는 다른 한 석간신문은 유권자들에게 이전에 선출된 구청장과 부구청장들에게만 투표하라고 권고했다. "이 결론만이 파리를 중앙위원회의 독재로부터 해방할 수 있다."라고 기사는 주장했다.

이 두 신문은 단지 순진했을 뿐이다.

시청 공식 신문의 첫 번째 기사가 지금, 이 순간, 그들의 환상을 깨뜨렸다. 이것으로 이 편지를 마칠 수 있도록 허락해 주기 바라며, 여기 오늘 아침 27일 자 신문에 실린 기사 첫 번째 단락이다.

"우리가 이 글을 쓰고 있는 지금, 중앙위원회는 실질적으로는 아니라도, 법적으로는 코뮌에 자리를 넘겨주었을 것이다. 필요 때문에 맡겨진 특별한 임무를 완수한 후, 위원회는 그것의 존재 이유였던 특별한 기능으로 스스로 축소될 것이다. 그 기능은 권력에 의한 격렬한 도전에 직면했고, 따라서 도시의 무장 대표로서 투쟁하고, 승리하거나 죽을 수밖에 없다 (…)."

3월 28일

투표 개표는 어제저녁에야 끝났다. 구청에서의 혼란과 투표가 집계된 방식 때문에, 신문들은 여전히 모든 선거 결과를 평가하는 데 필요한 두 가지 주요 숫자, 즉 등록된 유권자 수와 투표자 수를 확보하지 못하고 있다.

선출된 사람들이 얻은 득표수를 조사했을 때, 평균적으로 11월 3일 투표에 참여한 사람들의 3분의 1에 불과한 수가 투표에 참여했다는 평가가 진실에 가까워 보인다. 중심 지역에서는 투표가 거의 이루어지지 않았는데, 그것은 예견되었다. 반면, 폭동을 시작하고, 참여한 외곽 지역에서는 상황이 달랐다.

투표가 어떻게 분포되었는지 보겠다. 전직 구청장과 부구청장이 4~5개 구에서 승리했다. 비슷한 수의 구에서는 그들이 위원회와 거의 동등하게 성공을 거두었다. 그리고 다른 나머지 구에서는 위원회가 분명히 우위를 점했다. 따라서 시의회 구성이 어떨지, 시 행정에 어떤 생각이 영향을 미칠지 보일 것이다. 그러나 만일에라도 그러한 상황이 일어날 가능성은 없다. 그런 상황은 장전한 대포와 샤스포 총을 들고 그것을 우리에게 강요하는 죄인들과 함께 곧 사라질 것이다.

*

몽마르트르, 벨빌Belleville, 그리고 라 빌레트la Villette에서 오늘 아침부터 소집과 경보가 내려지고 있다. 어쩌면 오늘 저녁에 그 목적을 알 수 있을지도 모르겠다. 경찰청 주둔지는 여러 대대로 강화되었다. 오늘 아침부터 도핀 광장에 세워져 있는 이 대대들의 무기 위에 여러 붉은 깃발이 펄럭인다.

3월 29일

지난 6개월 이래, 파리는 대포 소리에 많이 익숙해졌다. 포위 동안과 포격이 시작된 날까지, 파리는 대포 소리를 들으면 심지어 어느 정도의 만족을 느꼈다. 왜냐하면 요새의 대포가 큰 도시를 깨울 때, 그것은 공격의 신호였기 때문이다. 어쩌면 그것은 위대한 해방의 신호였을지도 모른다. 항상 그 소리는 희망이었다. 안타깝게도….

뷔트 지역[14] 정부는 처음에 다른 지점에 있는 공범들과 포탄 없이 화약만으로 발사된 대포를 통해 연락했다. 사람들은 곧 그것을 알게 되었다. 게다가, 그때까지는 그들이 대담하게 탈취한 대포를 파리 전역에 아직 퍼뜨리지 않았다. 파리가 방돔 광장에서의 학살을 곧 슬퍼하게 될 줄은 그 당시에 몰랐다! 하지만 이 범죄 이후로, 알려진 원인 없이 도시 중심에서 총소리나 대포 소리가 들릴 때마다 사람들은 당연히 불안해한다. 어제 일어난 일이다. 오후 4시경, 대여섯 발의 대포 소리가 연속적으로 모든 구역에 공포를 불러일으켰다. 모두가 각각 달려가 그 원인을 알아본다. 그것은 코뮌의 시작을 알리는 시청

---

14. 뷔트-쇼몽 혹은 몽마르트르 지역. '뷔트(des Buttes)'는 프랑스어로 작은 언덕을 뜻한다. 코뮌 당시 혁명적 행동이 벌어진 몽마르트르 언덕 지역을 가리킨다.

야영지의 **포병대**였다. 그렇게 악명 높은 코뮌이 구성된 것이다! 끔찍하고 피비린내 나는 코뮌, 그것이 3월 18일의 폭동으로 파리에 성립된 두 번째 정부이다.

*

현재 거의 모든 공공건물에 붉은 깃발이 휘날리고 있다.

*

여러 신문은 샹지Chanzy 장군의 석방 소식을 전했다. 크르메르Cremer 장군 덕분에 석방된 것이다. 파리 시민들은 이 젊은 장군이 반란의 군사 지도자가 되려고 한 적이 없다는 소식을 듣고 기뻐했다. 그가 이곳에 도착했을 때 국민방위대의 반란파로부터 환호를 받았는데, 샹지 장군이 포로로 잡혀 있는 것을 알고, 그를 구출하는 데 자신의 인기를 이용하기로 결심했다. 목표를 달성한 후, 그는 서둘러 시청을 떠났다.

오늘 아침, 프로이센 군대가 접근하고 있다는 것이 확인된다. 그들은 부르제Bourget로부터 오베르빌리에Aubervilliers를 향해서 이동했다. 또한 그들은 메종-알포르Maisons-Alfort로도 접근하고 있다.[15]

*

모든 기차역은 시청의 국민방위대가 점령하고 있다. 서쪽에 있는 기차역들은 각각 적어도 하나의 대대가 주둔한다. 오늘 아침, 내 친구가 리옹행 기차를 타려고 그의 아기 하나를 요람에 넣어 조심스레 데려간다. 나는 직접 상황을 파악하고 싶어서 그와 기차역까지 동행한다. 나는 친구이자 **기자로서** 그곳에 간 것이다. 나는 기자로서 그곳

15. 당시 프로이센군은 주로 북쪽과 동쪽에 주둔하고 있었다.

에서 본 것을 보고해야 한다. 그곳은 마치 야영지 한가운데처럼 보였다. 사방에 무기 묶음, 보초, 분대별 주방과 공동 식당 등이 있다.

여러 경비원이 짐을 검사하는 데 특별히 배정되어 있다. 짐 검사는 아주 철저하다. 그것의 목적은 파리에서 무기가 반출되는 것을 막는 것이다. 우리 아기의 요람도 당연히 검사에 응했다. 필수적인 상세한 검사를 받은 후, 여행자 등록이 허락되었다. 국민방위대의 주둔으로 인한 번잡함에 더해, 파리를 떠나는 많은 여행객으로 많이 붐빈다. 사람들이 몰려들고, 서로 밀치고, 떠나고 싶어 한다. 기차는 몇 대 없고, 다음 날로 미루어지고 싶어 하지 않는다. 하루 만에 많은 일이 일어날 수 있다! 나는 역의 기차 출발장에서 도착장으로 이동한다. 아! 그곳에는 아무것도 없고 평온하다. 알아보니, 매일 그렇다고 한다. 드문 화물 열차가 아주 적은 승객을 데려오고, 그게 전부다. 이 고통스러운 시기에 파리를 떠나는 사람들은 있지만, 파리로 오는 사람들은 없다!

*

내가 역을 떠날 때, 마자Mazas 감옥에 반란의 깃발이 게양되어 있다.

*

다음은 코뮌의 자유주의적 조처의 새로운 사례이다. 이것은 어제 코뮌의 업무를 시작하기 위해 사무실에 제출된 제안이다.

제안 1. 코뮌의 회의는 비공개이다.
제안 2. 연단이 없다. 코뮌은 행동을 위한 위원회이지 토론만 하는 변호사 회의가 아니다.
제안 3. 코뮌 회의의 회의록은 공개되지 않으며, 행동 사항의 일일 보고서만 공개된다.

*

선거가 끝난 다음 날, 바리케이드를 철거할 것이고, 대포는 위원회의 포병이 계속해서 지키면서 병기고로 되돌려 보낼 것이며, 드디어 전역에서 교통이 재개될 것이라고 발표하였다. 그러나 그런 일은 일어나지 않는다. 지난 토요일도 오늘 아침도 나는 방돔 광장을 건널 수 없었다. 높이가 약 1m 80cm에 달하는 견고하고 거대한 바리케이드는 그대로 남아 있고, 혁명 방어선의 포안砲眼에 설치된 대포는 한쪽은 페 거리rue de la Paix로, 다른 한쪽은 카스티글리온 거리rue Castiglione와 생트-오노레 거리rue Saint-Honoré를 향해 계속 겨누어져 있다.

*

다양한 공공 행정기관 직원들의 해고가 대규모로 계속되고 있다. 어제는 재정부의 책임자와 부책임자들이 25명에서 30명 정도 해고되었다. 오늘은 일반 관리부와 전쟁부의 직원들이 서비스 복귀를 하지 않으면 해고될 것이라는 시청의 공문서를 받는다. 그리고 문서에 의하면, "부서장들이 그들의 직무를 수행하기 위해 출석하기 전에 전쟁부 장관의 사무실에 가서 지시받아야 한다"라고 덧붙인다.

책임자들과 직원들은 양심의 가책 없이 행동 수칙 통보를 기다리고 있는데, 그들의 손에 쥐게 될 이 문서가 그들이 속한 부서에서 맡은 임무를 다했다는 새로운 증거가 될 것임을 알고 있다. 우리의 모든 공공 행정기관은 이러한 태도로 코뮌 내에서 명예를 얻는다.

3월 30일

사람들은 포위 동안의 임대료 문제가 중대한 사안이라고 생각했다. 9월 4일 정부[16]와 2월 19일 정부[17]는 이를 보류했었다. 주인과 세입자의 이익과 상황을 고려한 신중한 연구와 양심적인 정보를 통해 국회에 제출할 해결책을 준비해야 했다. 그런데, 아니다! 이 문제는 당신이 생각했던 것보다, 우리가 모두 생각했던 것보다 그렇게 어려운 문제가 아니었다. 오늘, 3월 30일 자 시청 입법기관의 공식 기관지를 확인해 보면, 그보다 더 간단한 것은 없었다. 법령만 있으면 되었고, 이 법령이 바로 이것이다.

파리 코뮌

법령

제1조. 1870년 10월, 1871년 1월 및 4월 임대료는 전부 면제된다.

제2조. 임차인들이 9개월 동안 지급한 모든 금액은 향후 임대료에 충당

---

16. 나폴레옹 3세의 제2제정이 몰락하고 제3공화국이 선포된 뒤 1870년 9월 4일 성립된 정부.
17. 1871년 2월 19일 성립된 제3공화국 정부. 아돌프 티에르가 수상이다.

된다.

제3조. 또한 가구 딸린 셋집에 대한 임대료도 면제된다.

제4조. 모든 임대 계약은 이 법령이 발효된 날로부터 6개월 동안 임차인의 의사에 따라 해지할 수 있다.

제5조. 임차인의 요청이 있으면 모든 통보된 퇴거 명령은 3개월 동안 연장된다.

시청, 1871년 3월 29일
파리 코뮌

부칙. 특별 법령으로 담보 이자 문제를 해결할 것이다.

그렇게 어려운 일이 아니었다.

그렇지만 진실을 밝히기 위해 말하자면, 심지어 위원회가 이익을 쟁취하게 해주거나 화해시킨다고 주장하지만 결국 그 이익을 해치게 했기 때문에, 가장 극단적인 조치를 기대했던 지역에서도 부채 탕감까지는 감히 기대하지 않았다. 밤이 되자, 임차인, 회사 직원, 육체노동자가 대부분인 특정 지역의 그룹에서는 아무도 신빙성 있게 생각하지 않는 이 강탈적인 조치에 대한 가장 날카롭고 현명한 비판이 나왔다. 자신의 상황이 어렵더라도 선량한 사람 누구도 이러한 조치로 이득을 보려 하지 않았을 것이다. 사람들도 알다시피, 시청 사람들은 명예롭지 않은 인기만을 추구한다. 만약 그런 게 그들의 목적이 아니라면, 그들은 3월 29일 법령을 제정함으로써 다시 한번 경제학의 가장 기본적인 개념조차 얼마나 부족한지를 증명한 것이다.

같은 날 발표된 다른 법령은 징집을 폐지하고 파리 안에 어떤 군사력도 영원히 들어오지 못하게 한 것인데 여기에 대해서는 따로 언급하지 않겠다.

세 번째 법령에 관해서도 이야기하지 않겠다. 이 법령은 10개의 주요 위원회를 설립하는데, 그것은 실행 위원회, 재정 위원회, 군사 위원회, 사법 위원회, 일반 안전 위원회, 생계 위원회, 노동, 산업 및 교역 위원회, 공공 서비스 위원회, 교육 위원회 등이다. 이 모든 조치는 혁명 집단의 이상을 실현하지만, 파리의 일부 건전한 시민들만 적절한 권위를 인정한다.[18]

*

소위 공식 신문의 검토를 이렇게 마치고 오늘의 사건으로 돌아가겠다.

그런데 한마디 더 하자면, 이 신문은 이제 제목이 변경되었다. 더 이상 〈프랑스공화국의 공식 신문〉이 아니라, 〈파리 코뮌의 공식 신문〉 1년, 1호로 표기되어 있다.

*

오늘 아침 일찍 베르사유 정부는 지방에서 보내진 다양한 속보를 파리의 여러 벽에 게시하여, 지방 주요 중심지에서 질서가 회복되었음을 알렸다.[19]

게시된 직후, 이 속보들은 독자적으로 행동하는 국민방위대에 의

----

18. 저자는 혁명 이상의 실현을 일부 사람들만 정당성을 인정한다고 말하면서, 그 사람들을 '건전한(sain)' 사람으로 제한하고 있다. 이는 반어적인 표현일 수도 있다.
19. 당시 파리뿐만 아니라 몇몇 프랑스 지방 도시에서도 유사한 봉기가 일어났다. 대표적으로 리옹(Lyon), 마르세유(Marseille), 생테티엔(Saint-Étienne), 나르본(Narbonne) 등이 있다. 이 도시들에서도 파리 코뮌의 영향을 받아 자치 정부를 수립하려는 시도가 있었지만, 대부분 짧은 시간 내에 진압되었다.

해 제거되었지만, 많은 구역에서 존중되었다. 그러나 시청 정부는 이 사실을 통보받고, 즉시 이 속보를 찢는 임무를 맡은 사람들을 보호하고, 그 일에 직접 참여하는 **무장한 특별 부대**를 조직했다. 이는 내가 **벨샤스 거리**rue de Bellechasse에서 확인한 것이다.

*

소문에 따르면 어제 위원회가 중앙 우체국 관리국에 '대표'를 보내어 이 광범위하고 중요한 서비스의 국장실을 점령하려 했다고 한다. 랑퐁Rampont 총국장은 당연히 위원회의 권위를 거부하며 오직 힘으로 강요해야만 항복할 것이라고 선언했다. 아시Assi 씨가 보낸 대표는 물러나며 이 문제를 코뮌에 보고하겠다고 했다. 시민 테이즈Theisz(그 대표의 이름) 씨는 오늘 저녁 국민방위대 몇 개 중대를 대동하고 다시 방문할 것으로 예상된다.

*

나는 모든 부처와 공공 기념물에 붉은 깃발이 펄럭이고 있다고 말했다. 혁명 깃발 아래 모인 국민방위대 대대들이라고 해도 지금까지는 우리의 거리에서 그것을 보여줄 엄두를 내지 않았다. 그것은 단지 **몽—아방탱**Mont-Aventin[20]의 군사 행진에서만 펄럭였다. 코뮌 선언 당시만 해도 시청 광장에서는 모든 대대가 여전히 삼색기를 가지고 있었다. 그렇지만 코뮌 선언 다음 날에는 더 이상 그렇지 않고, 역사상 최악의 날들을 상징하는 깃발이 그들에게도 국기를 대신하게 되었다. 오늘 정오쯤 2구에서는 붉은 깃발을 앞세운 제80대대가 빅투아르

- -
20. 고대 로마의 일곱 언덕. 여기서는 몽마르트르를 상징적으로 가리키는 것으로 볼 수 있다.

광장place des Victoires에 와서 진을 치는 모습을 보고 사람들이 놀랐다. 왜 이렇게 점령했는지 알 수 없으며, 이에 따라 불안감이 커진다. 이렇게 불안감을 조성하는 것만이 유일한 목적일 수도 있다. 어떤 경우든, 그 목적은 달성되었다. 왜냐하면 광장과 인근 거리의 상점들이 문을 닫았기 때문이다.

오후 6시경, 대로에도 붉은 깃발의 대대가 행진한다. 그들은 군인들의 외모와 잘 어울리는 도발적인 행진곡을 연주하며 진군한다. 그들의 모자에는 숫자 237이 새겨져 있다. 각 방위대의 가슴에는 진홍색 리본이 매듭지어져 있다. 대대는 스크리브 거리rue Scribe로 진입한다. 내 주위 사람들이 묻는다. "어디로 가는 거지? 베르사유로 가는 건가?" "아니, 그곳으로 이어지는 기차역까지 갈 뿐, 그 이상은 가지 않을 거야. 분명해."라고 어떤 사람이 대답한다. 나도 같은 생각이다. 조사 결과, 실제로 이 대대는 역에서 그들의 고약한 경비 임무를 수행하기 위해 배치된 것이다.

3월 31일

오늘 아침 공식 신문은 어제 붙였던 제목을 버리고, 다시 제목을 〈프랑스공화국 공식 신문〉이라고 달았다.

*

아시Assi 정부는 오늘 자 신문에 26일 투표 결과는 발표하기로 했다. 투표 소집 명령에서 위원회는 1849년 법이 적용될 것이며, 등록된 유권자의 최소 8분의 1을 얻지 못하면 누구도 선출되지 않을 것이라고 선언했다. 그런데 6명의 후보가 이 8분의 1 조건을 충족하지 못했다. 상관없다, 위원회는 이를 무시하고 다른 선거와 마찬가지로 이 6명의 선출을 인정했다. 무작위로 하나를 골라보겠다.

7구는 22,092명의 유권자가 등록되어 있다.

시민 브뤼넬Brunel은 2,163표를 넘지 않았음에도 불구하고 유효하다고 인정되었다. 이전의 선거 결과보고서에서 이렇게 법, 원칙, 권리를 무시한 사례를 찾아볼 수 없다. 시청에서 사용되는 언어는 법, 원칙, 권리의 언어가 아니다. 그곳에서는 정반대의 언어가 지배하고 있다.

*

어제 빅투아르 광장place des Victoires을 점령한 제80대대는 단지 지역 주민들을 위협하려는 것만이 아니었다. 그 임무는 두 가지였다. 그중 다른 하나는 시민 테이즈Theisz를 새로운 우체국 총국장으로 임명하는 것이었다. 그의 임명은 그의 '애국심'을 명분으로 진행되었다. 저녁에 실제로 시민 테이즈가 이 대대의 선두에 서서 장–자크–루소 거리rue Jean–Jacques–Rousseau의 우체국 건물에 나타났다. 그러나 이 새로운 방문은 예견되어 있었고, 랑퐁 씨는 베르사유로 미리 떠났다. 그는 모든 직원에게 자신과 합류하도록 명령했다. 동시에 그는 외부에서 조처해, **이동배달** 직원도 모두 베르사유로 향하도록 지시했다. 랑퐁 씨는 어떠한 대가를 치르더라도 혁명에 우체국 서비스를 **빼앗기지** 않기 위해 다른 방법이 없었다. 결국 자신의 지시에 따라 행동이 이루어졌다. 그렇게 해서 오늘 아침 우리는 지방에서 오는 편지와 신문을 헛되이 기다리게 된다. 그리하여 파리는 다시 한번 프랑스의 다른 지역과 단절되거나 적어도 편지를 주고받을 수 없게 된다.

*

다른 지역과의 우편 통신이 끊기는 동시에 파리 주민들이 도시 밖으로 나가는 것도 금지된다는 소문이 퍼졌다. 그러나 이는 단 하나의 역, 생–라자르–베르사유Saint–Lazare–Versailles에만 해당하는 사실이었다. 따라서 우리는 이제 정부 근거지와 연결되는 통로가 파리 좌안을 통하는 길만 유일하게 남게 되었다.

*

새로운 위원회가 나타났다. 그 이름은 20개 구 중앙위원회이다. 〈공식 신문〉에 실린 선언문에서 그 위원회는 임대료 관련 법령을 공식적으로 지지한다고 밝힌다. 이 새로운 권력의 구성원들, 중앙위원회의 구성원들, 그리고 코뮌 구성원들의 이름을 열거하는 것은 불필요하다. 그들은 모두 잘 알려지지 않았기 때문이다.

*

어제 일부 지역에서 시작된 바리케이드 철거 작업이 중단되었다. 몽마르트르의 초소가 두 배로 늘어났다.

*

위원회는 소속 대대로 좌안 요새를 점령하기로 했다.[21] 보병 중대가 주둔부대에 추가되고, 그들이 전진 초소를 담당한다.

*

국가의 금고가 비어가고 있으며, 또는 더 정확히 말해 누군가 그것을 비우고 있다. 시민들은 하루하루 근근이 살아간다. 매일 저녁 마차 한 대가 시청으로 하루 동안의 세금 수입을 가져간다. 덧붙이자면, 그 수입은 250,000프랑에서 80,000프랑으로 감소했다.

*

어제 위원회가 위니옹 *l'Union* 및 나시오날 *la Nationale* 보험 회사의 금고에 봉인을 붙였다는 소문이 돌았다. 그리고 오늘 아침 그 사실이 확인되었다.

*

오늘 저녁에는, 정오쯤 베르사유 전초 기지와 위원회 전초 기지 간에 부아–콜롬브 Bois-Colombes와 퓌토 Puteaux 근처에서 아마도 교전이 있었을 것으로 발표한다.

..
21. 좌안 요새를 점령한다는 표현에서 좌안 요새는 구체적으로, 몽루즈(Montrouge), 이시(Issy), 방브(Vanves) 요새가 포함될 가능성이 높다. 이 요새들은 당시 파리 코뮌의 방어선에서 중요한 역할을 했으며, 코뮌의 군사적 배치와 관련된 기록에서도 자주 언급된다. 또한 '점령'이란 말도 새로운 점령을 의미할 수도 있고, 기존 초소를 강화한다는 의미도 있을 수 있다.

*

여전히 일상적으로 체포가 진행되고 있다. 여러 석간신문에는 출판업자 라크루아Lacroix, 포병 대위, 그리고 파리 소방대 참모부 전체가 체포되었다고 보도된다. 공공 안전 위원회는 그 참모부가 베르사유 정부와 계속 연락을 취해왔다고 주장한다. 참으로 대단한 범죄이다!

*

6시경 방돔 광장과 그 주변에서 극도의 소란이 발생한다. 지금까지는 보안 요원들이 대로 쪽으로 향한 페 거리rue de la Paix와 뇌브–데–카퓌신 거리rue Neuve–des–Capucines의 끝에 배치되기만 했다. 그러나 이제 이 경비병들은 세 배로 증가했으며, 뇌브–데–카퓌신 거리 전체와 방돔 광장 전체가 모두 점거되었다. 이러한 조치의 이유를 알 수 없다.

*

지금이야말로 여러분께 이 이야기를 해야 한다. 언론사 기자들의 역할이 점점 더 어려워지고 있다. 그들은 공공장소에서 메모하는 평소 습관을 삼가야 한다. 혁명적인 어휘에는 끔찍한 단어가 있다. 그 단어는 '잡아라'이다. 현시점에 주머니 속에서 연필과 빈 종이 한 장을 꺼내는 사람은 자신을 향한 이 말을 들을 위험이 있다. 이 순간부터, 며칠 전 생–마르탱 운하canal Saint–Martin에 던져져 익사한 불행한 경찰관의 운명을 맞이하지 않는다 해도, 그에게 일어날 수 있는 최소한의 일은 체포되어 어떤 위원회나 하위 위원회 앞에 끌려가는 것이다. 그들은 특히 개인의 자유 특히 시청과 무관한 사람들의 자유에 대해서는 지나치게 독단적이다. 그들의 심문은 위험할 수도 있다. 그래서 때때로 특정 사실을 여러분께 알리지만, 그 원인과 목적에 대해 항상 알려줄 수는 없다.

*

교회가 또 하나의 신성모독을 애도하게 된다. 팡테옹에서 하나는 박공 위에, 다른 하나는 돔 위에 있었던 두 개의 십자가가 사라졌다. 그것들은 이 불행한 자들에 의해 기초 부분이 잘려 나갔고, 구원의 상징이 서 있던 자리에 붉은 깃발이 나부끼고 있다. 이 끔찍한 범죄 행위는 석간신문에 발표되었다. 믿을 수 없었지만, 내가 보았다.

4월 1일

코뮌이 휴식을 취하고 마음을 가다듬는다. 그러나 오늘 아침 발행된 공식 기관지는 주목할 만한 법령을 발표한다. 이 법령에 따르면, 모든 단계의 법원은 일종의 대법관인 시민 프로토Protot로 대체되며, 그는 "가장 긴급한 민사 및 형사 사건을 처리할 것"이다.

*

상업을 하는 사람들은 우편 서비스 중단에 대해 불만을 제기한다. 그들은 코뮌에 그들의 고충을 호소한다. 코뮌은 비록 사업에 혼란을 초래한 데에 단독으로 책임이 있지만, "베르사유의 권력을 인정하지 않지만, 일반 이익을 위해 제안이 이루어진다면 이를 수락할 용의가 있다"라고 주저하지 않고 대답했다.[22]

*

나는 코뮌이 일부 보험 회사의 금고에 봉인을 붙였다고 말했다. 오늘, 같은 위원회의 네 명의 남자가, 한 부사관을 앞에 대동하고, 베르시Bercy 화물 역의 금고를 압수하고, 그 역의 책임자를 체포했다.

---

22. 베르사유 정부의 정당성을 인정하거나 그 권위를 승인하지 않으면서도, 시민들의 편의를 위한 실용적인 조치를 할 가능성을 열어둔다는 표현이다.

그는 자신의 창고를 넘겨주는 데에 죽음의 위협을 받고 나서야 동의했다.

*

날이 갈수록 파리 시민들은 물가 상승을 체감하고 있다. 혼란이 두렵고 징발되는 두려움도 가중되어서 물자가 점점 더 드물게 반입되기 때문이다. 가축과 모든 종류의 식료품을 지방으로 주문했던 여러 상인이 배송을 중단한다. 현재 상황이 계속되면, 1월 28일 정전 협정[23]으로 겨우 벗어나게 된 기근이 다시 찾아와 우리를 짓누르는 여러 재난에 추가될 것이다.

*

나는 3월 18일에 결성된 새로운 무장 세력에 대해 아직 말하지 않았다. 우리는 이제 **공화국 기병대**를 갖추고 있다. 이 부대에는 누구나 말안장 위에 겨우 앉을 수만 있어도 들어갈 수 있다. 다른 조건은 필요 없다. 다양하고 표현하기 어려울 정도로 기괴한 복장을 하고, 제멋대로 말 안장에 올라타는 기병대 모습은 종종 변두리 부랑아들로부터 조롱당하기도 한다.

*

파리에서는 만기가 된 채권을 상환할 수 없으니, 강제로 지폐처럼 유통하는 방안을 점점 더 논의하고 있다. 3% 및 4.5%의 연금 채권도 마찬가지이다. 언제쯤 아시냐 화폐[24]가 될까? 사람들은 코뮌의 재정

. .
23. 1871년 프랑스-프로이센 정전 협정. 이 협정으로 파리봉쇄는 끝나지만, 1871년 5월 10일 프랑크푸르트 협약으로 전투가 모두 종료된다.
24. 프랑스 혁명 당시 1789~1797년 사이에 발행되었던 화폐로 대규모 인플레이션을 일으켜 신뢰를 잃었다. 여기서는 비슷한 경제 상황이 언제나 벌어질지에 대해

계획에 대해 과도하게 걱정하지 않는다. 그들은 정부, 즉 국회를 신뢰하고 있다.

∙ ∙
  비꼬는 질문이다.

4월 2일 일요일

코뮌 내부에 합의가 완벽하지 않다. 3월 26일 이래, 16명의 선출자가 사임했다는 증거가 있다. 오늘 아침 〈공식 신문〉에 의하면 이 16개의 공석과 중복 선출[25]에서 발생한 5개의 공석을 채우기 위해 5일 수요일에 다시 유권자를 소집한다고 한다. 총 21명의 임명이 필요하다.

*

현재 시각은 11시이다. 9시부터 뇌이이Neuilly 방향에서 대포와 총소리가 들린다. 사람들의 감정은 매우 격앙되어 있다. 오늘 아침 연합군 부대[26]와 베르사유 군대 사이에서 상당한 규모의 전투가 벌어졌다는 사실을 알고 있다.

정오. 첫 보고가 도착한다. 교전은 오전 9시경, 쿠르브부아Courbevoie에 모인 연합군 대대와 퓌토Puteaux를 점령한 베르사유 군대의 전초기지 사이에서 시작되었다. 연합군 측에서는 제93, 119, 135대대가

---

25. 몇몇 선출자가 여러 곳에서 당선되어 그중 하나를 선택해서 발생한 공석을 말한다.
26. 코뮌 당시 국민방위대를 구성한 시민–병사 연합부대. 파리 시민이 결성한 부대이며 베르사유 정규군과 대항했다.

이 교전에 참여했다. 이들은 약 2,000명의 병력을 투입했다. 베르사유 군대도 거의 같은 규모의 병력을 투입했는데, 이들은 정규군과 군사경찰[27]로 구성되어 있었다. 이들은 몽-발레리앙Mont-Valérien 요새의 포격 지원을 받았다.

1시. 정오에 국민방위대는 뇌이이로 후퇴했고, 베르사유 군대는 쿠르브부아와 뇌이이 다리를 장악했다.

사상자 수는 알려지지 않았다. 그것이 상당하다고 말하는 사람도 있고, 그것이 미미하다고 말하는 사람도 있다.

5시. 많은 국민방위대가 흩어져 돌아오고 있다. 모두가 샹젤리제를 통해 콩코르드 광장에 도착한 후, 그들은 사방으로 흩어진다. 그들은 각자 집으로 돌아가는 것으로 보인다. 일부는 무장하지 않았지만, 다른 일부는 여러 총기를 소지하고 있다. 모두가 지친 모습이다. 광장은 순찰대가 이리저리 돌아다니며 그곳에 모여 있는 수많은 군중을 해산시키고 있다. 그 순간, 나는 열 명의 남자로 이루어진 호송대가 무장 해제된 한 장교를 가운데 두고 걷고 있는 것을 보게 된다. 그는 오르세 강둑길 방향으로 향하고 있다. 나는 군중 속에서 섞여 그 행렬을 따라가다가, 그가 지휘를 거부했다는 이유로 자신의 부대 전투 현장에서 체포되었고, 그들이 그를 시청으로 데려가고 있다고 말하는 것을 듣는다.

*

얼마 후 전세 마차 한 대도 콩코르드 광장에서 나오는데, 한 병사가 전속력으로 앞으로 몰고 간다. 그런데 마차 안에는 아무도 타고 있지

---

27. 민간 치안을 담당한 무장 경찰 부대를 말한다.

않았다. 한 지나가는 사람이 마부 대신 보병이 기수가 되어 헐떡이는 말을 전속력으로 달리게 하는 것이 이상하다고 생각하고 말의 머리로 뛰어가 갑자기 말을 멈추게 한다. 그는 아직 고삐를 놓지도 않았는데, 마차를 몰고 있던 병사가 벌써 그에게 내려오며 위협적으로 이렇게 말했다. "시민, 당신은 무슨 권리로 이렇게 위원회의 마차를 멈추게 할 수 있소? 당신은 명령서, 신분증, 붉은 신분증이 있어야 하오. 어서, 신분증을 보여주시오." — "저는 명령서도, 신분증도 없소."라고 우리 시민은 온화하게 대답했다. 그는 의심도 없이 그리고 세상에서 가장 좋은 의도로 위원회의 업무에 지장을 초래한 것을 후회하며 말했다. "나는 단지 생-도미니크 거리rue Saint-Dominique의 과일 장사에 불과하오."

"아! 신분증이 없다고? 생-도미니크 거리의 과일 상인이 감히 내 마차를 멈춰? 이것 봐, 내게는 신분증이 하나 있어, 알겠어? 여기 봐, 빨간 신분증이잖아. 당신은 나와 함께 시청으로 가야겠어." 한 국민방위대 행군부대원이 시민을 위해 개입한다. "어이! 당신 말 잘했어. 내가 당신에게 명령하겠어. 당신, 이 시민과 함께 시청으로 갑시다. 그를 마차 안에 태우시오." 그러자 우리 마부는 순순히 과일 상인과 국민방위대를 마차에 태우고, 자기 자리에 올라타서 시청 방향으로 힘차게 나아간다. 군중은 아무 말도 하지 않았지만 웃지도 않았다. 3월 18일 정부하에서 개인의 자유가 어떻게 보장되고 있는지를 보여주는 장면이다. 개인의 자유는 감히 침해하려고만 하면 얼마든지 침해될 수 있다.

*

내가 2일의 요약 보고를 마칠 때쯤, 석간신문들이 나왔다. 그들은 아침의 교전에 대한 어떠한 새로운 세부 사항도 보도하지 않았고, 나의 개인적인 정보에도 추가된 것이 없다.

4월 3일

오늘 아침 시청 신문에는, 다른 기사들 사이에, 국민방위대에 보내는 포고문이 포함되어 있다. 이 포고문은 국회를 모욕하고 비난하는 내용으로 작성되어 있으며, 그 표현이 너무 강해서 그것을 굳이 반복하거나 언급하지 않는 것이 낫다.

더구나 이번 호는 3월 18일 이후 가장 격렬하고 혁명적인 것 중 하나이다. 한 법령은 행정부 수반과 장관들, 쥘 파브르Jules Favre, 피카르Picard, 뒤포르Dufaure, 쥘 시몽Jules Simon 및 포튀오Pothuau 제독을 고소하고 있다.

또 다른 법령은 교회와 국가의 분리를 선언하고, 종교 예산을 폐지하며, 종교 단체에 속한 동산과 부동산을 국유화한다고 선언한다.

이러한 몰수 행위 집행에 앞서 그것에 관련된 이유를 선언문으로 제시한다.

*

이시Issy, 방브Vanves, 몽-발레리앙Mont-Valérien 요새의 대포 소리를 통해 사람들이 적대 행위의 재개된 것을 알게 된다. 이 대포들은 새벽 3시부터 계속해서 울렸다. 모든 구역에서 동시에 소집과 경보가 울렸다. 이시와 방브의 두 요새는 국민방위대가 점령하고 있으며, 몽-발레리앙 요새는 베르사유 군대가 점령하고 있다. 이날, 평화로운 해결책에 대한 마지막 애국적 희망이 사라진다. 폭도는 굴복하지 않을 것이며 무기를 내려놓지 않을 것이다. 폭도는 무력으로 진압되기를 원한다.

같은 날, 코뮌은 베르사유로 진격하려는 무모하고 범죄적인 시도를 감행하려고 한다.

밤사이, 코뮌의 '장군들'은 경계 지역 바깥에 많은 대대를 집결시켰다. 세 개의 부대 집단이 편성되었다. 하나는 세브르Sèvres를 공격해야 했고, 두 번째는 몽-발레리앙을 공격해야 했는데, 그중 일부 공격대는 몽-발레리앙을 우회하기 위해 생-제르맹Saint-Germain 도로를 따라가서 낭테르Nanterre를 경유할 예정이었다. 나머지 일부는 생-클루Saint-Cloud와 몽트르투Montretout로 향할 예정이었다. 세 번째 집단은 샤티용Châtillon에서 출발해 슈브뢰즈Chevreuse로 가는 길을 통해 베르사유로 향해야 했다.

이것이 반란 지도자들의 계획이었다.

실제로는 이렇게 진행된다.

세브르를 통해 길을 열어야 했던 첫 번째 집단은 푸앵-뒤-주르Point-du-Jour에서 전투를 시작한다. 전투는 두 시간 반 동안 지속되게 된다. 그러나 정오부터 연합군의 패배는 확실해 보였다. 클라마르Clamart 평원과 숲은 도망치는 국민방위대로 가득했다. 오후 3시, 완전히 패주했다.

두 번째 집단은 몽-발레리앙을 공격했지만 성공적이지 못했다. 생-클루Saint-Cloud로 향해야 했던 대대들은 얼마 진격하지 못하고 요새의 포화에 노출되었다. 이 불행한 사람들에게 요새가 중립을 유지할 것이라고 말했지만, 그 환상은 곧 깨졌다. 몇 발의 포탄이 부대를 향해 발사되자 즉시 대열에 공포가 일어난다. 이내 너나없이 도망가기 시작한다.

오전 10시에 샤티용에서 출발한 세 번째 집단은 요새 방어에 충분한 병력을 남기고 비교적 쉽게 쁘띠-비세트르Petit-Bicêtre에 도착한다. 거기서 그들은 진군을 막는 보병과 포병부대와 마주친다. 전투가 벌어지자마자 연합군 부대는 곧 후퇴를 시작하고, 베르사유군의 추격을 받는다. 베르사유군은 샤티용 요새를 점령하기 위해 몇 발의 포탄을 발사한 후, 30분의 전투 끝에 요새를 점령한다. 추격은 그곳에서 멈추고, 그들의 목표는 달성되었다. 패주한 연합군은 파리로 돌아간다.

모든 전선에서 승리한 베르사유 군대는 1,500명의 포로를 잡았으며, 단 한 명의 병사도 국민방위대의 손에 넘기지 않았을 것이다. 마지막 순간에는 플루랑Flourens이 살해되었을 것이고, 포로 중에는 코뮌의 장군인 뒤발Duval과 앙리Henry도 포함되었다고 한다.

내가 보기에 오늘 파리는 그 어느 때보다도 심각하고, 침묵에 잠겨 있는 모습이다.

앞에 주요 상황을 설명한 것처럼 아침 9시부터 시작된 전투의 규모가 커질 징조를 보이자, 가게들은 문을 닫는다. 대로변의 사람들은 평소보다 훨씬 적었고, 최근 며칠 동안의 활기찬 논의도 더 이상 벌어지지 않는다. 사람들은 크게 충격받는다.

오후 3시부터, 대여섯 명 또는 그 이상의 큰 그룹으로 국민방위대가 돌아오기 시작한다. 그들은 여러 전투 지점에서 파리의 다양한 구역으로 연결되는 모든 통로를 통해 들어온다. 그들은 광장으로 가지 않고, 자기 집으로 돌아간다.

그 시각에는 전투의 최종 결과를 알지 못했다. 그러나 무장한 사람들이든 아니든, 그 누구도 승리한 부대에 속해 있는 것으로 보이지 않았다. 몇몇 사람들이 질문을 받았고, 이런 대답들이 나왔다. "우리는 질서를 유지하기 위해 소집되었지, 전투를 위해 소집된 것이 아니었다. 우리는 전투에 참여하지 않으려고 했다." 다른 사람들은 말한다. "우리를 전투에 내몬 사람들은 결산의 순간이 오면 사라질 것이다. 그때 우리는 그들을 대신하여 대가를 치를 것이다. 우리는 이 사실을 이해하는 데 오래 걸렸지만, 결국 이해한다. 그래서 우리는 다시 작업장으로 돌아간다." 그리고 또 다른 사람들은, "항상 그렇듯이, 우리는 우리 지도자들에게 배신당했다."

*

전투 소식을 듣자마자, 기독교 학교의 존경받는 형제들[28]은 각자 위치에서 기다렸다. 그들은 팔에 붉은 십자가를 두르고, 간호와 들것을 나르는 임무를 다시 시작했다. 그들은 어제 쿠르브부아Courbevoie에서 처음으로 쓰러진 희생자들을 발견하거나 매장한 사람들이었다. 현재, 우디노 거리rue Oudinot에 있는 그들의 넓은 방들은 부상자들로 가득 차 있다. 훌륭한 형제들의 적극적인 부대는 오늘 저녁에도 그들의 신성하고 고통스러운 작업을 마치지 못했다. 따라서 그들은 전투 현장에서 다시 잠을 잘 것이다. 어차피 전투는 내일 혹은 오늘 밤에 다시 시작될 수 있지 않을까? 그리고 전투원들이 제시간에 도착하지 않기만 하면 되는 것 아닌가![29]

방금 소식을 들었는데, 어제 바크 거리rue du Bac에서 국민방위대의

..
28. 기독교 관련 학교의 교육자들을 말한다.
29. 전투가 재개되지 않기를 바라는 반어적 표현이다.

군복을 입은 한 비열한 자가 이 존경 받는 형제 중 한 명을 만났을 때 그에게 총을 겨눴다. 만약 두 명의 다른 국민방위대가 개입하지 않았더라면, 그는 틀림없이 그를 죽였을 것이다. 이 두 사람이 급히 달려들어 그의 무기 총구를 들어 올렸다. 이 범죄적 시도를 한 자는 술에 취한 상태로 보였다.

*

코뮌은 상호 체포를 배우는 진정한 학교이다. 시민 아시Assi의 차례가 온 것 같았다. 시민 아시의 명령으로 투옥된 시민 륄리에Lullier를 석방하기 위해 교도소 문이 열리자마자, 그 문은 시민 대통령 자신을 수감하고 다시 닫혔다.

*

마지막에 받은 정보에 따르면, 오늘 아침부터 매시간 시청에 도착하는 전보들이 코뮌을 극도로 동요시키고 있다고 한다. 이 전보들은, 베르사유 군대가 총을 내려놓기는커녕, 단결하여 행진하고 있으며, 그들의 태도가 연합군 대대들을 혼란스럽게 할 것이라고 전한다.

*

오늘 아침부터 베르사유와 우리를 연결해 주었던 유일한 기차역이 폐쇄되었다.

*

어제 전투 중에 쿠르브부아 성당 신부의 행동은 매우 훌륭했다. 석간신문에 이렇게 전해졌다.

오늘 아침, 전투가 가장 치열했던 순간 포탄이 사방에서 날아오고 있는 와중에 연합군의 대열이 무너지고 있을 때, 한 겸손한 영웅, 쿠르브부아Courbevoie의 신부가 부상당한 불행한 사람들을 돕기 위해 전투 현장에 나타났다.

그는 부상자를 한 명씩 일으켜 세우며 격려하고, 임종을 앞둔 이들에게 가장 감동적인 위로를 해주었다.

사방에서 고통받는 군인들이 모두 외쳐댔다.

— 신부님 제게도 와주세요!

그 훌륭한 사람은 고통을 빨리 위로받아야 할 사람들에게 달려가기 위해 분주하게 움직였다.

일부 전쟁터를 돌아다니며 병사들에게 물을 주기도 하고, 앉을 수 있게 도와준 뒤, 그는 가장 힘든 임무를 시작했다. 그는 부상자를 등에 업고 할 수 있는 한 편안하게 해주었으며, 가까운 곳에 있는 무너진 집 뒤로 부상자를 옮겼다. 그 집 위에는 국제노동자협회(인터내셔널) 깃발이 나부끼고 있었고, 그곳에서 한 외과 의사가 응급 처치를 하고 있었다.

그 귀중한 짐을 내려놓은 후, 훌륭한 신부는 전장의 포화 속으로 다시 돌아가 두 번째 부상자를 데리고 오고, 이어서 세 번째 부상자를 데려왔다…. 우리가 되돌아가야 했을 때, 그 용감한 사람은 지칠 대로 지쳐서 그의 11번째 여정을 막 끝냈다.

쿠르브부아Courbevoie와 낭테르Nanterre에는 이 용감한 신부를 향한 경외의 외침만이 들려온다.

바로 이것이 항상 그래왔고, 지금 그렇고, 앞으로도 그럴 것인, 이 가톨릭 성직자의 모습이다. 그러나 3월 18일의 사람들은 그들에게 비난과 중상을 퍼부을 것을 두려워하지 않는다!

4월 4일

밤 동안에 상당한 병력 이동이 있었다. 많은 연합군 대대가 남쪽으로 이동했다.

새벽부터 짙은 안개가 들판을 덮고 있다. 바람은 북쪽에서 불어온다. 이 두 가지 기상 조건 때문에 대포와 총성이 잘 들리지 않는다. 뇌이이Neuilly에서 싸우고 있는 것인지 그 너머에서 싸우고 있는 것인지 알 수 없다. 평소에 포고문과 선전물을 많이 내는 코뮌은 침묵하고 있다. 이 침묵으로 사람들의 불안과 걱정이 커진다. 그러나 시청이 정보를 갖고 있지 않을 리가 없으므로 이 침묵으로부터 추론할 수 있는 것은, 만약 전투가 계속되고 있다면, 이는 반란군에게 성공적으로 진행되지 않고 있다는 것이다.

그런데 3시쯤, 안개가 걷히고, 간헐적으로 대포 소리가 뚜렷하게 들리기 시작한다.

모든 지역에서 사람들은 석간신문을 애타게 기다리고 있다. 마침내 신문이 발행된다.

오늘 아침 5시에 적대 행위가 재개되었다. 연합군 대대들은 바–뫼동Bas-Meudon을 점령하고 있었다. 그곳에서 연합군은 이시와 방브 요새의 지원을 받아, 베르사유 군대가 주둔하고 있는 뫼동Meudon의 성채와 고지대를 공격했다. 국민방위대는 오전 10시쯤 서서히 땅을 잃고 요새 아래로 후퇴했다. 정오쯤, 총격전이 느려지기 시작했고, 전투는 성의 포대와 이시 및 방브 요새 사이에서만 계속되었다. 마지막 순간까지, 이 반란군의 새로운 공격은 어제의 실패를 반복하는 듯했다. 그들은 클뤼즈레Cluseret 장군이 지휘했다.

*

3시경, 많은 여성이 리샤르-르누아르 대로boulevard Richard-Lenoir에 모였다. 일부 여성들은 그룹을 향해 작업장에서 일을 중단하도록 설득하려 한다. "형제자매들과 연합해서 베르사유로 행진하지 않고, 일하는 사람들은 비겁하고 나태하다."라고 그들은 말한다. 그러나 작업장이 몰려 있는 이곳에서는 이런 호소가 받아들여지지 않았고, 연설자들은 원하던 것과 반대의 결과만을 얻었다. 즉 그저 동정을 얻는 데 그쳤다.

*

며칠 동안 퍼져 온 소문에 따르면, 프로이센인들이 프랑스에 정규적이고 합법적인 상황을 복구하라고 강력히 요구하고 있다고 한다. 이 소문은 시간이 갈수록 점점 더 신뢰성을 얻고 있다. 파리 시민은 이를 반기지 않으며, 프랑스 정부, 즉 의회에 이 문제를 맡기고 있다.[30]

*

위원회와 코뮌에 무조건 복종하는 지역에서는 비지지자들이 연합군에 합류하도록 더할 나위 없이 강한 압박을 받고 있다. 무장한

---

30. 파리 시민은 합법적 정권 수립을 요구하는 프로이센의 내정간섭을 반기지 않고, 정부의 대처를 수동적으로 바라본다는 의미이다.

10~15명의 경비병이 부사관 인솔하에 이들을 찾아와서 행군에 참여하도록 강요한다. 몽마르트르에 속한 제32대대는 4월 3일 전투에 이러한 분위기에서 참가했다. 그들은 선두에 배치되었고, 감시받았다. 그들을 감시한 제61대대는 그 고약한 태도가 연합군 위원회에서 높이 평가받고 있었고, 그 지휘관은 '시민 라주아Razoua'이다.

*

마지막으로 알려진 소식에 따르면, 오늘 아침 샤티용Châtillon 보루가 정부군의 손에 넘어갔다.

4월 5일

어제의 전투에서 국회의 군대가 확실히 또 다른 성공을 거두었다. 오늘도 파리 연합군과 베르사유 군대 사이의 전투가 계속되었다.

밤새도록 샤티용Châtillon, 클라마르Clamart, 뫼동Meudon 등의 고지대와 이시, 방브 요새 사이에서 격렬한 포격전이 벌어졌다. 오늘 아침 9시까지 폭발의 강도와 빈도로 볼 때, 포격이 최악으로 이루어진 날로 생각할 수 있을 것이다.

샤티용 고원은 여전히 베르사유 군대의 통제하에 있다.

베르사유로 가려던 국민방위대는 결국 방어적 위치에 머무르게 되었고, 끝까지 그럴 것이다. 넘을 수 없는 방어선이 그들을 막아선다.

*

4월 3일 사건에서 1,500명의 포로가 잡혔다는 숫자는 오늘 석간신문에 의해 확인되었고, 플루랑Flourens의 사망과 뒤발Duval과 앙리Henry 등 장군들이 포로가 된 경위도 확인되었다. 몽–발레리앙Mont–Valérien 아래로 연합군이 패주한 후, 한 집에 피신해 있던 플루랑은 우리 병사들에게 발각되었다. 그를 항복시키려던 군사경찰 장교에게 플루랑은 리볼버를 쐈고, 그 장교는 플루랑의 머리를 칼로 베어 넘겼다.

뒤발 장군은 비누아Vinoy 장군의 명령에 따라 즉석에서 총살되었다.

앙리 사령관은 베르사유로 압송되었다.

*

오늘 아침, 〈주르날 데 데바〉, 〈콩스티튀시오넬〉, 〈파리-주르날〉 신문사와 인쇄소가 무력에 의해 점령되었고, 그들의 인쇄기에는 코뮌의 명령으로 봉인이 부착되었다. 이 신문들은 코뮌을 불편하게 했기 때문에, 코뮌이 폐간시킨 것이다. 이는 코뮌이 등장한 첫날에 〈골루아〉와 〈피가로〉를 폐간시킨 것과 마찬가지이다. 사람들은 코뮌에 실질적인 개혁적 행동을 요구하지만, 코뮌은 이런 식으로 대답한다. 그렇지만 코뮌의 공식 신문은 이에 대해 한마디도 언급하지 않는다.

*

한편, 시청 신문은 17세에서 35세 사이의 모든 미혼 남성을 연합군 대대에 편입시키는 법령을 담고 있다. 17세 소년을 포함한 이 무분별한 징집은 권한이 없는 당국이 명령한 것이고, 공공의 분노를 불러일으켰다.

*

임의적인 체포가 계속되고 있다.

특히 오늘은 다르부아Darboy 주교, 마들렌 교회의 존경받는 신부 드게리Deguerry 씨, 예수회 본부의 존귀한 상급 신부와 여러 신부의 체포를 언급하게 된다. 이러한 체포에 대해 코뮌은 아무 이유도 제시하지 않는다.

롤랭중학교가 약탈당했다.[31]

..
31. 롤랭중학교(Collège Rollin)는 1821년도에 설립되었고, 현재는 자크-드쿠르 중고등학교(Collège-lycée Jacques-Decour)이다. 당시 이 학교는 프랑스 교육 체계에서 중요한 역할을 했으며, 화가 에두아르 마네(Édouard Manet)와 수학자 브누아 망델

4월 6일

〈코뮌 신문〉은 오늘 아침 여섯 개의 조항으로 구성된 법령을 발표하여, 용의자법[32]과 혁명 재판소를 한꺼번에 재도입한다.
법령 내용은 이렇다.

제1조. 베르사유 정부와 공모한 혐의를 받는 사람은 모두 즉시 기소되어 투옥된다.
제2조. 24시간 이내에 기소 배심원이 배정되어 제출된 범죄를 심리한다.
제3조. 배심원은 48시간 이내에 판결한다.
제4조. 기소 배심원의 평결로 구속된 모든 피고인은 파리 시민의 인질이 된다.
제5조. 파리 코뮌 정부의 지지자 또는 전쟁 포로의 처형이 있을 경우, 제4조에 의거 구속된 인질 세 배수를 즉각 처형할 것이며, 이들은 제비뽑기로 정해진다.

브로(Benoît Mandelbrot) 등 여러 저명한 인물들이 이곳에서 교육받았다.
[32]. 1793년 도입된 것으로, 혁명에 반대하는 용의자를 증거도 없이 마구 체포, 처형하게 만든 법이다.

제6조. 모든 전쟁 포로는 기소 배심원 앞에 서게 되며, 배심원은 그가 즉각 석방될지 아니면 인질로 구속될지를 결정할 것이다.

매일 진행되는 불법 체포는 제4조와 제5조에서 설명한 인질 희생자를 확보하는 것을 목적으로 한다.

*

세 번째 문서는 특히 우스꽝스러운 것으로서, 시청 신문의 공식 난에 다시 삽입되었다. 그것은 외무 대표를 맡은 시민 파스칼 그루세 Paschal Grousset가 외국 대사들에게 공식적으로 '코뮌 정부의 설립'을 알리는 것이다.

*

이번에는 〈리베르테〉 신문이 폐간되었다.

*

오늘 아침 파리의 모든 벽에는 '지방들이 진실을 갈망한다'라는 말로 시작하는 지방으로 보내는 성명서가 부착되어 있다. 그러나, 이 성명서는 처음부터 끝까지 거짓을 전달하고 있다.

여러분에게 이것을 전한다.

이러한 문서는 논평이 필요 없다.

한 줄도 거짓이나 비방이 아닌 것이 없다. 코뮌이 파리를 억압적인 상황에 빠뜨렸음에도 불구하고, 이를 인정하지 않고 오히려 베르사유 정부를 감히 비난하고 있는 모순적인 태도를 드러낸다.

지방 주민 여러분께

여러분은 진실을 갈망하고 있지만, 지금까지 베르사유 정부는 거짓과 중상모략으로만 여러분에게 알려왔다. 그래서 우리가 상황을 정확히 전하겠다.

베르사유 정부는 평화로운 겉모습에 속은 우리의 전초 기지를 도살하면서 내전을 시작한 자들이다. 또한 베르사유 정부는 우리의 포로들을 사살하고, 이미 5개월간의 포위를 경험한 파리 주민의 관심과 고통은 아랑곳하지 않고, 그들을 기아와 포위의 공포로 위협하고 있다. 우리는 상거래에 지장을 주는 우편 서비스의 중단이나 입시세入市稅 물품을 가로채는 것 등등에 관해서는 이야기하지 않을 것이다.

무엇보다도 우리가 걱정하는 것은 베르사유 정부가 파리 시민의 숭고한 운동을 중상하려고 지방에 행한 비열한 선전이다. 파리가 프랑스를 통치하려고 하고 국민 주권을 부정하는 독재를 실행하려고 한다고 말하면서 지방의 형제들을 속이고 있다. 또한, 파리에서 도둑질과 살인이 공공연하게 자행되고 있다고 말하면서 당신들을 속인다. 우리의 거리는 그 어느 때보다 더 조용했다. 지난 3주 동안 도둑질도 없었고 살인 시도도 없었다.

파리는 공화국을 건설하고 지방 자치권을 획득하는 것 외에는 다른 목표를 가지고 있지 않으며, 기꺼이 프랑스의 다른 코뮌들에 본보기를 제공하려고 한다.

파리 코뮌이 자신의 정상적인 권한 범위를 벗어나게 된 것은 유감스러운 일이지만, 그것은 베르사유 정부가 초래한 전쟁 상태에 대응하기 위해서다. 파리는 다른 프랑스 코뮌들의 동등한 권리를 존중하며 자치권 안에서 자립하려는 열망만을 갖고 있다.

코뮌의 구성원들은 자신들에게 위협을 가하는 왕당파로부터 파리를 해방하고 새로운 선거를 치를 날을 바랄 뿐이다.

다시 한번, 형제들이여, 베르사유 왕당파의 터무니 없는 날조에 속지 말기 바란다. 파리가 지금, 이 순간에 싸우고 있는 것은 여러분과 파리를 위해서다. 여러분의 노력이 우리의 노력과 합쳐진다면 우리는 승리할 것이다. 왜냐하면 우리는 자발적이고 생산적인 연대 아래, 권리와 정의를 대표하며, 모든 사람에 의한 모든 사람의 행복, 모두와 각자의 자유를 대표하기 때문이다.

집행위원회:

쿠르네COURNET, 들레스클뤼즈DELESCLUZE, 펠릭스 피아Félix PYAT, 트리동TRIDON, 바이양VAILLANT, 베르모렐VERMOREL.

*

오늘 체포 명단에는 다음과 같은 새 이름이 추가되었다. 생-세브렝Saint-Séverin 본당 신부 몰레옹Mauléon과 노트르-담 드-로레트Notre-Dame de-Lorette의 수석 보좌신부.

연합군은 오늘 하루를 마무리하며 세브르 거리rue de Sèvres의 나자로회 신부들을 방문했다. 책임자를 불러 그들에게 말한다. "여기에 코뮌의 적들이 숨어 있다. 당장 넘기지 않으면 전부 뒤집어 놓겠다."

책임자는 단지 이렇게 말한다. "나를 따라오시오," 그들을 한 방으로 안내하니 그곳에서 스물다섯 명의 다친 연합군이 신음하고 있다. "이들이 우리가 수용한 외부인들이오. 이들이 공화주의자인지 아닌지 우리는 모르지만, 이들은 고통받는 사람들이오!"

연합군은 약간 혼란스러워하며 고개를 숙이고 그곳을 떠났다.

아마도 그들은 마침내 박애라는 위대한 단어의 의미를 이해했을 것이다.

*

 어제저녁 파리의 모든 벽에 붙은 포스터는 사람들이 오늘 저녁 6시에 모이도록 초대하는 내용이다. 서명자들이 지명한 장소는 증권 거래소 광장의 한 회의실이다. 여기서 이미 너무 많은 피를 흘린 이 부당한 전쟁을 끝내기 위한 타협안 내용을 논의할 것이다.
 코뮌이 이 모임을 막을 것이라는 말이 있다.

4월 7일

어제 증권거래소 광장에서 열고자 했던 집회는, 예상대로, 파리 전역에 붙은 공고에 의해 금지되었다.

이번 일로 집회의 권리에 대해 논하지는 않겠다. 우리는 이미 오래 전부터 시청에서 권리가 아닌 힘, 더 나아가 공포가 지배하고 있다는 것을 알고 있다.

3월 18일의 사람들이 말하길, "이런 상황에서 화해는 배신이다."

그래서 화해는 없다는 것이 그들의 최후통첩이다.

오후 5시부터 연합군 대대가 무기를 장전한 채 광장 주변에서 진을 치고, 코뮌의 공고가 지켜지도록 감시하고 필요하다면 나설 준비를 하고 있었다.

*

코뮌에서 사퇴가 계속된다. 오늘은 시민 랑Ranc, 윌리스Ulysse, 파랑Parent, 르페브르Lefèvre 등의 사퇴가 발표된다.

*

어제 〈비앵 퓌블릭Bien public〉의 편집장 브리뇨Vrignault 씨에 대한 구속 영장이 발부되었다. 그러나 미리 이 사실을 미리 통보받은 브리뇨 씨는 붉은 띠를 어깨에 두른 경찰과 국민방위대가 찾아갔을 때, 편집국 사무실에도 자택에도 없었다. 오늘 자 〈비앵 퓌블릭〉은 '은신처에서'라는 제목 아래, 편집장이 자신을 추적하고 체포하려 하며 심지어 신문에 글을 쓰는 것조차 막으려는 이들을 교묘하게 비웃는 기사를 싣는다.

들리는 말에 의하면, 브리뇨 씨는 혁명 깃발로 국기를 교체하는 것을 거부한 부대에서 깃발을 들고 있었던 중위라는 혐의를 받는 것으로 보인다.

오늘 체포 명단이다.

생-쉴피스Saint-Sulpice, 생-로랑Saint-Laurent, 라 트리니테la Trinité, 생-필리프-뒤-룰Saint-Philippe-du-Roule, 생트-오귀스탱Saint-Augustin, 생트-외스타슈Saint-Eustache, 생-제르맹-데-프레Saint-Germain-des-Prés 성당의 신부들. 감옥 부속 사제로서 사형수들이 최후의 순간을 맞이할 때 동행하는 존경받는 크로즈Croze 신부. 생-쉴피스 신학교의 책임자인 이카르Icard 신부. 첫 번째 심문 후 석방되었던 서부 회사[33]의 피에라르Pierard 사장. 얼마 후 새로운 영장이 발부되었으나 피에라르 씨는 다행히도 안전한 곳에 있었다. 같은 회사의 물류 책임자인 토마생Thomassin 씨. 전날 파리를 떠났던 인쇄업자 폴 뒤퐁Paul Dupont 씨에 대해서도 같은 시도가 이루어졌다. 자비의 수녀원과 감옥 총감찰관 라퐁Lafont 씨 자택 수색. 파스타 제조업자인 그루Groult 씨와 은행가 르이되Lehideux 씨의 가택 방문.

이렇게 특별한 상황으로 감시받는 사람들에 대한 체포나 체포 시도

・・
33. 1855년 창립된 서부 철도 회사. 프랑스 서부 지역 철도 발전에 공헌. 1878년 국가 철도 회사로 통합됨.

에 더해, 평화롭고 해가 없는 시민들이 공공장소에서 끊임없이 체포되는 것을 추가해야 한다. 매시간, 모든 대로와 동네에서 무장한 국민방위대가 사람들을 체포한다. 그들은 방돔 광장에 있는 사령부로 끌려가고, 그곳에서 불법적으로 간단히 운명이 결정된다.

영국 대사관은 카르멜회 수녀들Carmélites에게 대사관 건물에 은신처를 제공하기도 했다.

*

코뮌의 법령으로, 다음 월요일인 이달 10일로 선거일이 정해진다. 이는 3월 26일 이후 사임과 일부 중복 임명으로 발생한 25개의 공석을 채우기 위한 것이다.

4월 8일

그 어떤 포위의 밤도, 포격의 밤도, 그리고 이 고통스러운 시대의 어느 날도 7일에서 8일 사이의 밤과 8일 낮 하루 동안과 비교할 수 없다.

오전 2시부터 대포, 기관총, 그리고 총격 소리가 엄청났다. 그것은 문자 그대로 지속적이고 끊임없는 소음이었다.

몽-발레리앙 요새, 쿠르브부아 포대, 다리의 포대가 모두 합쳐 새벽부터 포르트 마이요porte Maillot를 향해 강력한 포격을 시작했으며, 그들은 포르트 마이요의 무기를 무력화하려고 한다. 동시에, 뇌이이Neuilly 대로는 기관총 세례를 받는다. 정부군은 반란군의 바리케이드를 우회한다. 정부군의 강력한 선봉대가 뇌이이로 침투하여 남아 있던 연합군을 쫓아낸다. 연합군은 테른Ternes을 통해 파리 시내로 돌아간다.

오전 3시. 전투는 계속된다.

포르트 마이요의 교전은 계속되고 있지만, 연합군을 괴롭히는 기관총탄이 매 순간 성벽 위에 날아와 큰 피해를 주고 있다. 연합군 지원군이 4시경 도착했다.

오늘 아침부터 샹젤리제 대로avenue des Champs-Elysées는 많은 대대가 모인 야영지로 변했다. 여러 지점에 불이 피워져 있고, 국민방위대는 수프를 준비하고 있다.

대로를 따라 올라갈 수는 있지만, 초병들은 우회로를 이용하도록 안내하고 있다. 매 순간 에투왈Étoile 원형 교차로[34]와 그 너머까지 포탄이 도달하기 때문이다. 실제로 여러 발의 포탄이 공중에서 터져 기념물 위에서 폭발하고 있다.

개선문 주변 지역은 오늘 아침부터 빗나간 사격으로 몇 발의 포탄을 맞았다. 프랑수아 1세 거리rue François 1er, 플루즈 거리rue de la Pelouse, 신 플루즈 거리rue neuve de la Pelouse 및 프레스부르 거리rue de Presbourg에 포탄이 떨어지고, 오토만 대사관[35] 건물에도 포탄이 떨어져 외벽이 손상되고 유리창이 깨졌다.

위리크 대로avenue Uhrich와 특히 그랑드 아르메 대로avenue de la Grande Armée는 뇌이이의 대포 공격에 그대로 노출되어 있다.

7시경. 오랫동안 지속되었던 이 싸움이 서서히 진정되는 것처럼 보인다. 여기에 참여했던 국민방위대들이 작은 무리를 이루어 복귀하고 있다. 절대적인 패배를 인정하지 않고, 그들은 포르트 마이요 거점이 온종일 수많은 포탄으로 뒤덮였고, 포화가 약해지기 시작한 시점에는 이미 더 이상 버틸 수 없었다고 말한다.

*

'시민 장군' 베르즈레Bergeret는 최근 모든 벽에 게시된 코뮌에 보낸 편지에서 뇌이이를 절대적으로 점령할 수 없도록 하는 조치를 했고,

---

34. 개선문이 있는 원형 교차로를 말한다.
35. 오토만 왕국은 튀르키예의 1923년 이전 이름이다.

이제 이곳은 군대를 맞설 준비가 되었다고 알렸다. 다음 날, 뇌이이는 대부분 국회 군대에 의해 점령되었다. 오늘 아침 〈공식 신문〉에 보도된 법령에 따라 시민 장군은 '다른 직무'로 배치된다.

같은 법령은 장군이라는 직책이 민주주의 조직과 양립할 수 없다고 선언하고 이를 폐지한다.

또한 같은 법령에 따라 시민 라디슬라스 돔브로브스키Ladislas Dombrowski가 베르즈레의 후임으로 임명된다. 방금 나는 베르즈레가 체포되었다는 소식을 듣는다. 따라서 '다른 직무로 배치된다'라는 표현은 코뮌에서는 체포되는 것을 의미한다.

*

시민 돔브로브스키는 폴란드인이다.

이번 임명으로 인해 코뮌의 공직 일부를 맡은 외국인의 수는 세 명이 되었다. 다른 두 명은 독일인 프랑켈Frankel과 미국인 클뤼즈레Cluseret로, 프랑켈은 코뮌의 위원이고, 클뤼즈레는 전쟁부로 파견된 대표이다.

*

이 미국 시민의 명령으로 코뮌의 법령을 수정하여, 국민방위대의 전투 중대에서 복무하도록 소집되는 국민방위대원의 연령을 35세에서 40세로 연장하고, 결혼 여부와 관계없이 19세에서 40세까지의 모든 사람에게 의무화한다.

*

〈나시오날〉의 편집 직원인 리샤르데Richardet 씨는 반동 작가로서 경찰청에서 즉시 체포되었다. 그는 기자로서의 업무를 위해 통행증을 요청하려고 했었다.

*

체포된 신부들의 사제관 일부와 아송시옹-Assomption 성당이 체포 후에, 그리고 체포 중에도 약탈된 것이 확인된다.

*

소위 '19에서 40 법령'에 저항하는 자들을 체포하고 감금하기 시작한다.

4월 9일

9월 4일 정부는 언론 관련 법률이 무력하게 되도록 방치했다. 시청 정부는 오늘 법의 규정을 상기시키며, 이를 준수하지 않는 자들에게는 소송을 제기하겠다고 경고한다. 아주 잘하고 있다.[36]

*

체포와 수색이 점점 더 심각한 양상을 띠고 있다.

다음은 오늘의 결산이다.

뇌브-뒤-뤽상부르 거리rue Neuve-du-Luxembourg의 변호사 드누이유Denouille 씨의 가택 수색. 금고 하나가 부서지고, 안에 있던 10,300프랑이 탈취된다. 큰 금고는 여전히 버티고 있으며, 자물쇠 수리공은 6시간이 필요하다고 말한다. 그 금고는 봉인된다. 한 사무원의 재치 덕분에 60,000프랑이 들어 있던 다른 방의 세 번째 금고는 조사에서 제외된다.

세 명의 전직 경찰서장의 가택 수색.

• •
36. '아주 잘하고 있다'는 반어적 표현으로 보인다. 9월 4일 정부가 언론 관련 법률을 방치한 것은 언론의 자유를 보장하려는 의도였을 수도 있지만, 결과적으로 혼란을 초래했을 가능성도 있다. 반면, 코뮌이 해당 법률을 다시 준수하도록 한 것은 언론을 통제하려는 시도가 될 수 있다.

아사스 거리rue d'Assas의 교육 기관장의 가택 수색. 금고에 있던 1,400 프랑이 탈취된다. 미리 정보를 얻은 테농Thénon 씨는 그에 대한 체포 영장을 피해 도망쳤다.

테부 거리rue Taitbout에 있는 아제베도Azevedo 씨 자택 수색, 아제베도 씨는 평범한 집주인일 뿐이다. 집에서 사라진 것이 무엇인지 아직 알 수 없다.

파리 중앙 시장Halles 중앙 금고 검열.

발-드-그라스Val-de-Grâce 병원의 금고 검열.

카르멜수도회의 보쉬에Bossuet 학교 검열. 이 검열로 시설의 금고가 비워진다.

생트-앙투안Saint-Antoine에 있는 '작은 자매 빈민보호소' 수색. 이 수색은 어떤 횡령도 없이 이루어졌다. 오히려 이 사건은 이 슬픈 전쟁의 가장 감동적인 에피소드 중 하나로 남을 것이다. 우리의 신도들을 박해하도록 명령받은 사람들에 의해 우리 수도회원들의 자비와 희생정신이 가장 높이 발휘한 것으로 기억될 것이다. 이것은 매우 흥미로운 이야기이며, 나는 이 이야기를 읽고 눈물이 났다. 정보를 확인한 신문에서 인용한다. 큰 고통을 당하고 있는 독자들에게 큰 위로가 될 것이다.

우리는 어제, 파리에서 여성 단체가 아직 가택 수색의 대상이 된 적이 아직 없다고 말했다. 그런데 우리는 잘못 알았다. 그들 중 한 곳이 이미 침해되었다. 가택 수색을 할 때 확신에 차서 대부분 영장도 없이 열정만으로 모험적으로 진행되기 마련인데, 그 모험심으로 처음 방문한 여성 단체는 '작은 자매 빈민보호소'였다.

피크퓌스Picpus 지역 생트–앙투안Saint-Antoine의 가장 높은 곳에서, 그제 저녁 7시경 (우리가 수집한 이야기가 세부 사항에서 정확하다면), 노인들이 잠자리에 들고 작은 자매 수녀들이 간식을 먹으려 할 때, 집 문 앞에서 총성이 울렸다.

그 소리는 이런 종류의 파견이 시작된다는 신호로 잘 알려져 있다. 작은 공동체는 불안해하고, 전체 보호소가 공포에 휩싸였다. 문이 열리자, 거의 백 명의 남성들로 이루어진 부대가 집안으로 소란스럽게 몰려들어 왔다. 그들은 위협적이고, 특히 장교는 격앙되고 무섭게 보인다. 그가 외치며 말했다. "문을 닫아라, 경비병을 배치하고, 이 여성 중 하나라도 탈출을 시도하면 사격하라."

원장 수녀, 작은 가족 내에서는 보통 '좋은 어머니'라고 불리는 그녀가 있었다. 지휘관은 그의 부하들에게 말할 때와 같은 톤으로 대꾸를 허용하지 않으며, 그녀에게 금고를 보여달라고 요구했다.

좋은 어머니는 조용히 그를 그녀의 서랍이 있는 곳으로 안내하고, 그것을 열어 공동체의 보물을 그의 눈앞에 드러냈다.

나는 금액을 알지 못하지만, 그 금액은 대위를 놀라게 했다.

"당신은 그것밖에 없소?" 그가 의심스럽고 질문하는 표정으로 말한다. "더 없습니다. 이게 우리가 가진 전부입니다." 좋은 어머니가 대답한다. "작은 자매들은 하늘의 새처럼 하루하루 살아갑니다. 필요하면, 당신은 이곳 어디든지 더 찾아볼 수 있습니다."

그는 거부하지 않는다. 그녀는 그를 집 안으로 안내한다. 앞서 말한 바와 같이 저녁 시간이었다. 노인들은 잠자리에 들 준비를 하고 있었고, 몇몇은 이미 침대에 있었다. 사람들은 공동침실로 들어간다. 우리 대위는 그곳에서 예상치 못한 소리를 듣는다. 기도와 간청이 모든 사방에서 흘러나오고, 모욕과 저주와 뒤섞인다.

― 우리 작은 자매들에게 무슨 짓을 하려고 하는 겁니까? 비열하고 수치스러워요! 당신은 비겁하군요! 선생님, 그녀들을 데려가면 우리는 어떻게 되겠소?

착한 수녀들은 분노했고, 몇몇 착한 노인은 울었다. 대위는 혼란스러웠다. 그는 이 불쌍한 사람들을 안심시키려고 노력한다.

― 겁내지 마시오, 착한 사람들이여, 우리는 수녀들에게 어떤 해도 입히지 않을 것이오. 그가 말한다. 그는 얼마 동안 그렇게 계속한다. 그러나 그는 더 나아갈수록 더 많은 약속을 해야 했고 더 깊이 관여하게 된다. 마침내 그는 멈춘다.

― 자매님, 당신은 서랍을 닫지 않았소.

― 맞습니다, 장교님, 좋은 어머니가 대답한다. 하지만 저는 그런 습관이 없습니다. 우리 집에서는, 아시다시피, 그것은 전혀 필요 없습니다.

― 전혀 그렇지 않소. 장교가 다시 말한다. 그것을 닫아야 하오, 그게 더 좋소. 나는 여기 있는 모든 사람을 알지 못하오!

그는 급히 다시 돌아가 서랍을 닫고, 그 안의 내용물은 건드리지 않고, 열쇠를 좋은 어머니에게 다시 돌려준다. 그는 감동하고, 완전히 부드러워졌다. 그는 이렇게 말하지 않을 수 없었다.

― 저는 작은 자매들이 어떤 분들인지 몰랐습니다. 여러분이 하시는 일이 참 아름답습니다…. 이렇게 많은 가난한 노인들에게 헌신하는 것이….

그가 그렇게 다정하게 변한 것을 보고, 처음에는 가장 두려워하던 작은 자매 중, 모든 공동체에 있는 것처럼, 한 공손한 자매가 다가가 이렇게 말할 용기를 낸다.

— 장교님, 우리는 매우 두렵습니다. 붉은 사람들이 우리 집에 와서 가택 수색을 하려고 한다고 들었습니다. 우리를 보호해 주시겠습니까?

— 물론입니다, 장교가 대답한다. 제 손을 잡으세요, 그가 손을 내밀며 덧붙인다. 내가 약속합니다. 누군가가 당신을 괴롭히려고 한다면, 그 사람은 나와 만나게 될 것입니다!

한편 원장 수녀는 군인들에게 음료를 제공했다. 몇몇 군인만이 받아들였고, 대부분은 거절했다. 모든 부대원은 들어올 때와는 전혀 다른 분위기로 작별 인사를 했다.

— 나는 작은 자매들이 어떤 분들인지 몰랐습니다! 다른 많은 불쌍한 길 잃은 사람들도 그것을 모를 것이다!

— 아버지, 그들을 용서해 주소서….

그들은 의심할 여지 없이 죄가 있지만, 진정 불행한 자들은 종교 공동체가 부를 숨기고 음모를 꾸민다고 그들에게 설득하는 자들이다. 그들에 대해, 하나님은 여전히 용서할 수 있지만, 사회는 그들의 사악함에 대해 엄중히 책임을 물어야 한다. 그렇지 않으면 모든 법률, 기도, 자비가 그 안에 간직되어 있음에도 불구하고 사회는 멸망할 것이다. 그리고 우리가 이야기한 장교와 국민방위대를 그렇게 깊이 감동하게 하고 변화시킨 것도 바로 그 보물들이다.

*

특별 경찰 위원 라뷔Rabut 씨가 증권거래소에서 체포되었다.

*

새로운 문제가 발생한다. 제빵사들은 국민방위대 가족 위원회에서 발행한 빵 쿠폰을 거부하기 시작한다.

한편, 정육점 주인들은 전면 소집령에 따라 정육점 직원들을 행군 부대에 소집한다면 정육점을 폐쇄하겠다고 위협하고 있다.

*

반란군은 콩코르드 광장을 요새화한다. 오늘 아침부터, 바리케이드가 세워지기 시작한다. 하나는 샹젤리제 입구에, 다른 하나는 리볼리 거리rue de Rivoli 입구에, 세 번째는 루아얄 거리rue Royale 입구에 세워지고, 네 번째는 콩코르드 다리를 통한 연결을 차단할 것이다.

4월 10일

코뮌에 헌신하는 신문에 따르면 어제 하루 동안 연합부대는 225명의 사망자와 425명의 부상자를 냈다고 한다.

오늘 파리는 상대적인 평온을 누렸다. 대포 소리는 가끔 들렸다.

*

몇몇 연합군 부대가 아침 일찍부터 반란군이 통제하고 있는 아스니에르Asnières로 향했다. 연합군의 새로운 지휘관인 폴란드인 돔브로브스키Dombrowski는 이곳을 그의 작전 중심지로 선택했다.

*

명령에 반대 명령이 이어지면 혼란일 뿐이다.

5일로 예정된 코뮌 보궐 선거는 4일 자 법령에 따라 무기한 연기되었다. 8일에 또 다른 법령이 선거를 4월 10일로 정한다. 오늘 아침, 10일, 새로운 법령으로 선거가 무기한 연기된다.

*

연합군 부대원 자체도 그들의 새로운 군사 지도자의 임명에 고무되었다. 오늘 아침 파리의 벽에 붙여진 코뮌의 포고문은 시민 돔브로브스키를 신뢰한 이유를 알려준다. 집행위원회의 선택을 결정한 자격들은 다음과 같다.

1. 그는 폴란드인이다.
2. 가리발디[37]는 그를 특별히 존중한다.
3. 그는 카프카스 전쟁에 참전했다.
4. 그리고 그는 "세계 공화국에 헌신하고 있다".

코뮌의 위원인 시민 베르모렐Vermorel이 어제 전초 기지에서 사망했다고 한다.

*

'19에서 40 법령'의 폭력적인 집행이 계속되고 있다. 국민방위대 복장을 한 사람들이 공공장소에서 시민들을 체포하고 강제로 끌고 가서 억지로 입대시키고 있다. 그들을 강제로 옷을 입히고 무장시킨다. 이러한 체포를 '인간 사냥'이라고 부른다.

*

성스러운 부활절에 모든 교회의 종소리가 침묵했다! 마들렌 성당은 문을 닫았다! 도시는 깊은 슬픔에 잠겨 있다.

*

시청의 억압에도 불구하고 폐지되거나 발행 중단을 강요받지 않은 몇 안 되는 질서 존중 신문[38]들은 몇몇 부대에서 피로와 저항의 경향이 나타난다는 점을 지적하는 데 동의한다. 초기부터 참가한 부대 중 일부는 복무와 급료를 모두 거부하고 있다.

*

코뮌의 박해를 자신의 명예로 인정받고 있는 질서 존중 신문과

---

37. 가리발디는 이탈리아의 통일에 기여한 유명한 장군이자 정치인.
38. 전통적 가치, 헌법, 안정을 추구하며, 반란군에 동조하지 않은 신문.

반대로, 시청의 공식 기관지도 증가하고 있다는 점은 흥미롭지 않을 수 없다.

우리에게는 이미 〈아프랑시 *l'Affranchi*〉, 〈몽타뉴 *la Montagne*〉, 〈방죄르 *le Vengeur*〉, 〈페르 뒤셴 *le Père Duchène*〉, 〈메르 뒤셴 *la Mère Duchène*〉 등이 있었다. 여기에 4개의 신생 신문을 추가해야 한다. 〈보네 루즈 *le Bonnet rouge*〉, 〈파리 리브르 *Paris libre*〉, 〈소시알 *la Sociale*〉, 〈카엥 에 아벨 *Caïn et Abel*〉 등이다. 이들의 유일한 임무는 자기 선배들과 마찬가지로, 시청의 이익을 위해 거짓말을 하고, 우리가 아는 언어로 지방과 그 대표자들을 모욕하는 것이다.

*

플루랑 Flourens의 불행한 어머니는 죄지은 아들을 위해 교회의 기도를 원했다. 그녀는 우리의 성모에게 자비로운 도움을 요청했다.

앞에 언급한 신문 중 하나는 불쌍한 어머니를 비난하는 슬픈 용기를 가졌다.

이 신성 모독적인 비난은 한 석간신문에 다음과 같은 문장으로 표현된다.

"귀스타브 플루랑 Gustave Flourens의 어머니는 펠릭스 피야 Félix Pyat와 파스칼 그루세 Paschal Grousset의 동료들에게 큰 충격을 주었다. 어떻게 그녀는 피 묻은 아들의 유해를 신부가 동반하도록 하는 생각을 한 것일까? 이 고통스러운 순간에, 그녀는 시청의 노선보다 자신의 마음, 신앙, 모성애, 불멸의 희망을 따르는 반동적이고 모욕적인 생각을 하고야 만 것이다."

〈방죄르〉는 분개한다고 표명한다.

"나이 든 어머니들은 자녀의 생각을 따라야 하며, 심지어 이러한 생각이 그들의 깊은 신앙심에까지 영향을 미친다고 하더라도 받아들여야 한다! 자식을 슬퍼하는 것은 좋지만, 그것을 붉은 모자와 함께 슬퍼해야 한다. 십자가 앞에서 슬퍼하는 것은 코뮌 병사들을 모욕하는 것이다!"

이런 어리석은 글을 쓴 사람들은 아마도 불행히도 어머니가 없는 자식들일 것이다. 그리고 이런 어리석은 말들이 양심의 자유라는 이름으로 팔리고 있다!

*

체포가 계속된다.

오늘은 생-피에르-몽마르트르Saint-Pierre-Montmartre 성당의 보좌신부와 생-뢰Saint-Leu 성당 주임신부의 어머니가 체포되었다고 기록한다.

성직자 외에도 오퇴유Auteuil의 모렐Morel 박사와 국방 정부[39]의 전 각료인 글레-비주앵Glais-Bizoin 씨가 언급된다.

마들렌 광장에서는 두 사람이 국민방위대 행렬 속에서 걸어가고 있다. 나는 무슨 일인지 알아본다. 이 두 사람은 국민방위대에 의해 시경단[40] 소속으로 확인되었고, 순찰대에 신고되어 즉시 체포되었다. 그들은 광장으로 이송된다.

---

39. 프랑스-프로이센전쟁 중 나폴레옹 3세가 세당전투에서 체포된 후 공화국이 선포되는데, 국방 정부는 그 공화국의 임시정부이다. 1870년 9월 4일부터 1871년 2월 19일까지 존속한다.
40. 시경단(Sergents de ville)은 당시에 존재했던 경찰 관련 직책. 특히 코뮌 시기에는 시경단이 코뮌과 대립하는 세력으로 간주되었으며, 코뮌 측에서 이들을 체포하거나 처벌하는 사례가 종종 있었다.

오늘에서야 나는 전전날 테른Ternes에서 이 지역 주민 또는 포르트 마이요porte Maillot의 주민 20명이 체포되었다는 사실을 알게 된다. 첫 번째 심문 후 몇몇은 석방되었고, 나머지는 콩시에르주리[41] 감옥에 갇혔다.

이 모든 자의적인 체포로 충분히 증명할 수 있는 것은 현재 파리 시민이 자기 집에서도 안전하지 않으며, 어떤 이유나 명분도 없이 언제든 체포될 수 있다는 것이다.

한 신문은 오늘 아침 이와 관련하여 다음과 같이 논평한다.

"가벼운 고발에도 놀란 선량한 사람들 각자가 시민 메지Mégy[42]를 기억하고, 총을 들고 공안위원회 대리인들을 맞이한다면, 코뮌은 뭐라고 할까?"

지금까지 체포된 수는 약 900명으로 추산한다.

*

이 노트를 잘 마무리하기 위해서, 나는 여기에 〈비앵 퓌블릭〉 최신호에 보도한 기사의 첫 번째 단락을 인용한다. 브리뇨Vrignault 씨가 이 몇 줄로 말하는 것보다 파리 시민의 일반적인 감정을 더 명확하고 진실하게 표현하는 것은 불가능하다.

정치적 권력과 국가 정부로서 코뮌은 그 실력을 입증했다. 자신의

---

41. 콩시에르주리(Conciergerie)는 파리 중심부에 있는 왕궁이었고, 14세기에 감옥으로 바뀌었다. 특히 혁명 당시 정치범 수용소였다.
42. 시민 메지(Edmond Mégy)는 파리 코뮌에서 주된 역할을 담당했다. 특히 1870년 한 경찰 체포 과정에서 그를 죽인 것으로 유명하다. 이 일로 그는 20년 강제노역형을 받았지만, 곧 사면되었다.

주장을 펼칠 자유로운 기회를 얻었고, 주장을 펼쳤다. 지금 우리는 아무도 그것을 모르지 않으며, 모두 코뮌에 관한 판단을 확실하게 하고 있다.

우리의 선택은 끝났다.

우리는 정치적 코뮌을 증오하고 경멸한다, 왜냐하면 그것이 가장 혐오스럽고 가장 무능한 강탈이기 때문이다. 코뮌의 통치는 가장 짧고 가장 불모의 통치가 될 것이다. 역사에서 그것의 평가는 이럴 것이다. "가능한 한 짧은 시간에 가능한 한 최악의 일을 저질렀다."

코뮌은 모든 좋은 것을 공격하고, 모든 경멸할 만한 것을 격려했다. 인간을 고양하고 시민을 만들고 국가를 설립하는 모든 것을 부정했다. 영혼을 타락시키고 몸을 죽이는 모든 것을 주장했다.

4월 11일

 오늘로 헌법에 따른 군대와 반란 국민방위대의 첫 번째 총성이 교환된 지 10일이 되었다.
 많은 피를 흘린 뒤 결국 법과 정의의 힘이 승리할 것이다. 하지만 지금까지는 이 불행한 싸움의 마지막 순간을 예측할 수 없다. 마지막 순간이 빨리 다가오길 바란다!
 전투는 계속되고 있다. 항상 아스니에르Asnrères, 뇌이이Neuilly, 포르트 마이요porte Maillot가 주요 전장이었고, 몇 가지 징후에 따르면 전투가 몽루즈Montrouge와 바뇌Bagneux까지 확산했다고 한다. 오후 9시까지는 하루 종일 특별한 사건 없이 지나갔다. 이 순간, 이시Issy, 방브Vanves, 클라마르Clamart, 샤티용Châtillon 방향에서 무시무시한 대포 소리가 들린다. 대포 소리에 이어 기관총과 소총 소리가 섞인다. 그 소리는 영혼을 더 고통스럽게 하는 음산한 불협화음을 만든다. 베르사유 군대가 이시와 방브의 두 요새를 공격하려고 시도한 것으로 알려졌다. 오늘 저녁에 더 많은 정보를 얻어서 내일 아침에 전하겠다.

*

 코뮌이 연합군을 전투로 내몰기 위해 사용하는 수단 중 하나는 전쟁 미망인과 고아들을 보호한다는 법령이다.

오늘 아침의 공식 신문에 따르면, 미망인에게는 600프랑의 연금이, 각 자녀에게는 365프랑의 연금이 지급될 것이다. 희생자의 아버지, 어머니, 형제, 자매도 보호 대상에 포함된다. 이들에게도 연금이 지급되며, 사람당 최대 800프랑에 이를 수 있다.

*

시민 들레스클뤼즈Delescluze, 아무루Amouroux, 구필Goupil 등이 코뮌 의원직에서 사임한다는 소식이 발표되었다. 시민 아무루는 체포될 예정이다.

*

중앙위원회와 코뮌은 사이가 좋은 것 같지 않다. 이 두 단체는 상대방이 자신의 권리와 권한을 침해한다고 주장한다. 이는 두 의회가 매일 함께 모이는 자리에서 발생하는 내부 갈등의 원인일 것이다. 심지어 중앙위원회가 다시 시청을 장악하려고 했다는 비난도 나온다.

*

시민 베르모렐Vermorel의 사망 소식은 부인되었지만, 그의 행방은 알 수 없다.

*

오늘 저녁에는 타협 소문이 돌고 있다. 그 소문의 근거는 무엇일까?

*

며칠 전 리볼리 거리, 루아얄 거리, 콩코드 다리 앞에서 시작된 바리케이드 설치는 계속되지 않았다. 이미 만들어진 것들도 철거되었다.

*

센la Seine 지역道 국회의원 랑글루아Langlois 대령은, 중앙위원회가 주도한 것으로 보이는 어떤 비밀 법정에 의해 처음으로 사형 선고를 받았다. 그는 세세Saisset 제독의 국민방위대 참모장으로 복무한 혐의로 유죄 판결을 받았다.

랑글루아 대령은 4월 8일 베르사유에서 열린 회의에서 티에르[43] 씨가 이 상황에서 필요한 인물이라고 공개적으로 말했다. 이 두 번째 범죄로 인해 랑글루아 씨는 이 신비로운 법정에서 두 번째 사형 선고를 받았다. 이 법정은 3월 18일 이후 발생한 모든 체포의 주역이다.

*

오늘 아침 11시경, 나는 우디노 거리rue Oudinot에서 '기독교 교리 형제단'[44] 단장의 보조 사제인 거룩한 형제 칼릭스트Calixte의 체포를 목격했다. 건물에는 여러 출입구가 있었고, 모든 출입구에 감시병이 배치된다. 소환장은 단장에게 발부되었지만, 단장인 필리프Philippe 형제가 없어서, 칼릭스트 형제가 연행된다. 체포 후 수색이 이루어진다. 파리뿐만 아니라 프랑스 전역이 포위 기간에 기독교 학교의 존경받는 형제들이 어떤 희생과 경건한 헌신으로 임무를 수행했는지 알고 있다. 이 순간에도 그들은 이 잔혹한 전쟁의 현장에 있다. 그리고 그들은 이렇게 보상받는다! 그래도 여전히 한 가지 위안이 남아 있다. 이 경건한 종교인들은 "내 왕국은 이 세상 것이 아니다"라고 말한 분의 사도들이다. 그러므로 그들을 쫓는 쓸모없는 박해가 무슨 상관이 있

---

43. 아돌프 티에르는 제3공화국 두 번째 대통령(1871~1873)을 역임했다. 그는 1830년 7월 혁명, 1848년 2월혁명에서 중심 역할을 하였고, 제2제정의 나폴레옹 3세와 대립하였다.
44. '기독교 학교 형제회(FEC)'로도 알려짐. 이 수도회는 17세기에 설립되었고, 아동들의 기독교 교육에 헌신해 왔다.

겠는가?

또한 오늘 하루 동안 체포된 사람들은 다음과 같다. 건축가 루카 Lucas 씨, 북부 철도 책임자인 수석 엔지니어 마티아스 Mathias 씨, 그리고 도소매 시장 감독관 뤼시앙 뒤부아 Lucien Dubois 씨.

*

오늘 저녁, 4시에서 5시 사이에, 셰르슈-미디 거리 rue du Cherche-Midi에서 여성이라고 부를 수 없는 백여 명의 인간들이 포르트 디시 porte d'Issy를 향해 걸어가는 모습을 볼 수 있었다. 그들은 타바티에르 소총을 들고, 국민방위대 바지와 외투를 입고, 케피 모자[45]를 쓰고 있었다. 그들은 남편들과 함께 파리를 방어하러 간다고 말했다. 이 무리의 몇몇 여성들에게 남편이 있었다고 해도, 그 수는 매우 적었을 것이다. 어쨌든 대다수의 경우, 파리에 경찰이 있었던 시절이었다면 범죄 기록과 치안 관련 기록을 통해 이들의 과거와 현재의 죄를 더 쉽게 밝혀냈을 것이다. 또한 그들 중 어떤 여성도 결혼 증명서를 제출하지 않은 것도 밝혀냈을 것이다. 정숙한 여성들은 그들이 지나가는 길목마다 야유를 퍼부었다.

・・
45. 케피(képi) 모자는 1850년대부터 프랑스군에 공식적으로 보급된 것으로, 둥글고 평평한 윗면과 짧은 챙이 특징이다. 1871년 파리 코뮌 당시 혁명 세력(이 책에서는 '반란군')이 널리 사용했고, 현대에도 프랑스군을 상징하는 모자이다.

4월 12일

정규군과 연합군 사이에 발생한 교전 내용을 보고하는 것이 점점 더 어려워지고 있다. 아주 엄격한 명령에 따라 문밖으로 나가는 것이 금지되고, 코뮌 반대 언론 기자들에게 더 이상 통행증을 발급하지 않는다. 그들이 통행증을 얻기 위해 나타날 때마다 체포된다. 어제저녁 전투에 대한 모든 정보는 서로 상충한다. 어떤 사람들은 베르사유 군대가 9시 몇 분에 파리 전체를 떠들썩하게 만든 공격으로 방브와 이시 요새를 공격했다고 주장한다. 반면에 다른 사람들은 연합군이 많은 수로 샤티용 고원을 공격하려 했지만, 베르사유 군대에 의해 격퇴되었다고 주장한다. 진실은 어디에 있을까? 어쨌든, 이 끔찍한 교전은 서로의 위치를 유지한 채로 끝났을 것이다. 손실에 관해서는, 연합군 측의 보고에 따르면, 베르사유 군대 쪽에서 큰 손실이 있었지만, 연합군 쪽에서는 손실이 없었다고 한다. 전쟁부 대표 시민의 말에 따르면, 국민방위대는 단지 2명의 부상자와 1명의 사망자가 있었다고 한다. 이 전투는 전례 없고, 한 시간 넘게 지속된 포격, 기관총 사격, 총격전으로 이루어졌으며, 끔찍한 포격의 반사광으로 밝아진 하늘 아래에서 벌어졌다. 여기에서도 모순이 나타난다. 공식 발표와는 다르게, 이 전투에 참여한 국민방위대들은 심각한 손실을 인정한다.

손실이 너무 심각해서, 주변 채소 상인들의 마차를 많이 징발해 그 밤에 시내로 시신과 부상자를 운반해야 했다. 따라서 하룻저녁에 이렇게 많은 피를 흘린 것은 한쪽만의 일이 아니었을 것이다.

*

뇌이이에서 가혹한 거리 전쟁이 벌어지고 있다. 이 지역을 점령한 베르사유 군대는 오늘 아침 아스니에르에서 온 연합군의 강력한 부대로부터 공격받았다. 오늘 낮의 결과에 대해 여러 가지 소식이 들리고 있다. 어떤 소식은 베르사유 군대가 유리하다고 하고, 다른 것은 베르사유 군대 일부가 그랑드-자트Grande-Jatte 섬으로 퇴각했다고 한다.

*

파리시는 많은 세입자가 거주하고 있는 수많은 건물의 소유주이다. 이외에도, 포도주 집산 창고[46] 등 다양한 자산을 보유하고 있다.

오늘 아침의 〈공식 신문〉에는 다음과 같이 적혀 있다. "'직접세 관리국 대표'는 상인들에게 창고를 점유하고 있는 상점의 임대료를 가능한 한 빨리 납부할 것을 촉구한다." 그렇다면 10월, 1월 및 4월 임대료 면제 법령은 어떻게 되는가? 코뮌 자산에 거주하는 상인들은 개인 자산에 거주하는 사람들보다 코뮌의 배려를 받을 가치가 덜하단 말인가? 아니면 소유자로서 파리시의 권리는 보통 시민의 권리보다 더 존중받을 만한 가치가 있단 말인가? 언론은 이 세 가지 질문을 코뮌에 제기한다.

*

..
46. 파리에서 소비되는 포도주를 저장, 배포하기 위한 거대한 집산 창고. 당시에 이러한 창고는 중요한 도시 인프라 역할을 했다.

타협 중이라는 소문이 계속되고 있다. 정부에 시민의 불만을 전달하기 위해 여러 다양한 상업 및 산업 분야 노동조합의 대표단이 임명된 것으로 보인다.

*

생트-위스타쉬Saint-Eustache 교구 신부가 석방되었다고 발표된다. 그의 석방은 교구 소속 시장에서 일하며 신부를 존경하고 있는 여인들에 의해 이루어졌다.

거룩한 칼릭스트 형제도 석방되었다.

반면에, 예술 및 공예 학교 원장 트레스카Tresca 씨는 체포되었다.

*

코뮌 정부는 그 비공식 기관지를 통해, 교회와 사제관에서 압수된 금과 은, 그리고 각 부처의 은 제품을 조폐국으로 보냈다고 발표한다. 그 신문에 의하면, "따라서, 이것은 파리시가 그 자산을 용도 변경한 것이다."

석간신문에서는 이 발표를 보도하면서 다음과 같은 논평을 덧붙인다.

"교회 건물은 코뮌의 재산이라 하더라도, 그 안을 채우고 있는 가구나 장식품까지 그렇다고 볼 수는 없다.

각 부처의 은 제품은 국가의 재산이다. 따라서 시는 이를 강탈하지 않고서는 가져갈 방법이 없다.

다른 사람의 재산을 가져가는 것을 일부 사람들은 용도 변경이라고 부를 수도 있다.

그렇지만 모두는 이것은 도둑질이라고 부른다."

4월 13일

교전 상황에 아무런 변화가 없다. 샤티용 고원과 방브, 이시 요새 사이의 포격이 간헐적으로 계속되고 있다. 포르트 마요porte Maillot도 몽-발레리앙Mont-Valérien과 쿠르브부아Courbevoie 다리에서의 포격에 큰 피해를 보지만 아직 견디고 있다. 연합군은 어제 트로카데로Trocadéro에 새로운 포대를 설치했고, 이것도 강력한 요새를 향하고 있는데, 정작 요새는 별다른 반응을 보이는 것 같지 않다. 정규군의 일부가 그랑드-자트Grande-Jatte 섬으로 후퇴한 것이 확인된다. 연합군은 뇌이이의 일부를 장악하고 있으며, 어제처럼 오늘도 치열한 보병 전투를 도시의 모든 출구(포르트)와 여러 거리에서 성공적으로 벌였다. 그러나 이러한 정보의 공식 출처는 전체 언론에 의심받고 있다. 사실 어제처럼 오늘도 어떤 기자도 성벽에 접근할 수 없었고, 더욱이 성벽을 넘을 수 없었다.

*

불법적이고 자의적인 체포가 파리에서 늘어나는 것을 보면 3월 18일의 사람들이 개인의 자유를 얼마나 무시하는지 알 수 있다. 성직자의 체포와 교회의 폐쇄를 통해 그들이 종교와 양심의 자유를 얼마나 무시하는지 알 수 있다. 대규모의 수색과 약탈을 통해 그들이 재산을 얼마나 무시하는지 알 수 있다. 그들은 곧 **가족**을 얼마나 무시하는지도 우리에게 증명할 것이다.

나는 국민방위대 미망인에 대한 연금을 규정하는 4월 10일의 법령을 당시 기록했었다.

4월 10일 법령에서 과부의 연금 권리를 제시한 항목인 제1조는 어떤 이의도 불러일으키지 않았다. 의심의 여지가 없었다. 이는 결혼한 여성에 관한 것이었다. 오늘 아침 파리의 벽에 게시된 같은 4월 10일 법령을 읽고 큰 충격을 받았다. 모든 구별이 사라졌다. 이 연금에 대한 권리는 '결혼했거나 결혼하지 않은 국민방위대의 여인'에게 열려 있다. 이 규정은 같은 법령의 2조에 명기된 것이다. 2조에 따르면 인정되지 않은 혼외 자녀들도 합법 자녀들과 같은 권리로, 시민적으로 보호받는다. 만약 코뮌 마음대로 하도록 둔다면, 사회 질서의 영원하고 불멸의 기반인 가족은 어떻게 될 것인가? 그리고 결혼이라는 성스럽고 신성한 법은 어떻게 변할 것인가?[47]

*

코뮌이 선거를 무기한 연기한 이유는 시민 클뤼즈레의 주장 앞에서 무색해졌다. 그는 전초 기지에서도 선거를 할 수 있다고 주장한다. 따라서, 3월 6일과 10일에 한 번씩 소집된 코뮌의 선거는 이번 달 16일 일요일에 세 번째로 소집된다. 정말 모범적인 행정이다!

*

어디엔가 나는 **장군**의 계급과 칭호를 폐지하는 법령을 기록했었다.

---

47. 이러한 저자의 우려에도 불구하고 오늘날 프랑스에서는 혼외 자녀들도 합법 자녀들과 같은 권리를 시민적으로 보호받는다.

오늘 아침 시청 신문은 **장군**의 급여를 결정하는 법령을 발표했다.

*

코뮌은 이달 12일의 법령을 통해 "방돔 광장의 제국 기둥은 야만의 기념물"이라고 간주하고, "방돔 광장의 기둥은 철거될 것이다"라고 선언한다.

방돔 기둥은 그 건립 동기가 무엇이든 간에, 예술 작품이자 역사적인 기념물이다. 그것은 개선문, 카루젤 개선문 등과 마찬가지로 가치가 있다. 그것의 철거를 명령하는 것은 코뮌이 문화 파괴를 하는 것이다. 이런 행동에 놀랄 사람이 아직 있을까?

*

일부 구역에서 국민방위대는 코뮌에 대해 소극적인 저항을 시작하고 있으며, 이 힘이 지속되고 강화되면 머지않아 최선의 결과를 가져올 것이다.

전쟁부 대표 시민은 "몇몇 대대의 나쁜 의지가 충실한 시민들의 선의를 방해하고 마비시킨다."라는 사실을 확인하고, 이들 중 7개 대대를 해산하고 재편성하라고 명령했다.

제116대대는 더 명확하게 반대의 뜻을 표명하며, 성벽에서의 모든 근무를 거부하고, 무장을 해제하려는 시도가 있으면 자신을 방어할 것이라고 선언했다. 이 사례를 뒤따르는 부대가 생길 것이다.

코뮌은 세관 총책임자로 시민 레비용Révillon을 임명했다. 신임 총책임자의 첫 번째 권력 행사는 그의 아버지를 해고하는 것이었다. 그의 아버지는 매우 존경받는 인물로서, 이 큰 행정기관에서 28년 동안 근무했다.

*

시민 클뤼즈레Cluseret는 부처 안에 미국인들로 구성된 위원회를 두고 있으며, 이들이 자신의 결정과 행동에 도움을 주고 있다고 한다. 이 미국인 장군의 같은 나라 동료들은 인터내셔널에 소속되어 있다고 한다.

*

어제 두 명의 기자가 체포되었다. 〈프티트 프레스la Petite Presse〉의 발라티에 드 브라즐론Balathier de Bragelonne 씨와 〈시에클le Siècle〉의 쇼데Chaudey 씨. 첫 번째 기자는 석방되었고, 두 번째 기자는 비밀리에 구금 중이다.

4월 14일

낮 동안 거의 조용했다. 그러나 밤은 그렇지 않았다. 11일 저녁과 같은 시간, 즉 오후 9시경, 방브와 이시 요새에서 이전에 절망적으로 여겨졌던 것과 같은 공격이 시작되었다. 넓은 반경 내 모든 집이 대포의 강력한 폭발음, 기관총의 갈라지는 소리, 그리고 총격 소리에 흔들렸다. 자정이 되자 잠잠해졌다. 그러나 새벽 3시에 전투가 더 격렬하게 재개되는 것 같았다. 전투가 벌어지는 곳에 가까운 모든 지역의 모든 파리 주민은 창문을 통해 이를 지켜보았다. 전투가 성벽 바로 위에서 벌어지는 것처럼 느껴질 정도였다. 때마침 남풍이 불어와 우리에게 그 엄청난 소음을 온전히 전해 주었다. 우리는 직접 전투를 경험한 느낌이었다. 모든 사람의 가슴에서 고통스러운 절규가 터져 나왔고, 각자는 이 끔찍한 전쟁이 끝나기를 신에게 기도하고 있었다.

1월 15일에서 16일 밤은 폭격이 가장 격렬했던 날이다. 새벽 2시경, 강력한 폭발음이 울린 후, 그때처럼 내 거실의 시계가 즉시 멈췄다. 이 현상은 4월 11일에서 12일 밤과 4월 14일에서 15일 밤의 전투 중 두 번 더 반복되었다.

*

최근 며칠 동안 타협의 소문이 어느 정도 설득력이 있었으나, 오늘은 그렇지 않다. 공화주의 연맹[48] 대표들과 티에르 씨의 회담이 있었다. 행정 권력의 수장인 티에르 씨는 이들에게, 제정된 법률이나 제정 중인 법안들이 파리가 누릴 수 있는 모든 일반적인 권리를 충족한다고 설명했다. 대표들은 연맹에 제출한 보고서에서 티에르 씨의 발언을 요약했으나, 결론은 내리지 않았다. 정부가 제공하는 만족이 아무리 완전하더라도, 이 연맹은 그것을 충분하지 않다고 여긴다고 한다. 설령 그것을 받아들인다고 하더라도, 시청은 이를 거부할 것이다. 오늘의 상황은 다음과 같다.

공화주의 연맹은 베르사유와 협상을 시작한 날, 코뮌 편도 정부 편도 들지 않았다. 연맹은 중립을 지키면서도, 정부보다는 코뮌에 더 가까운 입장이었다.

연맹은 이제 두 가지 선택지가 있다.

첫 번째는 티에르 씨가 그 대표들에게 한 발언을 수용하는 것이다. 그러면 파리의 진보적 공화당원의 상당 부분을 행정부 수장에게 합류하도록 하는 것이다.

두 번째는 이러한 발언을 거부하는 것이다. 그러면 이미 기울어져 있는 쪽으로 가담해서 3월 18일의 인물들에게 명백하게 힘을 더해준다. 물론 그 힘을 과장할 필요는 없지만, 상황을 더욱 어렵게 만들 것이다.

지켜보아야겠다.

*

---

48. 1871년 창립된 온건한 공화파로 구성된 정치단체. 이 단체 코뮌과 정부 사이의 중재 역할을 하려고 했지만, 곧 양측에서 외면되었다. 당시 18구 구청장이었던 조르주 클레망소가 주된 역할을 했다.

파리는 매일 더 슬퍼지고 있다. 구출될 것을 잘 알고 있지만, 언제일까?

해방의 시간은 빨리 오지 않는다. 포위와 포격의 고통은 3월 18일부터, 즉 이제 곧 한 달이 되는 동안 파리가 견뎌온 고통에 비하면 아무것도 아니다. 모든 가정에 빈곤이 침투한다, 아니 이미 침투했다. 과거에 축적된 저축, 신용, 신뢰가 6개월 동안 시민을 살아오게 했다. 첫 번째는 고갈되었고, 나머지 두 가지는 소수의 악의적인 혁명가들이 이룬 끔찍한 승리로 사라졌다. 사람들이 말하길, 파리에 진입한 프로이센 군대의 행위가 많은 고통을 주었고, 당연히 두려워했으며, 그들을 쫓아내기 위해 노력했지만, 주민들에게는 시청의 혐오스러운 권력이 가한 도덕적, 물질적 고통에 결코 비할 바 아니라는 것이다. 이런 비교를 통해 파리라는 대도시의 정신적, 물질적 상태를 알 수 있다.

*

체포와 수색 후 약탈이라는 불쾌한 시스템은 여전히 무자비하게 적용되고 있다. 오늘의 결과는 다음과 같다.

한 존경받는 사제가 도핀 광장place Dauphine 근처에서 체포되었다. 구-경찰청 주변을 불순한 의도로 조사했다는 명목 때문이었다.

생트-엘루아Saint-Éloi 교회와 사제관에서 수색이 이루어졌으며, 서류와 귀중품 그리고 빈민을 위한 헌금함도 가져갔다.

티에르 씨의 집에서 수색이 이루어졌고, 그의 저택이 약탈당했다. 그의 하인들이 체포되었고, 그의 은 제품은 조폐국으로 보내졌다.

갈리페Galifet 후작의 거주지에서 수색이 이루어졌다.

전직 경찰 간부 달루베르Dalouvert 씨가 체포되었다.

페르시니de Persigny 씨의 하인들이 체포되었다.

페래르Pereire 형제의 집에서 수색이 이루어졌다. 특히, 지하실에서 발견된 포도주를 압수해 갔다.

고블랭 거리rue des Gobelins 17번지에 있는 뒤랑Durand 제혁 공장의 관리인이 주인이 없는 동안 체포되었다. 이 공장은 노동자들이 계속해서 일을 할 수 있도록 작업장 출입을 허용하고, 그렇게 함으로써 '19에서 40까지'의 법령을 피할 수 있게 도와줬다는 혐의를 받고 있다. 심지어 노인과 수습생의 작업도 금지되었다.

마지막으로, 오늘 저녁 4시에 사크레-쾨르Sacré-Coeur 여학교 기숙사에서 수색이 이루어졌다. 앵발리드 대로boulevard des Invalides 33번지에 있는 이 넓은 시설을 50명의 무장한 남자들이 포위한다. 이곳은 그 지역 빈민들에게는 구세주 같은 곳이다.

일반인 복장의 두 '시민'과 한 명의 장교 그리고 몇 명의 경비병이 문을 열게 하고 들어간다. 존경받는 원장 수녀와 마주하자, 그들은 방문의 목적을 알린다. 존경받는 원장 수녀는 그들의 요청에 따른다. 예배당에서 정원까지 전부 수색했다. 수색의 명분이었던 위험한 서류는 물론 아무것도 발견되지 않았다. 그런데 현금 상자에는 100프랑짜리 지폐 몇 장과 벨기에 여권 두 개가 들어 있었다. 책임자로 보이는 사람이 이것을 탈취했고, 아무 다른 사건 없이 작전이 끝났다.

떠나려던 순간, 존경받는 원장 수녀는 그에게 말한다. "하지만, 장교님, 당신이 이 몇백 프랑을 가져가면, 이 어려운 시기에 우리의 모든 자원을 가져가는 것인데, 우리는 어떻게 살아가야 하나요?"

수녀님의 진심이 담긴 어조에 감동했는지, 그는 돈을 돌려주었고 두 개의 여권만을 보관했다. 그 대가로, 그는 들어왔던 문과 다른 문으로 나갈 수 있도록 안내받았다. 분노한 군중이 다른 출구에서 웅성거리고 있었다.

*

시민 아시Assi와 베르즈레Bergeret가 코뮌 재판소에 넘겨진 것으로 보인다. 첫 번째는 무죄 판결을 받아 즉시 시청에서 자신의 자리를 되찾았고, 두 번째는 계속 체포된 상태로 남아 있다.

왜 아시가 체포되었을까? 어느 판사들이 그를 무죄로 판결했을까? 왜 베르즈레는 운이 덜 좋았을까? 신비로운 일이다!

*

몇몇 신문들의 무분별한 보도로 반란과 관련된 두 군사 지도자의 이름이 언급된 불미스러운 사건들이 독자들에게 알려진다. 돔브로브스키Dombrowski 장군은 몇 년 전 유럽에서 큰 반향을 일으킨 재판에 연루된 것으로 보인다. 그것은 런던에서 러시아 위조지폐를 제조하는 것이었다. 상당한 금액이 파리 금융 시장에 유통되었다. '시민' 돔브로브스키는 위조지폐범에 대한 소송에 연루되어 대법원에 출두했고, 무죄 판결을 받았다.

클뤼즈레Cluseret 장군은 프랑스 태생으로서, 자신의 나라를 버리고 미국 시민이 되기 전에 아프리카 군대의 장교였다. 그는 명예롭지 못하게 군을 떠났고, 군법회의의 위협에서 벗어나기 위해 사임했다. 그는 국가 창고에서 군사 임무를 구실로 침구와 야영 장비를 얻었을 것이고, 그것을 유대인에게 저렴한 가격으로 팔았다는 것이다.

언론은 해당 주장에 대해 〈공식 신문〉이 아무런 반박을 하지 않는 것을 놀랍게 생각하고 있다.

4월 15일

 코뮌 장군들의 공식 속보에 의하면, 14일 밤부터 15일 밤까지의 전투에서 연합군이 완전히 승리했다고 말한다. 그들은 모든 전선에서 승리한다. 베르사유 군대의 모든 공격이 저지되었으며, 연합군은 그들에게 막대한 손실을 입힌다. 반면, 연합군은 베르사유 군대의 도발로 시작된 이 치열한 전투에서 한 명의 사망자도 없었다. 제86대대에만 '가벼운 부상자 7명'이 있다.

 이 속보에 속는 사람은 아무도 없다. 파리는 진실을 알고 있다. 공식적인 거짓말은 혼잡한 병원 마차가 보여주는 사실을 감추지 못한다. 도시로 죽은 자와 부상자를 데려오려고 밤까지 기다려도 소용없다. 병원 마차 이동 경로에 가스등을 꺼도 소용없다. 그 슬픈 진실은 죽음을 면한 자들에 의해 전해진다. 각 구역, 각 중대, 각 대대는 각자의 손실을 알고 있다. 각자는 그 손실을 말하고, 그 손실은 매우 크다.

 이것이 바로 파리가 스스로 진실을 아는 방식이다. 그러나 오늘은 베르사유가 이를 확인해 주었는데, 코뮌이 주장하는 바와 달리, 공격을 주도하는 것은 의회 군대가 아니라 언제나 연합군인 것이다. 또한, 이렇게 반란군에 의해 무모하게 시작된 전투에서 그들은 계속 물러나며 아주 심각한 손실을 보고 있다는 것이다. 따라서 상황은 다음과 같다. 정부는 지금까지 진격할 의사가 없고, 국민방위대 쪽에서 진격하려고 하는 것도 허용하지 않고 있다. 정부는 자신의 위치를 지키고 연합군을 그들의 위치에 멈춰 있게 하고 있다. 그리고 결정적인 행동의 날이 다가오면 전쟁은 종결될 것이다. 이것이 명확하고 정확한 상황이다. 우리는 이제 소위 연합군의 공격과 클뤼즈레 및 돔브로브스키 씨가 주장하는 소위 승리에 대해 확실히 알게 될 것이다.

코뮌 신문 중 가장 앞장선 신문은 알다시피 위고[49] 가문과 연관이 있는 〈라펠 *le Rappel*〉이다. 중대한 사건들이 시작되었을 때, 사람들은 이 신문에 누굴 위해 존재하느냐고 물었고, 그 대답은 다음과 같았다.

"우리가 누구를 위해 존재하느냐고? 어떤 권력을 위해? 어떤 힘을 위해? 어떤 주권을 위해?

우리는 민중을 위해 존재한다.

우리가 말하는 '민중'은, 읽을 줄 알고 이해할 수 있는 지성적인 사람이며, 큰 도시의 현명하고 활동적인 사람을 말한다. 무지하고 무능한 시골 민중이 아니다. 사회라는 신체에서 우리는 뇌와 심장처럼 신체를 지배하는 이들을 바라보며, 그것에 복종하는 팔다리와 같은 사람들을 바라보지 않는다.

우리가 방어하고 지지하는 것은 단지 민중, 도시의 민중, 특히 이 훌륭한 파리의 민중이다."

이것이 바로 혁명적 코뮌의 가장 권위 있고 중요한 기관지가 시골 프랑스를 대하는 방식이다. 그들은 자신들이 통치하려는 대상을 '무

---

49. 작가 빅토르 위고를 지칭한다.

지하고 무능한 민중'으로 정의한다.

다른 신문들이 그 신문에 퍼붓는 폭력적인 욕설은 여기에 옮길 수 없다.

오늘의 체포 및 수색 보고는 어제보다 양이 적다. 오늘 목록의 시작은, 세브르 거리rue de Sèvres에 있는 '데즈 우아조des Oiseaux'라는 수도원이다. 내가 이 글을 쓰는 시점에도 군인들이 점거하고 철저한 수색이 진행 중이며, 모든 출입구는 어제 사크레-쾨르와 마찬가지로 군인들이 지키고 있다.

생-로크Saint-Roch 교회의 존경받는 신부 밀리오Milliaux 씨와 그의 보좌신부인 샤플랭Chapelain 씨가 체포되었다. 교회와 사제관에서 수색이 이루어졌다.

클로드Claude 박사가 체포되었다.

〈프티 모니퇴르Petit Moniteur〉의 티모테 트림Timothée Trimm을 체포하려고 시도했지만, 그는 지금까지 모든 추격을 피하고 있다.

일주일 전부터 오퇴유Auteuil의 레베크Lévêque 신부의 기관이 연합군에 의해 약탈당했으며, 그들은 거기에서 마치 주인처럼 행동했다.

에퀴리-다르투아 거리rue des Ecuries-d'Artois의 번호를 알 수 없는 한 집이 무기고를 숨기고 있다는 정보가 있어서, 지하실에서 다락방까지 수색했지만, 결과는 없었다.

4월 16일

독일군 최고 사령관인 파브리스Fabrice 장군이 루앙Rouen에서 생드니Saint-Denis 근처로 본부를 옮겼다고 사람들이 알린다. 많은 이들은 이 조치를 우리의 슬픈 내전에 대한 프로이센 개입의 위협으로 본다.

프로이센의 안보는 단지 프랑스 영토에 있는 것만이 아니다. 그 안보를 진정으로 좌우하는 것은 노동과 산업이다. 프랑스가 약속을 이행하기 위해서는 경제 활동을 재개해야 한다. 따라서 내전이 길어지면 적들의 안보가 위험해진다. 상황이 악화하고 있는 것이 사실이다. 하지만 파리 시민들은 국회 정부의 배려를 신뢰하고 있다. 만약 프로이센군 본부 이전이 예방 조치라면, 행정 수장이 발표할 다음 해결책이 그 예방 조처를 불필요하게 만들어 주기를 희망하고 있다.

*

그동안 식료품 가격이 다시 인상되었는데, 그 이유는 내전과 지방의 당연한 불신 때문이다. 지방에서는 점점 더 불신이 커져서 이곳에 제품을 보내는 것을 망설인다. 소위 3월 18일 정부가 어떤 형태로든 매일 선포하는 바에 따르면, 빚을 덜 갚을수록 더 정직한 사람이 된다고 한다. 이 정부는 우리에게 강요하려는 법전에서 프랑스 상업의 오래되고 충실한 공식을 삭제했다. 그 공식은 바로 "무엇보다도 먼저 자신의 사업적 약속을 지켜야 한다."라는 것이다.

*

오늘 코뮌의 보궐 선거가 열린다. 도시 중심 지역에서는 아무도 이 선거에 참여하지 않는다.

*

4월 8일과 15일은 이번 분기의 이사 날짜이다. 일부 구역에서는 많은 사람이 이사하고 있다. 코뮌의 임대료 미지급 관련 법령의 혜택을 받아 이사하는 사람들은 이 법령이 코뮌이 존재하는 동안만 유효하다는 것을 잘 알고 있다. 그래서 이사하는 세입자는 자기 가구를 빠르게 옮겨야 한다. 그 가구는 새 입주자가 집세 보증으로 쓸 수도 있고, 또한 이전 집주인이 자신의 채권을 되찾기 위해 담보로 쓸 수도 있기 때문이다.

게다가 집주인이나 관리인은 어떠한 의견도 제시할 수 없다. 만약 그들이 그렇게 하려 한다면, 세입자는 두세 명의 국민방위대를 요청한다. 그들은 가구를 옮기는 것을 돕고, 그 전에 집주인에게 체포의 위험이 있으니 항의하지 말라고 미리 경고한다. 나는 생-제르맹 Saint-Germain 지구에서 이런 유형의 이사를 목격했다.

*

몽마르트르 언덕에서 다시 좋은 조짐이 나타나는 것 같다.

남자들은 너무 오래 지속된 싸움 앞에서 주저하기 시작하고, 여성들은 연합군의 대열에서 매일 결원이 발생하는 것을 알기에, 더 이상 언덕 주민들에게 과도한 전투를 독려하지 않는다.

*

중앙위원회나 코뮌 혹은 하위 위원회 중 어느 곳에 속하기만 하면,

무지했던 사람도 곧바로 박식한 사람, 만능의 사람이 되고, 즉각적으로 천부적 과학 지식을 얻게 된다. 예를 들면, 시민 뒤발Duval은 주물공이었다. 여유 시간이 있을 때 그는 슬리퍼 장사에 종사했다. 그런데 3월 18일 정부는 그를 군대 지휘관으로 만들었다.

시민 외드Eudes는 어떤 직책도 없었다. 그는 단지 약학 전공 학생이었으나, 코뮌의 호의를 받을 만한 특별한 자격을 갖고 있었다. 작년에 그는 한 무리의 난동자들을 이끌고 라 빌레트la Villette의 소방대를 무장 해제하려 했던 사람이다. 그는 무기를 지키던 파수병을 직접 가까운 거리에서 사살한 사람이다. 코뮌은 그를 장군으로 만들었다.

시민 메지Mégy는 기계공이었지만, 외드와 마찬가지로 코뮌의 신뢰를 받을 만한 특별한 자격을 가지고 있었다. 그도 역시 범죄를 저질렀는데, 임무 중인 불행한 경찰관을 살해한 사람이었다. 코뮌은 그를 상급 장교로 임명하고 이시 요새의 지휘를 맡겼다.

허락한다면, 소식 전하는 것을 멈추고 잠시 여기서 한마디 하겠다. 9월 4일 정부는 앞의 두 사람이 저지른 악행과 앞으로도 저지를 수 있는 악행에 대해 책임이 없을까? 9월 4일 변혁[50]이 터질 당시, 외드는 사형 선고를 기다리며 감옥에 있었다. 국민 방위 정부는 그날 라 빌레트의 소방관을 살해한 사건을 단순 정치적 범죄로 보았고, 사면으로 그는 출소할 수 있게 되었다. 동시에, 메지를 석방하라는 명령이 툴롱Toulon의 강제노동 수용소로 전달되었다. 그러나 정부는 이 죄수가 단순한 사면자로 취급되기를 원하지 않았다. 결국 바르Var의 도지사

- -
50. 프랑스 제3공화국을 선포한 것. 프로이센과의 전쟁에서 패배한 후 제2제정이 몰락하고 제3공화국이 들어선다. 9월 4일 공화파 국회의원들이 시청 발코니에서 공화국을 선포한다.

와 툴롱의 부지사는 그 당시 내무부 장관의 사절단 자격으로 거창하게 수용소로 갔으며, 그들 앞에서 메지의 족쇄가 풀렸다. 이 두 관리가 자랑스럽고 우스꽝스럽게 무리를 지어 이 일을 수행하는 가운데, 그중 한 사람인 툴롱 부지사 모렐Maurel 씨는 메지를 정치적 희생자라고 부르며 다정하게 포옹하려고도 했다. 이런 세부 사항은 한 친구에게 전해 들은 것이다. 그 친구는 9월 18일 프로방스Provence에 있었고, 1월 28일의 휴전으로 다시 문이 열린 파리로 돌아왔기 때문에, 이 이야기는 확실하다고 보증한다.

여기까지 이야기를 마치고, 다시 이제 코뮌 사람들에 대해 말하겠다. 바로 앞의 이야기를 시작할 때 시민 가야르 1세Gaillard père에 관해 이야기하려고 했었다. 가야르 1세는 다른 사람들과 마찬가지로 코뮌의 높은 직책에 오를 예정이었다. 그는 대중 집회의 연설자이자 구두 수선공이었으며, 최근에는 1구와 20구의 바리케이드 작업을 감독하는 엔지니어 수장으로 임명되었다.

프랑스 공공사업부에는 다리 및 철도를 담당하는 통합 부서가 있었다. 이 중요한 직책을 맡고 있던 사람은 뛰어난 능력과 가치를 가진 사람이었다. 오늘 아침에 코뮌 공식지에 게재된 법령에 따라, 그는 폴 피아Paul Pia로 대체된다.

폴 피아는 도대체 누구인가?

*

전쟁이 시작된 이래, 국제 부상자 구호 협회가 산업회관[51]에 설립되었다. 이 방대한 행정을 맡은 사람은 슈누Chenu 박사였다. 인류의 의무

---
51. 산업회관(le palais de l'Industrie)은 1855년 건설된 파리박람회장이다.

는 어떤 당파도 인정하지 않는다. 협회는 첫 번째 내전 희생자가 발생한 날부터 다시 활동을 시작했다. 어제 오후 3시, 코뮌은 대표 중 한 명을 통해 슈누 박사에게 협회의 지휘와 업무를 넘기라고 독촉했다. 슈누 박사와 그의 직원들은 협회의 설립에 기여한 모든 국가를 대신하여 항의하며 즉시 자리에서 물러났다.

*

군중의 항의도, 정직한 언론의 항의도 코뮌의 명령에 따른 임의 체포와 수색을 막을 수 없다. 오늘 기록된 것들은 다음과 같다.

픽퓌스Picpus에 있는 '아도라시옹 백의 수녀원Dames blanches de l'Adoration' 수색이 3시간 동안 지속된다.

또한 픽퓌스에 있는 '생-쾨르Saints-Coeurs 수도회 소속 사제단'도 마찬가지다. 오랜 시간 동안 사무실과 지하실을 수색한다. 방문자 담당 사제와 일반인 정원사가 체포된다.

테른느Ternes의 자선 수녀원 수색. 연합군이 현금 300프랑 중 200프랑을 가져간다.

생-자크Saint-Jacques 지역에 있는 같은 수녀원 지회 수색. 파견 대장은 현금 몇백 프랑을 빼앗는다.

한 젊은 남자가 개선문 근처를 산책한다. 그는 작은 쌍안경으로 뇌이이Neuilly 방향을 보고 있다. 그를 체포한다.

여섯 명이 엘로 대로avenue d'Eylau에서 몽-발레리앙Mont-Valérien 쪽을 보면서 몸짓하며 이야기한다. 한 국민방위대원이 그들을 발견한다. "저들은 베르사유의 요원들이다. 저들의 몸짓이 요새로 보내는 신호다."라고 그가 말한다. 이 여섯 명은 체포된다.

〈오피니옹 나시오날l'Opinion nationale〉의 한 기자가 공고문 앞을 지나가다 그것을 베껴 쓴다. 용의자로 지목된 그는 즉시 체포되어 경찰서로 끌려간다.

같은 일이 〈위니베르*l'Univers*〉의 한 기자에게도 일어났다.

나의 경우 공공장소에서 기자 노트와 연필을 꺼낼 때는, 내가 매우 분명하게 시민 라울 리고Raoul Rigault를 만나러 가기로 확고히 결심했을 때뿐일 것이다. 그는 혁명적 표현 방식으로 'ex-경찰청'의 대표로 임명된 사람이다.[52] 'ex-'라는 전치사와 관련하여, 언론은 3월 18일부터 어떻게 여전히 작동하는 경찰청이 더 이상 경찰청이 아닌지 이해하려고 했다. 그들은 결론에 도달하지 못했다. 언론이 제시한 해결책은 다음과 같다. 'ex-'는 '더 이상 아닌'을 의미하는 것이 아니라, 여기서는 '탁월한excellente'의 약어이다. 그래서 우리는 '탁월한 경찰청'이라고 읽어야 한다. 가장 신뢰할 만한 신문들도 이 설명을 받아들인다.

――
52. '전-경찰청(l'ex-préfecture de police)'이라는 표현은 혁명적 관점에서 기존 체제와의 단절을 나타내는 상징적인 표현이다. 혁명가들은 기존의 정부나 체제의 기관들을 '이전'의 것이라고 부르며, 새로운 체제의 정당성과 차별성을 강조하려 했다. 여기서 'ex'는 일반적으로 '이전에 존재했던'이라는 뜻을 가질 수 있지만, 텍스트에서 언급된 것처럼 일부 사람들은 이를 풍자적으로 해석하여 '우수한(excellente)'이라는 의미로 바꾸어 표현하기도 했다.

4월 17일

방브Vanves, 이시Issy, 몽루즈Montrouge 요새는 밤새도록 그리고 하루 종일 격렬하지만, 효과 없는 포격을 계속했다. 샤티용Châtillon과 뫼동Meudon은 이러한 화약 낭비에 전혀 피해를 보지 않았으며, 여전히 침묵을 지키고 있다.

드물게 몇 번씩 연합군의 방어선을 향해 포탄 몇 발을 발사하여 "우리는 지키고 있다, 접근하지 마라."라는 뜻을 전한다. 연합군이 이 방어 경고를 무시할 때마다 후회하게 된다.

그렇지만 남쪽이 상대적으로 조용했던 하루였다면, 서쪽에서는 그렇지 않았다. 베르사유 군대는 탁월한 전투 끝에 아스니에르Asnières에서 연합군을 쫓아냈다.

아스니에르 전방과 철도에 배치된 전초 기지와 포대를 향해 가장 치명적인 포격이 시작된다. 이 포격으로 제77대대는 혼란에 빠진다. 그들은 서둘러 참호와 바리케이드를 포기하고 마을로 후퇴한다. 강의 왼쪽 기슭을 지키던 네 개의 다른 대대들도 공포에 사로잡혀 제77대대를 따라 후퇴하기 시작했고, 결국 총체적인 후퇴로 이어진다.

점점 더 강해지는 포격과 함께 기병 부대까지 쫓아오자, 이 불행한 사람들은 배를 이어 만든 다리를 서둘러 건너 건너편 강둑으로 넘어간다.

연합군 지휘관이 다리를 철거하라는 성급한 명령을 내리자 많은 병사가 강에 빠져 다시는 헤어나지 못했다.

정오가 되자 아스니에르Asnières에는 연합군이 한 명도 남아 있지 않았다. 이 위치를 장악한 베르사유군은 제네빌리에Gennevilliers 평원에 확고하게 자리 잡았다.

이 전투로 다수의 포로와 더불어 연합군에게 150명의 전사자 또는 부상자가 발생했을 것이다.

클뤼즈레 장군은 틀림없이 그의 보고서에 또다시 이 패배를 승리로 바꾸어 놓을 것이다.

*

코뮌은 신성한 재산권을 존중하는 또 하나의 증거를 방금 보여주었다.[53] 오늘 아침 그들의 신문에 게재된 한 법령은 소유주가 떠나서 조업이 정지된 공장을 노동조합에 **최종적으로 이양하는** 것을 분명하고 무조건으로 결정한다.

이 공장의 소유자는 누가 될까? "그곳에서 일했던 노동자들이다." 진짜 소유주는 그의 재산을 영원히 잃어버리게 된다. 그가 돌아왔을 때 그의 권리는 그의 옛 노동자들이 그에게 지불하게 될 보상금으로 해결될 것이며, 그 액수도 그와는 상관없이 **노동조합 위원회**에 의해 구성된 **중재 배심원**에 의해 결정될 것이다.

이 법령은 샤랑통Charenton이나 중앙 수용소 중 한 곳에서만 작성될 수 있었을 것이다.[54]

---

53. 재산권을 존중하지 않는 증거의 반어적인 표현이다.

*

주거 불가침성의 관점에서, 3월 18일 사람들의 신문은 같은 호에서 무시될 수 없는 법령을 발표한다.

여러 대대의 국민방위대가 해산되었다. 무기는 반납해야 한다. 이를 위해 '거리별, 집별로 조직적인 수색'이 이루어질 것이다.

*

다른 법령에서는 군사 재판소를 설치하고 이를 구성할 장교들을 임명한다.

*

모든 석간신문의 일치된 정보에 따르면, 프로이센군이 점점 더 파리 주변에 집결하고 있다.

*

대도시의 전반적인 모습은 날마다 암울해지고 있다. 대규모 이주가 계속되고 있다. 75만 명 이상이 도망쳤다. 빈곤이나 절박한 의무 때문에 파리에 남아 있는 선량한 사람들은 숨거나 항상 침묵을 지킨다. 주머니에 의심스러운 증서가 없는지 다시 확인하고서야 집을 나선다. 상황을 표현할 다른 단어를 헛되이 찾아보지만 불가능하다. 그것은 공포 그 자체이다.

*

오늘 저녁 거리에 돌고 있는 소문에 따르면, 내일 공식지에 오늘의 법령을 보완하는 법령이 발표될 것이다. 이 법령은 군사 재판소의 권한

---

54. 샤랑통은 유명한 정신병원이 있는 곳이고 중앙 수용소는 감옥이다. 따라서 이 말은 정신병자나 죄수가 작성한 것이 틀림없다는 비꼬는 표현이다.

을 규정할 것이다. 이 재판소는 민사 및 군사 관할권을 가질 것이다.

며칠 전 나는 콩코르드 광장으로 이어지는 모든 도로 앞에서 바리케이드 위원회가 작업을 착수한 것을 언급한 후, 얼마 지나지 않아 그것이 철거되었다고 보고했다.

오늘 아침부터 200명 이상의 노동자가 콩코르드 광장과 생-플로랑텡 거리rue Saint-Florentin 모퉁이에 새로운 바리케이드를 세우기 위해 일하고 있다. 이미 파낸 참호의 너비와 깊이, 그리고 작업 현장에 가져온 엄청난 양의 모래주머니와 방책防柵을 기준으로 보면, 이 바리케이드는 전례 없는 크기가 될 것이다.

*

연합군의 여러 대대가 벨기에 공사관을 습격했다.

벨기에는 뭐라고 말할까?

외국 공관을 훼손한 것에 대해 다른 강대국들은 뭐라고 말할까?

*

체포가 계속되고 있으며, 오늘의 목록은 다음과 같다.

생-뱅상-드-폴Saint-Vincent-de-Paul의 사제가 부재중인 동안, 뒤마Dumas, 노르망Normand, 카조Cazeaux, 드나르시Denarcy 등의 신부가 이 교회에서 체포되어 감금되었다. 신성한 성합聖盒을 운반해 갔다.

생-필리프-뒤-룰Saint-Philippe-du-Roule의 수석 보좌 신부인 미켈Miquel 신부 체포.

부트브리 거리rue Boutebrie의 '작은 자매들의 집' 부속 건물 수색. 600프랑이 든 금고를 가져갔다.

생-자크Saint-Jacques 교회 수색. 이 교회는 폐쇄되었다.

4월 18일

최근에 폐간된 주요 신문의 편집진에 속해 있는 내 친구 한 명이 베르사유에서 도착했다.

그는 여러 국회의원을 만나 이야기 나누었다. 그는 시내와 의회 복도에서 다양한 느낌을 수집했다. 한마디로, 그는 현재 상황과 정부가 파리에 대해 갖고 있는 계획에 대해 정보를 얻으려고 했다.

나는 그의 말을 그대로 옮긴다.

"정부는 프로이센에 5억 프랑의 선금을 지급했다. 이 지급에 따라서 독일군의 센강 북쪽 우안 요새 철수가 이루어질 것이었다. 또한 독일군은 파리 북쪽의 모든 주둔지를 베르사유 군에게 반환할 것이다. 그러나 정부는 베르사유 군대의 마지막 지원군이 도착할 시간을 주기 위해 며칠 더 그들을 유지해달라고 파브리스 장군에게 요청했다."

베르사유 군대가 필요한 병력 숫자에 도달하면, 프로이센군은 즉시 철수할 것이다.

현재 중립 상태인 북쪽과 동쪽의 방어선을 정부가 확보하면, 정부는 필요하다면 시청과 프랑스 간의 모든 통신을 중단시킬 수 있게 될 것이다. 이는 매일 거짓말과 중상모략으로 가득 찬 내용을 퍼뜨리는 코뮌을 차단하려는 조치이다.

게다가, 티에르 씨는 무력을 사용해 파리를 점령할 의도가 전혀 없다. 그는 거리 전투를 잘 알고 있다. 그는 파리의 반란자들이 얼마나 거리 전투에 능숙한지, 그리고 그러한 시도가 우리 군대와 시민들에게 얼마나 많은 희생을 초래할 것인지 잘 알고 있다. 그는 또한 지뢰와 폭탄이 설치된 바리케이드로 대비한 반란군의 엄청난 저항을 무시하지 않는다.

베르사유는 처음 전투 이후로 연합군이 첫날의 대담한 모습 대신 사기가 저하하고 피로를 느끼고 있다고 확신하고 있다. 그들은 이러한 추세가 빠르게 진행될 것으로 예측하며, 곧 코뮌이 범죄적 고집을 부리며 홀로 남게 될 것으로 생각한다.

정부는 식량 공급을 막지 않을 것이지만, 3월 18일 사람들에게 아무런 신뢰를 주지 않는 상인들은 공급을 회피하며 정부의 태도를 지지할 것이다. 티에르 씨는 결코 시민들에게 긍정적 감정을 불러일으킨 적이 없는 이 사람들이 공공의 경멸 속에서 빠르게 약화하고 사라질 것으로 확신한다."

내 친구는 이 계획을 지지하고 있고, 나는 그 성공을 기원한다. 새로운 포위, 새로운 봉쇄의 고통, 그리고 더 나아가서, 코뮌의 억압적인 통치 아래서 한 달을 더 살아야 하는 것이 정확한 정보라면, 이는 이미 벌어진 일들의 결과일 것이다. 그것이 아무리 잔인하더라도 나는 그것을 받아들일 준비가 되어 있다. 반면에 나는 지금 뇌이이의 불행한 사람들이 겪고 있는 거리, 집, 그리고 지붕 위의 끔찍한 전쟁을 온 힘으로 거부한다. 이 전쟁이 파리로 옮겨진다면, 피가 강물처럼 흘러내릴 것이다.

봉기는 준비되어 있으며, 그것을 원하고 있으며, 이전까지는 볼 수 없었던 규모로 확대될 것이다. 피비린내 나는 기억이었던 이전 6월의 날[55] 모습도 배제할 수 없다.

이것이 나의 확신이다.

모든 의견을 충실히 반영하기 위해, 내 의견에 동의하지 않는 사람이 많다는 것을 말해야 한다. 많은 사람은 파리에 진입하는 강력한 군대가 즉시 그리고 심각한 저항 없이 질서를 회복할 것이라고 믿고 있다. 그들의 등장으로, 선량한 사람들에게 3월 18일에 잊었던 의무를 상기시키며, 모두에게 용기와 자신감을 줄 것이라고 한다. 이번에는 건전한 국민방위대가 정부에 일치단결하여 지원할 것이다. 그들이 범죄적으로 침묵한 결과 재앙이 벌어질 것을 알았다면 3월 18일에 개입을 망설이지는 않았을 것이다. 국민방위대와 정부군이 연합하게 되면 반란군은 무장을 해제할 것이다. 나도 이러한 믿음을 갖고 싶지만, 그렇지 못하다.

일반적으로 관찰된 사실에 의하면, 비가 올 때는 언제나, 특히 밤에는, 남쪽에서 연합군의 진짜 혹은 기만 공격이 발생하지 않는다는 것이다. 어제저녁에 시작된 가랑비가 거의 하루 종일 계속되었으며, 방브, 이시, 몽루즈의 요새와 전초 기지에서 이러한 관찰이 다시 한번 확인되었다.

뇌이이는 상대적으로 평온하다. 양측의 위치는 변함이 없다.

..
55. 1848년 6월 22~26일의 봉기. 1848년 2월 혁명으로 성립된 임시정부가 실업자들의 일자리를 위해 만들어졌던 국립작업장을 1848년 6월에 폐쇄하자 봉기가 일어났고 이를 피로 진압한다. 약 3,000~5,000명이 살해된 것으로 추산되며, 정부 측도 약 1,500명이 희생되었다. 이후 선거에서 루이 나폴레옹이 당선되어 제2공화정이 시작되었지만, 그는 재임 중에 친위 쿠데타를 일으켜 스스로 왕이 되고 제2제정 시대를 시작한다.

아스니에르에서는 어제 격렬한 하루를 보내고, 모두에게 휴식이 필요한 듯했지만, 이는 허락되지 않았다. 연합군은 어제 빼앗긴 위치를 하나도 되찾지 못했고, 우안에서 요새를 강화하려고 시도하고 있다. 베르사유 군대는 철도 다리와 르발루아Levallois 마을에 포탄을 비처럼 퍼부으며 이를 저지하고 있고, 연합군은 반격에 성공하지 못하고 있다.

*

채무 상환 기한 문제는 방금 코뮌에 의해 명확하게 해결되었다. 이는 임대료 문제 해결에서 보여준 그들의 격식 없는 태도, 실용적인 정신, 계약 존중의 자세와 같은 방식이었다.

오늘 아침 〈공식 신문〉은 오늘까지 만기가 된 약속어음, 환어음, 결제된 청구서 등 종류를 불문한 모든 부채의 상환 요구를 7월 15일이 되어야만 할 수 있다는 것을 명시한 법령을 발표했다. 채무자는 3년 동안 부채를 나누어 갚을 수 있다. 갚아야 할 금액을 "12 등분으로 나누어 분기별로 지불"한다. 이 금액에는 이자가 포함되지 않는다.

7월 15일에는 이미 코뮌이 사라진 지 오래일 것이다. 그렇지만 잠깐 사정이 다르게 돌아갈 수도 있다고 가정해 보자. 혁명적 법률을 적용할 수 없음을 보여주는 예를 제시하기 위해서 그렇게 해보는 것이다.

릴Lille의 한 상인은 파리에 8월 말로 만기가 되는 30,000프랑의 유가증권을 가지고 있으며, 그는 동시에 9월 15일 리옹Lyon에서 만기가 되는 동등한 금액의 채무자이다. 파리의 그의 채무자는 코뮌의 법령을 이용하여 상환하지 않는다. 따라서 릴의 상인은 리옹에서 자신의 채무를 갚을 수 없다. 그 결과는 무엇일까? 릴의 상인은 상법에 따라 파산하지만, 파리의 상인은 계속해서 명예롭게 자신의 사업을 운영한다.

더 이상 말할 필요가 없다.

*

한편으로는 부채 회수를 위한 모든 소송을 중단하고 이러한 소송을 불필요하게 만드는 조치를 하면서, 코뮌은 새로운 집행관 업무를 만들고 있다. 사실 이들 중 몇몇 집행관은 그들의 사무소를 닫았고, 다른 집행관들은 코뮌에 대한 서비스를 거부했다. 이 두 법령이 공식 신문에 나란히 게재되는 것은 서로 상충하는 것이다.

*

사람들이 두려워했던 일이 이제 현실이 된다. 오늘 아침 시청의 신문은 군사 법정 설립에 관한 조직 법령을 공포한다. 마지막 25조는 다음과 같이 작성되었다. "군사 법정은 공공의 안녕에 관련된 모든 사건에 군사법을 적용한다." 혁명 법원이 선고할 수 있는 형벌은 벌금에서 사형까지 다양하다.

그 무서운 법령은 모든 벽에 붙어 있다. 사람들은 그것을 읽지만 아무도 입을 열지 않는다.

2조는 고발을 조장하는 것이 아닐까? 그리고 코뮌 회원이라면 누구라도 법적 체포 권한이 있는 것이 아닐까?

*

성직자들의 체포가 줄어들고 있는데, 그 이유는 간단하다. 대부분 이미 감금되어 있기 때문이다. 오늘은 노트르-담 드 본-누벨Notre-Dame de Bonne-Nouvelle의 신부를 체포한 것만 보고된다. 값비싼 괘종시계가 사제관에서 경찰서 사무실로 옮겨졌다.

4월 19일

　모든 언론에서, 연합군이 매일 죽거나 다친 피해자를 밤에만 파리로 옮기는 조처를 보도하고 있다. 사상자 수가 너무 많고, 그중 예를 들어 뇌이이의 사망자는 파리로 옮겨오지도 않고, 매장하지도 않는다. 한 신문은 "시신이 더미로 쌓여 있으며 지하실, 마구간에 묻히고, 이러한 손실을 은폐하기 위해 집에 불을 지른다. 이들이 흘린 피의 대가가 파리의 이름으로 프랑스를 지배하기 위해 이런 일을 명령하는 사람들에게 되돌아오기를 바란다."라고 언급한다.

*

　역에서 근무하는 국민방위대는 더욱 신중한 태도로 모든 짐을 철저히 검사하고 있으며, 여성들이 들고 다니는 가방까지도 검사한다. 얼굴에 깊은 주름으로 40세가 지난 것이 드러나지 않는 남자들이나, 나이가 16~17세밖에 안 된 아이도 19세로 보이면 기차를 탈 수 없다. 출생증명서를 보여줘도 클뤼즈레의 명령을 따르는 이 경계심 가득한 감시자들의 의심을 풀 수 없을 것이다. 대중을 대하는 면에서, 코뮌 병사들의 방식과 이전 파리 경비대와 이전 도시 부사관 부대의 방식을 비교하는 것은 이전 병사들에게 모욕이 될 것이다.

*

군사 법정이 어제 18일 시작되었다. 법정은 제74대대 지휘관 지로 Girot 씨를 "적이나 무장 반란자에 맞서 진군하는 것을 거부한 불복종 혐의"로 사형을 선고했다.

*

오늘 아침 공식지에 실린 코뮌의 결정으로 다음 신문이 폐간된다. 〈스와르 le Soir〉, 〈클로슈〉, 〈오피니옹 나시오날〉, 〈비엥 퓌블릭〉.

폐간된 신문들은 '내전을 사주한' 혐의로 고발되었다. 얼마나 뻔뻔한 아이러니인가!

모든 파리 시민이 대로에서 두 신문의 용기를 칭찬한다. 폐간된 〈비엥 퓌블릭〉과 〈오피니옹〉이 저녁에 발행된 것이다. 이 신문들을 모두 압수하라는 명령이 떨어졌으나, 가판대에는 이 신문들이 없었다. 행상들은 신문을 옷 아래 숨기고 목청을 다해 "〈몽타뉴〉, 〈소시알〉"이라고 크게 소리 지른다. 그리고 연합군의 감시가 없는 것을 확인하면, 지나가는 사람들에게 낮은 목소리로 "〈비엥 퓌블릭〉, 〈오피니옹〉"이라고 속삭인다. 그 신문들은 압류되었지만 은밀하게 5수[56]에 팔린다.

이러한 상황은 오후 5시에서 6시 사이에 일어났으며, 오후 9시쯤 두 신문은 할증이 붙어 3프랑에 팔리는 것을 내가 보았다.

*

'체포와 수색' 항목에 오늘 '추방'이란 세 번째 항목이 추가된다. 오늘 오전 11시경 국민방위대 제123대대가 생-베르나르 거리 rue

---

56. 수(sou)는 예전 화폐 단위. 1793년 십진법 도입으로 '수'는 5상팀이 되었다. 즉 3프랑은 5수의 12배.

Saint-Bernard의 생–뱅상–드–폴Saint-Vincent-de-Paul 수도원에서 수녀들을 강제로 쫓아냈다.

생–마르탱Saint-Martin 시장의 학교를 운영하던 몽골플리에 거리rue Montgolfier의 형제들도 추방되었다.

20구 쥘리앙–라크루아 거리rue Julien-Lacroix의 학교를 운영하던 수사들도 마찬가지였다.

생–베르나르Saint-Bernard 교회가 폐쇄되고, 보좌신부 한 명이 체포되었다.

테른Ternes에 있는 생–페르디낭Saint-Ferdinand 교회가 폐쇄되었다.

플래장스Plaisance의 수석 보좌신부가 체포되었다.

〈에클립스*l'Éclipse*〉 신문사 편집장 폴로Polo 씨가 체포되었다.

오늘 아침 폐간된 〈클로슈〉의 편집장 루이 윌바크Louis Ulbach 씨도 오늘 아침 콩시에르주리로 이송되었다.

4월 20일

오늘 하루는 일종의 휴전 상태였다. 아스니에르, 뇌이이, 남쪽 요새 등 어느 곳에서도 중요한 사건은 보고되지 않는다. 교외의 불쌍한 주민들이 안전하게 피신할 수 있도록 하는 휴전 이야기가 점점 더 많이 나오고 있다.

*

몇몇 혁명 신문들은 3월 18일 사람들을 강하게 지지하면서도, 그들이 목표 프로그램을 공식화하지 않은 것을 비판한다. 이에 응답하여, 시청 신문은 오늘 아침 파리의 이름으로 '프랑스 국민에게 보내는 선언문'이라는 형태로 기대했던 프로그램을 발표했다.

우선, 코뮌이 파리를 대표하여 말할 권한이 어디에 있는지 질문할 수 있다. 그들의 봉기와 혁명의 기원, 시민들이 거부한 3월 26일과 4월 16일의 소집 등을 생각하면 그럴 권리가 그들에게 없다. "코뮌은 파리 시민의 열망과 소원을 주장하고 결정할 권리가 있다"라고 코뮌이 말할 때, 선동적 소수파로서 또 다른 거짓말을 하는 것이다.

몇몇 신문은 이 선언문 작성자들의 권리를 단호하게 부정하면서, 주요 조처를 검토한 결과 그것이 실용적이지도 않고 적용할 수도 없음을 밝히거나, 코뮌의 선언과 행동 사이, 말과 행위 사이의 현저한 모순을 확인한다.

 이 선언문은 공공의 자유에 대해 감히 언급한다. 심지어 유일하게 자신들의 체제만이 그것을 프랑스에 보장할 수 있다고 주장한다.

 그렇지만 코뮌이 발로 짓밟지 않은 자유가 있을까? 개인의 자유? 감옥에 갇힌 모든 계층의 시민들이 숫자는 더 이상 셀 수도 없다. 양심의 자유? 모든 사제가 감옥에 갇히고 교회가 폐쇄되었다. 노동의 자유? 코뮌 마음대로 공장이 여기저기서 강제로 열리고 닫혔다. 언론의 자유? 당신들을 편들지 않는 신문들을 한 달 만에 3분의 2를 폐쇄하고, 이틀 전에는 네 곳을 더 닫았다. 집회의 권리? 방돔 광장에서의 학살과 피를 막기 위한 증권거래소 광장에서의 시도는 무엇인가? 소유의 자유, 재산과 사유지의 존중? 여기저기서 이루어진 당신들의 수색과 징발, **압수품**은 그 점에 대해 우리에게 명확히 알려주었다. 마침내 당신들은 왕래의 자유, 즉 우리의 모든 자유 중 첫 번째를 **빼앗았다**. 코뮌의 경계를 벗어나려면 당신들은 우리에게 **통행증**을 요구하며, 당신들 마음대로 사람들에게 지시하고, 그것에 항의하는 사람은 체포한다.

 이것이 진실이다. 그리고 코뮌의 선언문은 그들이 프랑스에 강요하려는 체제를 '모두의 복지, 자유, 안전'이라고 정의한다.

*

 〈공식 신문〉에는 흥미 있는 또 다른 내용이 포함되어 있다. 그것은 4월 16일 선거 결과에 관한 결정이다. 투표율은 낮았고, 선출된 사람 중 일부만이 등록 유권자의 8분의 1 이상 얻었다. 코뮌은 이것을 걱정하지 않고, 이 거추장스러운 8분의 1 조건을 오늘 폐지한다. 투표자의 과반수만 득표해도 코뮌에 들어올 수 있도록 결정한다. 이러한 자유로운 선거 개혁을 통해, 예를 들어, 1,699표를 얻은 시민 시카르는 22,000명 이상의 유권자가 있는 자신의 구를 코뮌에서 대표할 수 있게 된다.

자, 누가 믿겠는가? 이 관대한 시스템도 여전히 불충분하다. 13개 구에서 선거를 치러야 했다. 그중 세 개의 구에서는 아무 결과도 나오지 않았으며, 다른 네 개의 구에서는 7명의 후보자가 투표자의 과반수를 확보하지 못했다!

*

코뮌 집행위원회는 생명을 살려줄 권한을 보유하고 있는 것 같다. 이 당당한 특권을 행사하여, 사형 선고를 받은 시민 대대장 지로Girot를 사면했다. 그는 자신의 '민주적 과거 행동' 덕분에 목숨을 건진다.

시민 지로는 시민적, 군사적 지위를 박탈당할 것이다.

*

공화주의 연맹 대표단은 행정부 수반과의 회담 결과에 불만을 표명했다. 이 불만을 발표한 문서는 코뮌이 **공식지**에 선언문을 발표한 것과 동시에 공개되었다. 따라서 연맹은 아직 선언문을 모르고 있었다. 또한 코뮌이 아직 '프로그램을 공식화'하지 않았기 때문에, 연맹은 자기 프로그램을 유지하고, '다양한 단계의 투쟁으로 원칙의 승리를 확보하기 위해 가장 적합하다고 생각되는 결정'을 내리기로 결심했다.

오늘 코뮌의 프로그램이 연맹의 손에 들어왔으니, 연맹은 어떻게 할 것인가?

*

폐간 결정에도 불구하고, 오늘 저녁에도 〈비엥 퓌블릭〉이 발행되었다. 대로에서 들리는 말에 따르면, 전-경찰청은, 어제 속았으므로,

오늘도 또 잘못하지 않도록 주의를 기울일 것이라고 한다. 경찰은 인쇄를 막기 위해 적절한 시간에 요원을 보낼 것이라고도 한다. 이를 대비해 통상적인 인쇄 시간을 앞당겼다. 경찰이 도착했을 때는 마지막 5~6백 부만 압수할 수 있었고, 나머지는 이미 모든 소상인의 손에 있었다. 이번 호는 확실히 마지막이 될 것이다. 왜냐하면 오늘 저녁부터 군대가 인쇄소를 점거하고 있기 때문이다. 신문은 가격에 상관없이 모두 팔렸다.

*

휴전하려는 노력이 계속된다. 공화주의 연맹에 58개의 상공 회의소 대표가 합류했다. 이 중에는 사장도 있고, 노동자도 있다.

*

오늘 저녁 대로에서는 베르사유 군대가 생드니Saint-Denis에 들어갔다는 소문이 돌고 있다. 이 소문은 아직 확실한 것은 아니다.

*

한편, 더 걱정스러운 다른 소문도 있다. 코뮌은 군 복무를 55세까지 의무로 규정하는 법령을 제정하려 한다고 말한다.

*

내가 메모에 기록한 바와 같이, 〈시에클〉의 쇼데Chaudey 씨가 체포되었다. 그러나 당시 내가 몰랐던 사실은, 체포 후 쇼데 씨의 아파트를 철저히 수색한 경찰이 그의 책상에서 900프랑을 발견했고, 그중 800프랑을 가져갔다는 사실이다. 코뮌에서는 여전히 내 것과 네 것의 구분을 하지 못하고 있다.

*

어제저녁 한 신문은 방돔 기둥의 철거를 명령한 법령이 실행되지 않을 것이라고 보도했다. 이에 대해 오늘 아침 공식지는 밀봉된 입찰을 통해 철거된 기둥 자재를 경매에 부친다고 발표했다.

*

뇌이이의 혈전과 연합군의 상당한 손실이 오늘 하루도 이어졌다. 항상 그렇듯이 반란군은 베르사유 군대 진지를 공격했다. 이 전투는 두 진영의 상황에 아무 변화도 주지 않았다. 국회 군대는 공격을 물리치는 데 그쳤고, 추격하지 않았다. 다른 전쟁터는 특별한 소식이 없다.

*

매일의 기록에서 언제쯤 체포와 수색 소식을 빈칸으로 남길 수 있을까?

회계 감사원 직원인 우두Houdou 씨는 장례식에 가고 있었다. 가는 길에 베르사유 군대가 파리에 들어올 것이라는 예측을 경솔하게 말했고, 이 말을 누군가 들었다. 그는 추격받았고, 장례식에 참석하기 위해 가던 교회에서 체포되었다.

제6대대장인 드로슈브륀de Rochebrune 씨는 복무를 거부한 혐의로 체포되었다. 대대 전체가 같은 태도를 보이고 있으며, 그의 지휘관에 대한 조치를 모든 장교에게도 적용할 예정이라고 한다.

〈클로슈〉 신문사의 사무실에서 수색이 이루어졌다. 경찰은 자물쇠 수리공을 동반하고 여러 가구를 열었다. 그 안에 있던 서류를 가져갔다.

나는 이 신문의 편집장 윌바크Ulbach 씨의 체포에 대해 잘못된 정보를 받았다. 그는 미리 소식을 듣고 발부된 체포 영장을 피했다.

전직-경찰위원회는 '공공 안녕 연맹'의 창립자인 포토메Potomé 씨에 대한 체포 영장을 발부했다. 포토메 씨는 여전히 수배를 피하고 있다.

오늘 한 신문은 4월 1일부터 18일까지 수감된 사제와 성직자의 명단을 발표했다. 이는 최소 200명에 이르며, 일부는 콩시에르주리, 일부는 상테Santé 교도소[57], 일부는 마자스Mazas[58]에 갇혀 있다.

예배가 중단된 교회의 수는 26개이다.

이런 고통스러운 통계에는 수색이 이루어진 종교 관련 건물과 수도원의 명단이 추가된다.

이 18일 동안 그 수는 24개에 이른다.

● ●
57. 파리-라-상테(Paris-La Santé) 교도소를 말한다. 파리 14구에 있으며, 1867년 설립되었다. 프랑스에서 아주 유명한 교도소이며, 현재도 운영 중이다.
58. 마자스(Mazas) 교도소는 파리 시내에 19세기 중반에 세워졌고, 1898년 폐쇄되고 철거되었다.

4월 21일

뇌이이에서의 전투는 계속되고 있다. 방어가 부실했던 세 개의 바리케이드는 연합군에 의해 점령되었지만, 오래 유지하지 못했다. 그들은 큰 손실을 본 후 바리케이드를 포기해야 했다. 이 사건에서 제127대대 하나에서만 30명이 전투 불능 상태에 빠졌다.

아스니에르에서는 베르사유 군대가 르발루아Levallois를 통해 우회하려는 시도가 있었다. 그들은 강 오른쪽을 지키고 있는 연합군을 포위하려고 했지만, 이 시도는 실패로 끝났다. 한 시간의 전투 후 베르사유 군대는 다시 그들의 진지로 철수했다. 코뮌의 보고서를 믿는다면, 이번 교전은 정규군에게 큰 비용을 초래했을 것이다.

남쪽은 비교적 조용하다.

*

집행위원회의 결정으로 기구氣球[59] 작전 부대를 재편성했다.

이 조치는 파리의 완전 봉쇄로 인해 외부와의 관계가 끊길 것을 코뮌이 두려워한다는 것을 증명한다.

---

59. 기구는 공중에서 감시, 정찰하는 것으로, 계류 기구나 열기구가 있다. 18세기 말부터 사용되었으며 특히 나폴레옹전쟁과 프랑스–프로이센전쟁 당시에 많이 사용되었다.

공화주의 연합 연맹은 결국 자기가 편향되었던 쪽으로 완전히 기울었다.

어제저녁 발렌티노Valentino 홀에서 열린 회의에서, 코뮌의 선언에 동조했다.

*

어제 회의에서 코뮌은 집행위원회를 재구성했다. 구성원 명단은 다음과 같다.

전쟁 ················ 클뤼즈레Cluseret
재무 ················ 주르드Jourde
물자 ················ 비아르Viard
외무 ················ 파슈칼 그루세Paschal Grousset
노동, 교역 ········ 프랑켈Franckel
법 ···················· 프로토Protot
공공업무 ·········· 앙드리외Andrieu
교육 ················ 바이양Vaillant
일반 안전 ·········· R. 리고R. Rigault

제1제정 시기에 경찰 업무는 주로 민간 요원들이 담당했는데, 코뮌은 이 제도를 되살리려는 것 같다. 최근 며칠간 새로운 요원들이, 마치 우연인 것처럼, 5~6명의 연합군과 함께 다니며 체포를 수행했다. 선량한 사람들은 시 경찰, 시 경비대, 파리 경비대 또는 공안원을 두려워한 적이 없지만, 코뮌의 비밀경찰은 걱정해야 한다. 비밀경찰이 구성된 것은 바로 선량한 사람들을 목표로 한 것이다. 오히려 범죄자나 전과자는 연합 국민방위대의 제복으로 보호받고 있다. 3월 18일 사람들이 그들을 군에 받아들였다.

미국 채석장[60]은 이제 텅 비었고, 시청에게 속은 정직한 노동자들은 자신도 모르게 이 도둑들의 은신처에 있던 불량배들과 접촉하고 있다. 그 수는 30,000명 이상으로 추정된다.

*

성직자들의 체포 가운데 오늘 내가 알게 된 것은, 외방전교회 페르니Perny와 우이용Houillon 신부이다. 이들은 며칠 전에 공공장소에서 체포되었다.

드 로슈브륀de Rochebrune의 부하 장교 중 한 명인 제6대대 도렐Daurel 대위가 체포되었다. 다른 장교들도 수배 중이다.

몽마르트르 지역에 있는 카페 드 마드리드에서 커피숍 직원이 체포되었다. '19에서 40' 법령에 해당한다는 이유로 한 코뮌 지지자가 신고해서 체포된 것이다.

제100대대 푸아송 대대장은 부하들에게 용감한 선언을 했다. 자신들에게 명령을 내릴 권리도 정당성도 없는 코뮌의 명령에 저항하라는 선언을 한 것이다. 즉시 체포 명령이 내려졌으나 아직 체포되지 않고 있다.

코뮌의 대표자들과 군대가 며칠 전 뒤뷔송Dubuisson 인쇄소를 점거

..
60. 미국 채석장은 현재 파리 무자이아(la Mouzaïa) 구역에 있던 석고 채석장이다. 19세기 동안 운영되던 이곳은 1860년 버려지고, 도둑 등 불량배들의 은신처로 변했다. 미국이란 이름은 초기 자금을 댔던 미국인에서 유래한다. 본문에서는 이 지역의 불량배들이 방위대로 변신했다는 주장이다.

하여 〈비엥 퓌블릭〉과 〈오피니옹 나시오날〉 신문의 발행을 막으려 했다. 그들은 인쇄소를 떠나면서 출입구를 감시하도록 경비병을 남겨두었다.

이후 오후 8시에 돌아와서 인쇄판을 파괴하고 활자 조판을 엉망으로 만들었다.

마침내 그들은 밤 11시에 세 번째로 다시 쳐들어와 뒤뷔송 씨를 체포하려 했다. 그들은 그의 집 문을 총으로 부수고 들어갔다. 뒤뷔송 씨는 자기 재산에 대한 물질적 피해로만 그치지 않을 것을 미리 알고 이미 사라진 상태였다.

오늘, 마리니 대로avenue de Marigny 13번지에 있는 부유한 사업가 드브루스Debrousse 씨 집을 수색했다. 파견 대장은 많은 금액의 유가 증권을 탈취했다. 드브루스 씨는 포위 기간에 가난한 사람들에게 20만 프랑 이상을 기부하고 국가 방위 정부[61]에 두 대의 기관총을 제공했다.

*

빨간 스카프를 두른 코뮌의 대리인이 앵발리드[62] 기념관에서 국가 소속이 아니라 기념관 소속 물품인 은 식기를 압수했고, 그 식기는 조폐국으로 옮겨졌다.

이 식기는 기부와 유증으로 생긴 것이었으며, 그 가치는 최소 10만 프랑에 달한다.

• •
61. 국가 방위 정부는 프랑스-프로이센 전쟁 패전 후 세워진 임시정부. 1870년 9월에서 1871년 3월까지 존속했다.
62. 1871년 앵발리드는 초기의 병원 요양시설의 의미가 이미 퇴색하고 군사 문화유산 기념관으로 변모했다.

4월 22일

나의 이전 노트를 돌이켜보면, 나라의 권위와 의지를 존중하지 않고 무력으로 공격하려는 반란자들과 프랑스 정부 사이에 첫 발포가 있었던 날이 바로 4월 2일이다.

이날 이후로 우리에게 강요된 고통스러운 전쟁에 대해 소식을 전하는 모든 간행물에는 승리 발표뿐이었다. 패배가 클수록 코뮌의 승리를 더 많이 보도한다. 코뮌 군대는 항상 전진하고, 베르사유 군을 무찌르고, 패주하게 하고, 심각한 피해를 안겨주고 어지럽게 후퇴하게 하고, 포로로 잡았다…. 속보와 신문에서 말한 전진이 현장에서 실현되었다면, 연합군은 이미 오래전에 베르사유를 점령했을 것이다. 반면에 코뮌의 피해는 없거나 무의미하며, 가장 심각한 경우에도 "1명 사망, 2명 부상"이라고만 보고된다.

나는 연합군의 3월 31일, 4월 2일, 4월 3일의 위치를 강조하고 싶지 않다.

그들은 마지막 날짜에 쿠르브부아, 샤티용, 클라마르, 뫼동, 뇌이이, 아스니에르에 있었다. 처음 네 곳에서는 이미 쫓겨났고, 나머지 두 곳 일부에서도 완전히 패배한 것은 아니지만 오래 버틸 가능성은 거의 없다.

대신, 속보의 의도적인 거짓말은 강조하고 싶다. 지속적인 항의로 인해 코뮌은 부상자 명단을 공개했다. 이는 압력의 결과로 발표했지만 불완전한 명단이다. 진실을 전부 밝히는 것은 너무 위험한 것이다.

속보에 의하면 4월 2일부터 16일까지 부상자는 328명에 불과하다고 보도되었지만, 이는 실제와 거리가 멀다.

예를 들어 몽마르트르의 제61대대는 모든 전투에 참여하여 항상 선두에 있었지만, 부상자는 3명으로 보도된다. 제77대대도 자주 전투에 참여했지만, 부상자는 한 명뿐이다. 그러나 모든 몽마르트르 주민은 이 대대가 상당한 피해를 본 것을 알고 있다. 몽마르트르의 제32대대 장교에 의하면 여러 전투에서 그의 부하 중 35명이 다치고, 30명이 사망했다고 한다.

전쟁부 대표의 속보가 거짓에 불과하다면, 명단은 진실에 한 걸음 다가섰을 뿐이다. 진실은 다음의 가혹한 숫자에 담겨 있다. 신망 있는 공공의 목소리에 따르면, 현재 반란으로 인해 1만에서 1만 2천 명이 사망, 부상 또는 포로로 잡혔다.

*

오늘도 뇌이이와 아스니에르에서 격렬한 전투가 벌어졌다. 서로의 위치는 변하지 않았다.

두 지역 및 주변 주민들의 탈출을 허용하기 위해 무기 사용을 중단하기로 했다고 한다.

*

최근 전투에서 연합군은 석유 및 기타 인화성 물질을 사용한 것으로 보인다.

*

남쪽에서는 연합군 요새들이 계속해서 일방적으로 포격하고 있다. 그들은 탄약을 소모하고 화약을 확실히 낭비하고 있다. 전쟁부 대표는 방브 요새가 불필요하게 16,000발을 발사한 것으로 판명되었다고 언급하며, 요새에 대한 탄약 배급을 제한하겠다고 공개적으로 선언했다.

*

나는 오늘 코뮌 신문 공식 부분에서 수확할 것이 없다. 유일한 예외는 모든 행정기관의 공무원과 직원들에게 5월 1일까지 복직할 것을 요구하는 마지막 통지이다. 그때까지 돌아오지 않으면 당연히 모두 해임될 것이다. 약간의 진전이 있다. 3월 18일 이래, 유사한 통지는 24시간, 많아도 48시간의 기한을 주었다. 이번에는 8일이 주어졌으니 그나마 여유 있는 기한이다.

*

로자르Rogeard 씨는, 적어도 이점에 있어서는, 양식 있게 행동한다. 그는 6구에서 8분의 1의 표를 얻지 못했기 때문에 코뮌의 의석을 거절한다. 그의 눈에는 "1849년 법을 수정한 조치가 늦었고 소급적인 것"으로 보인다.

시민 펠릭스 피야Félix Pyat도 코뮌이 1849년 법을 수정한 것을 지지하지 않는다. 코뮌이 수정한 투표 방식을 철회하지 않으면, 그는 대단히 유감스럽지만, 코뮌의 '승리 전에' 사퇴하겠다고 말한다.

이일은 역사에 '승리 전에'로 기록될 것이다.[63]

..
63. 저자는 코뮌이 곧 패배할 것으로 보기 때문에 '승리 전에'라는 표현을 비꼬며 강조한다.

*

메닐몽탕Ménilmontant의 대대 중 하나가 어제 증권거래소의 철책 뒤에 자리를 잡았고, 이 부대의 파견대가 광장으로 통하는 여러 거리에 배치되었다. 그런 후 가택 수색이 시작되었다. 경비병 중 한 명이 문서를 손에 들고 읽어보며 아마도 그 문서에 따라 들어갈 집을 선별하는 것으로 보였다. 나는 이러한 가택 수색의 목적을 알 수 없었다. 주민들은 이것이 '19에서 40까지'의 유명한 법령을 실행한 것으로 생각했다. 어쨌든 메닐몽탕의 부대가 증권거래소 구역에서 작업을 하는 이유는 무엇일까?

모두가 이 부당한 법령을 따르지 않으려고 수많은 책략을 동원한다. 그렇게 할 수 있는 예쁜 얼굴을 가진 젊은 남자들은 여자처럼 변장하고, 나이 든 남자와 팔짱 끼고 문을 나선다. 이렇게 몽마르트르나 벨빌의 경비병 눈을 속인다.

외모가 덜 뛰어난 사람들은 채소 재배 농부들에게서 큰 도움을 받는다. 농부들은 그들을 마차 짐칸에 숨기고, 여성들에게 마차를 몰게 한다. 짐칸 구석에는 탈주자가 숨을 쉴 수 있도록 구멍을 낸다. 그리고 아무 의심도 받지 않고 통과한다.

*

샤론느Charonne의 청소년 견습생 후원소 책임자인 플랑샤Planchat 신부가 체포되었다.

한 주요 행정기관의 고위 직원의 아내도 체포되었다. 남편의 탈출에 책임이 있다.

전 상원의원 폴 드 리슈몽Paul de Richemont 씨의 집에서도 수색이 이루어졌고, 주인이 부재중이어서 관리인이 체포되었다.

가스 관리국 사무실에서도 수색이 있었고, 183,000프랑이 들어 있던 금고를 파견 대장의 명령으로 가져갔다. 해당 관리국이 거리 조명을 중단하겠다고 위협하자, 코뮌은 이 금액을 반환하도록 명령했다고 한다. 〈탕*le Temps*〉 신문은 이 사건을 무장 강도로 규정하며, 형법 381조와 385조에 따라 처벌될 수 있는 범죄라고 언급한다.

4월 23일

뇌이이Neuilly와 아스니에르Asnières에서 하룻낮과 밤이 지나도 전투원의 위치는 크게 변하지 않았다. 그렇지만 조금씩 국회 병사들이 전진하고 있다. 국회 군대의 전략은 상대를 피로하게 하고 사기가 저하하게 만드는 것으로 보이며, 이 전략이 효과를 보고 있다.

남쪽에서는 베르사유군이 토목 작업에 한창이며, 작업도 빠르게 진행되고 있다. 연합군은 티예Thiais와 슈빌리Chevilly 앞에 건설 중인 포대에 수많은 포탄을 발사해 작업자들을 몰아내려 한다. 하지만 그들의 공격은 정부군의 침착함을 흔들지 못한다. 정부군은 응답하지 않는다.

*

오늘 아침 〈공식 신문〉에는 코뮌이 뇌이이에서의 휴전을 원칙적으로 받아들인다는 소식을 전한다.

*

시민 브리온Briosne은 여러 클럽에서 유명한 인물로, 코뮌의 위원으로 선출되었으나 유권자의 8분의 1을 득표하지 못해 사퇴한다. 코뮌은 자신의 권리를 충분히 행사하여 법을 수정했으나, 너무 늦었고, 그는 이미 사퇴했다. 그는 수정된 법에 따라 다시 선거에 나설 예정이며, 이번에는 10표만 얻어도 절반 이상의 득표를 한 것이면 더 이상 망설이지 않고 코뮌의 자리를 수락할 것이다. 그 사람보다 더 법을 철저히 준수하는 사람은 없다.

*

교육의 자유는 양심의 자유, 종교의 자유, 언론의 자유 등 모든 자유와 더불어 사라졌다.

3구 당국의 특별 발표에 따르면 그 지역에서는 순수하게 세속적인 교육이 시행되고 있다고 한다. 더구나 내가 알기로는, 이 지역뿐 아니라 다른 지역에서도 사립을 포함한 어떠한 종교 학교도 개설이 허용되지 않을 것이다.

*

오늘 5억 프랑이 지급되지 않았다는 주장이 제기된다.

프로이센인들이 동쪽 요새를 철수하는 것이 불확실한 시점으로 연기될 것으로 보인다.

이 소문이 사실이라면, 이는 내가 18일에 얻은 정보의 첫째 부분과 어긋나는 것이다.

*

이미 모두가 아는 것처럼, 소위 국제노동자협회(인터내셔널)라는 단체가 '구세계'를 개편한다는 엄청난 과제를 수행하겠다고 나섰다. 이 협회는 각 지부를 통해 1868년, 1869년, 1870년 프로이센과 영국의 파업을 촉발하고 지원했다. 피르미니Firminy, 크뢰조Creuzot[64] 등 어느 곳에나 이 단체의 손길이 미친다.

----

64. 피르미니, 크뢰조는 각각 루아르, 손-에-루아르에 있는 제철, 광업도시이다.

3월 18일로 이어지는 운동을 조직한 것도 이 단체이다. 오늘 파리시를 지배하고 통치하며, 공포정치를 통해 가장 두려운 독재를 강요하는 것이 바로 이 방대한 조직의 프랑스 지부이다.

블루아Blois의 고등법원에서 최종 판결이 난 이 협회에 대해 진행된 소송의 토론 내용이 우연히도 내 손에 있다.[65]

현재 중요한 역할을 하는 인물들의 이름이 그 재판 기록에 나와 있으며, 이들은 국가뿐만 아니라 자신들도 놀랄 만큼 중요한 역할을 하고 있다.

특히 시민들의 이름을 찾아볼 수 있다. 기계공 노동자 아시Assi, 제본공 바를렝Varlin, 서점 직원 말롱Malon, 기계공 뮈라Murat, 조화 잎 제작자 조아누아르Johanuard, 목수 펭디Pindy, 보석세공인 콩보Combault, 기계공 아브리알Avrial, 금속 선반공, 랑그뱅Langevin, 세공사 테즈Theisz, 보석세공인 프랑켈Franckel 그리고 베지니에Vésinier와 클뤼즈레Cluseret.[66]

이 모든 사람은 코뮌의 위원이고, 권력을 쥔 높은 직위를 가졌다. 이 명단에 제철 주조공 뒤발Duval의 이름을 추가해야 한다. 그는 블루아 재판에도 등장했고, 4월 3일 전투에서 '코뮌 장군'으로 전사했다.

*

콩코르드 광장 쪽으로 리볼리 거리를 막는 바리케이드가 거의 완성되었다. 이 바리케이드의 길이는 약 40미터이다. 위쪽은 푀이양

..
65. 블루아(Blois)에서 열린 국제노동자협회 관련 재판은 1870년대 초반에 진행되었다. 당시 프랑스 정부는 국제노동자협회를 혁명적이고 불법적인 단체로 간주하며, 이를 억제하기 위해 법적 조치를 취했다.
66. 저자는 이들의 직업을 나열하면서 이들이 '하층' 계급 출신이라는 것을 강조하고 있다.

Feuillants 테라스의 상부에 이르며, 다른 쪽은 해군부 건물의 반지하 모서리에 도달한다. 앞에는 깊이 약 2미터, 너비 약 3미터의 도랑이 파여 있다. 이것은 단순한 바리케이드가 아니라 진정한 예술 작품이다.

같은 모델의 바리케이드가 루아얄 거리rue Royale와 튈르리 강둑길 quai des Tuileries 입구에도 세워지고 있어 콩코르드 광장은 같은 이름의 다리를 통해 좌안으로만 나갈 수 있을 것이다. 지금까지 이 지점에서는 어떠한 작업도 실제로 진행되지 않고 있다.

현재 19에서 40세 징집을 거부하는 사람들을 대상으로 체포가 집중되고 있다.

*

사람들은 왜 '시민 장군' 베르즈레가 투옥되었는지 알지 못했다. 오늘 그가 어떻게 자유를 얻었는지도 알 수 없을 것이다. 하지만 그는 이제 자유로워졌으며, 그것이 그에게 가장 중요한 일이다. 그의 석방은 오늘 코뮌의 결정에 따라 이루어졌다. 회의록에 따르면, 베르즈레 시민은 그의 감방에서 회의실로 이동했다. 그는 불평하지 않고, 오히려 그 어느 때보다 코뮌에 충성한다. 그는 회의에서 발언권을 얻어, 이렇게 말한다.

"코뮌은 나의 체포를 결정했고, 이제 나를 석방했다. 나는 여기에 아무런 원한도 없으며, 오히려 나는 전적으로 헌신하고자 한다." (박수)

끝이 좋으면 다 좋은 것이다.

4월 24일

어느 시대에도 3월 18일 이후로 코뮌 군대만큼 포도주와 증류주를 많이 소비한 부대는 없었다. 마차, 합승 마차, 철도 화물차, 군용 운반 마차, 손수레, 농업용 마차 등을 둘러싼 열다섯 개 정도의 빛나는 총검이 멀리 보이면, 이는 국민방위대에 보내지는 포도주 적재물을 보호하는 경계병이란 것을 확신할 수 있다. 거리, 대로, 강둑길 등 어디에서나 하루 종일 이러한 호송대를 만날 수 있다. 베르시Bercy의 존경받는 상인인 내 친구가 연합군이 창고 지하실에 반복해서 들이닥치는 것에 관해 말하길, "이것들은 그들만을 위한 것이다."라고 했다. 이는 코뮌의 무한정한 요구를 일상적인 언어로 잘 표현한 것이다. 또한 포도주와 증류주는 방돔 광장, 성벽, 요새, 전초 기지 등 군대가 주둔한 곳이면 어디에서나 물처럼 흘러넘친다. 이렇게 주류가 넘치는 것은 자연스럽게 그 영향을 미치며, 도심에서 항상 마주치는, 무장하거나 비무장한 경비병들은 취한 상태에 있다. 성벽을 향해 부대가 출발할 때도 시민들은 같은 슬픈 광경을 볼 수 있다. 부대에는 항상 많은 사병, 부사관, 심지어는 장교들이 만취해 있는데, 가장 뛰어난 고수鼓手, 나팔수라고 해도 이들의 발걸음을 박자에 맞출 수가 없다.

이 많은 불행한 연합군은 이렇게 술로 흥분되지 않았다면 결코 성벽을 넘고 싸우려 하지 않았을 것이다. 포도주와 증류주는 코뮌이 사회에 선언한 이 불경스러운 전쟁에서 가장 강력한 보조 수단 중 하나이다.

의사들은 매일 부상자들의 전반적인 신체 상태에 미치는 알코올의 치명적인 영향을 확인한다. 이에 따라 가장 작은 부상도 위험해지고 모든 외과 수술이 극도로 위험해진다.

*

자선은 매우 창의적이다. 특히 모금 활동은 다양한 방법을 취해 이제 더 이상 다른 방법이 없어 보일 정도이다. 그러나 그렇지 않다. 이제 우리에게는 '총을 든 모금'이라는 새로운 형태가 나타났다. 오늘 저녁, 한 연합군 부인은 제네바 십자가[67]를 팔에 두르고 대로를 걸으며 부상자들을 돕기 위한 구호금을 행인들로부터 모금했다. 이 여성은 '왼팔에 총을 든' 한 명의 국민방위대원과 함께 있었으며, 그 군인은 카페 앞의 손님들 사이로 여성에게 길을 터주었다.

*

오늘 시청 신문의 공식 난은 상대적으로 무해한 법령으로 시작한다. 왜 모든 법령이 이와 같지 않을까? 이전의 법령은 집행관을 설립했었다. 오늘의 법령은 공증인, 공매인 및 법원 서기를 코뮌이 임명하는 것을 결정한다. 이 공무원들은 고정 급여를 받지만, 반대로 그들은 "그들이 맡은 직무로 받은 금액은 매월 재정에 입금"해야 한다.

나는 코뮌이 자신의 금고를 채우는 이러한 수단이 가스 회사나 드누이유, 드브루스 씨의 회사[68] 혹은 다른 여러 회사에 대해 사용했

---

67. 스위스의 인도주의 단체인 적십자를 상징한다.

던 방식보다 덜 효과적일 것이라고 예언한다.

*

나는 다른 한 외국인이 고위 군사 직위에 임명된 것을 제때 기록하지 않았다. 바로 이탈리아인 라 체칠리아La Cécilia '장군'으로, 그는 파리 지역의 사령관으로 임명되었다. 코뮌 신문에 따르면, 이 장군은 오늘 아침에 "뮈엣Muette에서 푸엥-뒤-주르Point-du-Jour까지 뻗어 있는 요새 전선을 방문했다. 그는 자신의 점검에 대해 매우 만족해했다."

*

샤랑통Charenton 요새와 생드니Saint-Denis 시가 프랑스 당국에 넘어가는 것이 이미 완료된 것은 아니라도 지금 그렇게 되고 있다는 소문이 돌고 있다.

*

몇몇 지역에서는 일부 대대들이 무장 해제를 거부하며 저항하고 있다는 보고가 있다. 몽타뉴-생트-쥬느비에브 거리Rue de la Montagne-Sainte-Geneviève 36번지에 나타난 국민방위대가 3발의 총격을 받았고, 그중 한 명이 다쳤다.

*

오늘 저녁 5시경, 나는 카스티글리온 거리rue Castiglione에서 한 사람이 체포되는 장면을 목격했다. 그 사람은 새로 건설 중인 바리케이드 앞에서 그룹과 이야기하고 있었는데, 불행히도 그의 의견이 대화 상대방과 반대되는 것이었다. 양쪽의 논쟁은 격화되었고, "이 사람은

---

68. 드누이유(Denouille) 씨는 상업적 자산가 또는 기업인으로 보인다. 드브루스(Debrousse) 씨는 기업가이자 언론인으로, 공공사업과 부동산 개발에 크게 관여했다. 특히 파리의 마젠타 대로(Boulevard Magenta) 개발로 유명하다.

베르사유파다"라는 목소리가 들렸다. 다른 목소리는 "이 사람은 첩자다."라고 말했고, 세 번째 목소리는 "그를 데려가라."라고 말했다. 그 결과, 부주의한 대화자는 즉시 체포되었다. 네 명의 국민방위대가 삽을 내려놓고 총을 집어 들었고, 그를 체포하여 광장으로 데려갔다. 그곳까지는 바리케이드 두 개만 넘으면 됐다. 제멋대로 잡혀간 이 새로운 희생자가 방돔 광장의 고위 당국에 의해 어떻게 처리될지는 알 수 없다.

*

이탈리앵 대로^{boulevard des Italiens}에 있는 그레트리^{Grétry} 카페에서, 금융 시장이 혁명에 절대 적응하지 못하며, 특히 3월 18일의 혁명은 금융 시장을 회복시키지 못한다고 단골손님들이 생각하고 그것을 크게 말하는 잘못을 저질렀다. 오늘 아침, 그레트리 카페는 영업 중단 명령을 받았다.

*

수색과 체포는 여전히 일상적인 일이지만, 오늘은 그 수가 적다. 체포된 사람 중에는 확실한 공화주의자이며 약사인 발라디에^{Valadier} 씨가 포함되어 있다. 그는 코뮌에 대한 음모 혐의로 체포되었다.

코뮌의 한 기관지에 따르면 "현재 상황에 대한 거대한 음모를 발견했다."라고 주장한다.

이것은 3월 18일의 사람들이 자신에게 부여한 명예에 불과하다. 그들이 진지하게 받아들여지기 위해 무엇이든 시도하기로 결심했더라도, 그들 자신도 가장 작은 음모조차 받을 자격이 없다는 것을 잘 알고 있다. 음모는 정부를 상대로 꾸며지는 것이지, 폭동을 상대로 꾸며지지는 않는다.

4월 25일

 오늘의 사건을 요약하기 전에, 내가 매일 마음속으로 파리의 주요 언론을 책망하는 내용을 기록하고자 한다.

 3월 18일 사건 이후로 몇몇 신문만이 살아남았다. 내가 제대로 나열했는지 모르지만, 시청의 의견과 정치에 반대하는 중요한 신문 중에서 이제 남은 것은 〈프랑스〉, 〈파트리〉, 〈모니퇴르 위니베르셀〉, 〈탕〉, 〈베리테〉, 〈주르날 드 파리〉 뿐이다.

 어떻게 이 신문들이, 〈주르날 드 파리〉를 제외하고, 3수에 계속 팔리고 있는가?

 9월 4일 직후, 정부는 급히 인지세를 폐지했다. 이 세금이 존재하는 동안에도, 그 신문들은 세금을 내면서도 살아남고 번영했다.

 그들이 세금 폐지를 요구할 때, 그들은 가격을 합리적으로 낮춰 독자 수를 증가시키려고 한다고 말했다.

 그러나 그들은 이 약속을 지키지 않았고, 옛 가격을 유지하고 있다. 이에 따라 국가는 매년 평균 1,500만에서 2,000만 프랑을 잃고 있다. 대중은 아무런 이득도 없고, 모든 이익은 기업의 수익을 늘리는 데 사용된다.

 나는 3수짜리 신문 하나와 1수짜리 신문 두 개를 운영하는 기업을 알고 있다. 편집, 종이, 인쇄 등을 포함해 모든 비용을 지불한 후, 그 기업은 하루에 순수하게 1,000프랑 이상의 순이익을 얻을 것이다.

나는 금액이 아무리 많더라도 이 수익에 반대하지 않는다.

가장 큰 부분은 능숙하고 현명한 경영 덕분임이 틀림없다. 하지만 나는 그 결과를 중요하게 생각한다. 설사 결과적으로 훨씬 덜 유리하더라도, 가격을 10상팀으로 내리는 것에 대한 모든 반대 의견을 물리칠 수 있을 정도는 될 것이기 때문이다.

3수라는 가격은 너무 높다.

노동자와 사무직원이 이 지출에 월 1.50프랑에서 3프랑 정도는 할애할 수 있겠지만, 4.50프랑을 쓸 수 없다.

그런데 내 생각에, 우리가 살고 있는 혼란한 시기에는, 이 지출이 가장 우선시되는 것이고, 모두에게 필요한 것이다.

이것이 너무나도 명백하여, 석간신문이 나오기 시작하는 오후 3시부터 신문을 손에 들지 않거나 신문을 사지 않는 사람을 찾아볼 수 없다.

어떤 신문이 가장 많이 팔리는가? 가장 저렴하게 제공되는 신문들이다. 5상팀과 15상팀의 차이가 없는 독자만이 자신의 취향에 맞는 신문을 산다. 그러나 〈모니퇴르 위니베르셀〉이나 〈프랑스〉의 정치 성향을 선호하는 사람은 이 신문들을 사지 않을 것이다, 왜냐하면 가격이 15상팀이기 때문이다. 같은 신문 판매원이 〈코뮌 *la Commune*〉을 제공할 것이고, 그는 그것을 살 것이다. 그 신문들의 성향이 자신과 맞아서가 아니라, 가격이 10상팀이기 때문이다. 그는 심지어 〈소시알〉이나 〈파리 리브르〉를 살 것이다, 왜냐하면 그것들은 1수에 불과하기 때문이다. 이렇게 해서 이전까지는 매우 현명했던 사람들이 이런 해로운 신문을 읽어서 오염된 경우가 많이 있다. 매일 파리에서 10에서 12개도 넘는 1수짜리 신문들이 그들의 사회적 독을 퍼뜨리고 있다. 이 위험을 이해하고 그것을 해결하려고 노력하는 주요 신문이 얼마나 되는가? 단 하나, 〈주르날 드 파리〉뿐이다. 이 신문은 보수적이고 자유주의적인 정치에 확실한 재능을 보이면서도, 다른 더러운 반란 신문들처럼 1수에 팔리고 있다. 그것은 엄청난 부수를 발행하고 있으며, 그것이 없었다면 나쁜 신문들이 어쩔 수 없이 대신 팔릴 수밖에 없는 곳에서 팔리고 있다. 〈주르날 드 파리〉는 이 상황에서 애국적인 일을 했고, 지금도 하고 있다. 만약 〈모니퇴르 위니베르셀〉, 〈프랑스〉, 〈파트리〉 및 몇몇 다른 신문들이 이를 모방했다면, 연말에 주주들의 배당금은 아마도 줄어들게 되겠지만, 이 희생은 분명히 코뮌에 대한 지지자 수를 줄이고, 주저하는 이들을 격려하며, 거짓과 비방에 속아 3월 18일 사람들에게로 가는 사람들을 깨우칠 것이다.

현 상황에서 자신에게 부여된 이러한 중요한 의무를 언론이 이해하지 못한 것은 아주 유감스럽다.

*

휴전이 마침내 이루어졌다. 오늘 아침 9시에 시작해서 오후 5시에 끝날 예정이었지만, 사실상 저녁 10시까지 연장되었다. 그 시각이 되어서야 적대 행위가 다시 시작되었다. 하루 종일 날씨가 좋았다.

나는 개선문에서 포르트 마이요 porte Maillot까지 그랑드–아르메 대로 avenue de la Grande–Armée를 걸었다. 한 채의 집도 폭탄을 맞지 않은 곳이 없었다. 몇몇 집들은 문자 그대로 벌집투성이가 되었다. 내가 본 가장 가슴 아픈 광경이었다.

가구, 여성, 아이, 노인으로 가득 찬 긴 이삿짐 차량 대열이 대로를 가득 메우고 있었다. 이들은 폭격받은 모든 지점에서 왔다. 이 행렬을 보면 이 불행한 사람들이 얼마나 위험에 처해 있었는지를 충분히 말해준다. 그들은 뒤돌아보지 않고 도망친다. 그들의 걸음걸이와 당황한 모습을 보면 아직도 안전하다고 생각하지 않는 것을 알 수 있다. 그들은 개선문을 지나 샹젤리제에 들어서야 비로소 숨을 쉬고 마침내 포탄의 사정거리에서 벗어났다고 느낀다.

*

시민 라울 리고Raoul Rigault는 전-경찰청의 대표에서 사임했다.

그 자리는 시민 쿠르네Cournet로 교체되었다.

코뮌은 모든 의원 각자에게 낮이나 밤이나 언제든지 감옥을 방문할 수 있는 권리를 부여했다. 그 결정에 시민 리고는 항의했고, 그의 항의는 무시되었다. 그 결정이 내려진 회의에서 그는 동료들에게 말했다. "나의 책임은 이 권리 행사와 양립될 수 없다. 나는 사임한다." 그 자리에서 후임자가 임명되었다.

*

군사 법원의 수장 직위를 맡은 시민 로셀Rossel이 사임한 사실도 발표된다.

*

생트-앙투안Saint-Antoine 외곽에서는 감정이 격해졌다. 주둔하고 있던 제118대대의 병사 중 몇 명만이 전초 기지에서 긴 시간을 견딘 후 돌아왔고, 부대의 대부분은 사망했거나 포로로 잡혔다는 소식 때문이다.

4월 26일

선거 원칙은 3월 18일 사람들이 주장한 모든 사안의 근간이다. 오늘 아침 공식지는 모든 부대의 참모진을 재편성한다는 포고문을 발표했다. 이 포고문에 따르면, 네 명의 부관부터 참모장까지 모든 계급이 '전쟁부 대표에 의해' 임명될 것이다.[69]

*

정규군이 샤랑통 요새를 점령했을 가능성은 부정되었다.

*

프루동Proudhon[70] 자신도 시청 사람들 방식으로 사회주의를 이해하지 않았다. 그는 코뮌에서 원한 사회 혁명이 우리를 어디로 이끌 것인지를 명확히 알고 있었다.

만약 이 혁명이 완성된다면 우리 불행한 나라가 어떻게 될지를

---

69. 모든 일은 선거를 통해 민주적으로 처리한다고 주장하면서도 정작 한 사람이 모두 결정하는 모순을 지적하는 내용이다.
70. 피에르 조제프 프루동(Pierre-Joseph Proudhon)은 19세기 프랑스의 정치 이론가로, 아나키즘의 아버지로 불린다. 그는 기존의 재산 제도와 권위주의적 국가 체제를 비판했다. 그는 모든 형태의 강제적 권위와 지배를 거부하며, 자발적 협력과 상호주의(mutualism)를 기반으로 한 사회를 제안했다.

보여주기 위해, 프루동은 '예언, 프랑스'라는 제목 아래 다음과 같이 묘사한다.

불행히도 이 너무나도 진실한 예언의 많은 부분은 이미 파리에서 실현되었다. 나머지 부분까지 모두 완수하기 위해서 코뮌이 추가로 할 일이 거의 남지 않았다. 매일 코뮌은 그 길에서 새로운 한 걸음을 내딛고 있으며, 그 길을 끝까지 걷는다면 프랑스를 나락으로 빠뜨릴 것이다.

여기 그 예언이 있다.

사회 혁명은 거대한 재앙을 초래할 수 있으며, 그 즉각적인 결과는 다음과 같을 것이다.

땅은 황폐화하고, 사회는 구속복 속에 갇힌다. 그리고 만약 이러한 상황이 몇 주간 지속될 수 있다면, 예상치 못한 기근으로 3~4백만의 사람들이 죽을 것이다.

정부가 자원이 없을 때, 나라가 생산과 무역이 없을 때,

지방이 더 이상 돈을 갚지 않고, 물품도 보내주지도 않아 파리가 봉쇄되고 굶주릴 때,

노동자들이 클럽의 정치와 작업장의 실업으로 인해 사기가 꺾이고, 어떻게든 살아남으려고 할 때,

국가가 시민들의 은 제품과 보석을 조폐국으로 보내기 위해 징발할 때,

가택 수색이 기여금을 충당하는 유일한 방법이 될 때,

굶주린 무리가 나라를 돌아다니며 도둑질하려 할 때,

농민이 총을 장전하고, 자기 수확물을 지키며 농사를 포기할 때,

첫 이삭이 약탈당하고, 첫 집이 강제로 열리고, 첫 교회가 모독당하고, 첫 횃불이 켜질 때,

첫 피가 흘러내리고, 첫 번째 머리가 떨어질 때,

비탄의 혐오감이 프랑스 전역에 퍼질 때,

아! 그때야말로 여러분은 사회 혁명이 무엇인지 알게 될 것이다.

무장하고, 복수와 분노에 취한 무리가 덮쳐오는 것이다. 창, 도끼, 사브르 칼, 푸주 칼과 망치를 들고.

침울하고 고요한 도시, 가정 내의 경찰, 의심받는 의견, 엿듣는 말, 관찰되는 눈물, 세어지는 한숨, 감시되는 침묵, 첩보와 밀고.

냉혹한 징발, 강제적이고 점진적인 차입, 평가 절하된 지폐.

내전과 국경에 몰려온 외국 부대.

무자비한 총독, 공공 안전 위원회, 강철 심장을 가진 최고 위원회.

이것이 소위 민주적이고 사회적인 혁명의 열매이다.

P. -J. 프루동

*

나는 어제저녁 생-니콜라-데-샹Saint-Nicolas-des-Champs 교회가 정치 토론장으로 변모했다는 소식을 듣는다.

*

어젯밤 시청에서 비밀회의 중 격렬한 토론이 있었다는 이야기가 있다. 더 이상 의견이 일치하지 않는다. 일부 회원들은 4월 16일의 투표에서 코뮌에 대한 신뢰가 부족했던 것과 재정적 곤란을 걱정했으며, 몇몇 회원들은 상황을 더 이상 견딜 수 없다고 말했을 것이다.

*

파리의 모든 벽에 오늘 파란색 종이에 인쇄된 게시물이 붙어 있다.

이 게시물은 행정 수반이 자신에게 제기된 모든 정당한 요청을 충실히 이행했음을 명확히 상기시키고 있다. 또한 이러한 진술의 진실성은 의심할 여지가 없으며, 파리를 만족시킨다는 점에서 전쟁이 중단되어야 한다고 주장한다. 저자는 모든 사람의 애국심에 호소하며 싸움을 멈추자고 마무리한다.

사람들은 이 게시물은 일주일 전처럼 찢지 않았을 뿐만 아니라, 열심히 그리고 호감 있게 읽었다. 저자를 추적하고 체포했는지 나는 알 수 없다. 이성의 언어가 우리 사이에서 다시 힘을 되찾고 있는 것일까?

*

성벽에서의 복무를 거부하는 대대의 수가 매일 증가하고 있다. 나는 여러 곳에서 들려온 이 소식을 열심히 기록한다.

*

시민 로셀Rossel이 군사 법원 수장직을 사임한 것이 확인되었다.

시민 로셀은 그의 주재하에 내려진 판결이 임시로 구성된 위원회에 의해 무효화 된 후 사임했다. 해당 판결에는 정식 재판관이 부재한 상황에서 그가 자의적으로 임명한 세 명의 판사가 참여했었다.

4월 27일

베르사유에서 온 속보에 따르면, 남쪽에서 포위 공격 부대가 더 이상 연합군을 물리치는 데만 그치지 않는다고 한다. 이 연합군 요새들에 대한 포격은 25일 이후 계속해서 강하게 이어지고 있다.

어젯밤 자정에 이시 요새에 큰 공백이 생겼고, 그곳의 참호와 포대는 매우 심각한 상태에 놓였다. 그 포격은 잠잠해졌지만, 이 요새에는 지뢰가 설치되어 있어서 점령하기 전에 주의가 필요하다. 그래서 베르사유 부대는 그 요새를 비운 것을 보고도, 점령하지 않기로 판단하고 연합군이 다시 점령하도록 두었다. 따라서 이 요새는 낮 동안 계속해서 포탄을 퍼붓는 샤티용 포대에 이따금 응답할 수 있었다. 방브와 몽루즈도 큰 피해를 보았다.

베르사유 부대는 낮보다는 밤에 또 다른 성공을 기록했다. 그들은 물리노Moulineaux를 점령하는 데 성공했다.

*

오늘 아침 공포된 코뮌의 법령은 다섯 주요 철도 회사들이, 48시간 이내에, 국고에 2백만 프랑을 납부하도록 명령한다. 1870년의 세금 중 10분의 1을 채우기 위해서이다. 회사들은 어떻게 할 것인가?

*

부처 공무원에 관해 매우 중요한 법령이 발표된다. 코뮌의 신문은 11명의 집행관과 3명의 공매인을 임명하는 두 가지 법령을 보도한다.

*

탈영 및 기타 모든 종류의 이탈이 증가하고 있어서 코뮌이 고심한다. 코뮌은 모든 행군 대대가 병영생활을 하도록 결정했다. 이 조치는 급여와 식량을 받으면서도 소집 명령이나 경보 명령에 신속하게 반응하지 않는 사람들이 많아 필요해졌다. 병영의 문은 아주 엄격하게 감시가 이루어지고 있다. 24시간 이내에 성벽으로 호출될 수 있는 모든 남성은 병영에 구금된다. 급여 지급과 식사는 병영 내에서만 이루어진다. 어떤 대대도 자기 지역의 병영에 배치되지 않는다. 몇 시간 전에 리슐리외 거리rue Richelieu에서 메닐몽탕Ménilmontant과 벨빌Belleville의 여러 대대에서 나온 몇몇 그룹을 마주쳤다. 그들은 바빌론 거리의 병영으로 이동하고 있었다.

*

나는 방금 〈페la Paix〉 신문 창간호를 샀다. 이 신문의 제목은 이 신문이 어떤 생각에서 창간되었는지를 말해준다.[71] 솜씨 있게 편집되었으며, 〈비엥 퓌블릭〉의 정책을 이어 가는 것 같다. 즉, 무엇보다 질서와 자유를 동시에 원하는 정책이다. 이 신문의 장수를 기원한다. 그러나 이를 위해서는, 내 생각에는, 첫 번째 호에서 예감하게 해준 용기보다 조금 더 신중할 필요가 있을 것이다. 새로운 신문의 가격은 10상팀이다.

*

---

71. 'la paix'는 '평화'라는 뜻이다.

12구 구청, 혹은 더 정확히 말하자면 코뮌의 강요를 받은 구청은 오늘 공식지에 보도된 다음과 같은 공지문을 게시했다.

"기독교 학교의 수사와 수녀들이 그들의 직위를 포기했다.

모든 세속 교사는 구청의 총무과 사무실로 출석할 것을 요청한다.

우리는 이 공백이 곧 메워지길 바라고, 이제야말로 세속적이고 무료이며 의무적인 교육을 결정적으로 개시할 수 있는 더 엄숙한 기회가 왔다는 것을 모두가 인정할 것이다.

무지와 불의는 이제 빛과 권리로 바뀐다!

코뮌 만세! 공화국 만세!"

모든 파리 사람이 알고 있는 진실을 더 대담하게 왜곡하기는 어렵다.

또한, 종교 시설을 괴롭히는 조치를 다시 상기시키지도 않겠다. 형제회의 총보좌관이 감옥에 갇힌 사실을 상기시키지도 않겠고, 모든 수도회가 수색당하고 약탈당하였으며, 수사들과 수녀들이 그들이 운영하던 교실에서 폭력적으로 추방되었다고 알리기 위해 노력하지 않겠다.

하지만 내가 말하고 싶은 것은, 4월 2일부터 지금까지 기독교 학교의 수사들이 전쟁터에서 목숨을 걸고 부상한 국민방위대를 데려와 치료하고 있다는 사실이다. 그들을 탄압한다는 이 메모를 발표하는 것도 혐오스럽게 느껴질 따름이다.

*

여러 신문이 오늘 베르사유에 제출될 예정인 노동조합연합[72]의

..
72. 노동조합연합(Union syndicale)은 코뮌 당시 파리의 노동조합들과 인터내셔널 대

성명을 보도한다. 이 성명의 제목은 '조정위원회 선언'이다.

여러 측면에서 위원회는 파리를 위해 특별한 권리를 주장하고 있다. 근본적으로 이 문서는 공화주의 연맹의 요구 사항을 다소간 재현한 것이다. 따라서 이것에도 자연스럽게 같은 거부 반응이 정부 측에서 나온다.

*

나는 드브루스Debrousse 씨의 집이 수색당한 것을 그 당시 기록해 두었다. 이 훌륭한 산업가는 최근에 두 번째 수색을 받았다. 금고 수리공들이 국민방위대 부대와 함께했다. 다섯 개의 금고를 강제로 열었다. 작업은 아침 8시부터 시작되어 오후 2시까지 계속되었다. 이 상자에 들어 있던 모든 가치 있는 것들과 문서들이 모두 압수되었고, 특히 상당한 금액의 소지인 명의 채권도 포함되었다.

••
　표자들이 협력해 만든 단체. 노동자들의 삶과 노동의 질을 높이기 위해 노력했다.

4월 28일

몇몇 신문들은 프로이센군이 크레이^{Creil}에서 파리로 가던 보급품 열차를 막았다고 주장하고 있다.

이 소식은 오늘 저녁에 상당히 확실해졌고, 사람들이 불안해하고 있다.

이틀 전부터 더 이상 우유가 도착하지 않는다.

*

어제 국회에서 티에르 씨가 발언한 연설문이 모든 사람의 손에 있다. 오늘 오후에야 도착해서 오늘은 이 정도 요약이 전부이다. 내일이 되어야 이 연설이 여론에 미칠 영향을 기록할 수 있겠다.

*

언론에서는 〈탕〉 신문이 제안한 협상안을 많이 다루고 있다.

이 신문은 25일간의 휴전을 요청했으며, 이 기간에 새로운 코뮌 선거를 국회에서 통과된 법에 따라 진행할 것이라고 한다. 새로운 코뮌만이 베르사유와 협상을 할 권리를 가지게 될 것이다.

이 제안은, 의도는 좋을 수는 있지만, 많은 심각한 반대 의견을 불러일으키고 있다.

이 제안이 현실적이지 않다는 비판을 받고 있다. 우선, 누가 선거를 진행할 것인가? 분명히 이 책임을 3월 18일의 반란 세력에게 맡길 수는 없다. 또한, 10만 명 이상의 유권자가 파리를 떠났다고 한다. 이들을 투표하게 할 방법이 있는가? 유권자 명부는 조작되었으며 재검토가 필요하다, 등등. 이 마지막 반대 의견을 제시한 〈페〉 신문은 다음과 같이 덧붙인다. "우리는, 사실, **국제공화국** 시민임을 자처하는 각양각색의 외국인들과 전과자 집단이 우리 시의회의 투표에 참여하는 것을 허용할 수 없다."

*

파리 인쇄업자 대표들은 3월 18일 이후 여러 신문을 폐지한 법령의 철회를 요청하고 있다. 그들은 옛 인쇄업자들이 언론의 자유를 계속 지지해 온 사실과 이 조치로 인해 생계가 어려워진 수많은 가족을 대신하여 코뮌에 호소하고 있다.

*

또 다른 교회, 생트–마르그리트Sainte-Marguerite 교회가 코뮌 요원들의 수색으로 모독당했다. 이번에는 아무것도 훔치지 않았다. 대신 예배에 사용되는 물품들에 대한 일종의 목록을 작성하고, 이 물품들이 외부로 반출되는 것을 막기 위해 10명의 병력이 부속실에 배치되었다.

*

연합군의 폭음은 너무나도 커져서, 코뮌이 술타령의 추한 악습을 방조함으로써 정해놓은 목표를 날마다 더 초과하고 있다.

최근 전쟁부 대표는 문제의 심각성을 파악한 후, 술에 취하는 다수의 사례가 포도주의 변조로 인해 발생했다고 믿는 척했다. 그 결과, 그는 부대가 소비한 포도주 2데시리터를 매일 아침 제출하라고 명령했다.

오늘 그의 배려는 한 걸음 더 나아가서, 공식지에 게재된 법령을 통해 르발루아Levallois, 클리시Clichy, 생트-우앙Saint-Ouen의 주점들이 오후 2시에 문을 닫도록 지시했다. 이는 의미심장하다. 이 마을들은 17일, 정규군이 아스니에르Asnières를 점령한 후 연합군이 후퇴한 곳이다.

4월 29일

공공 및 민간 행정기관, 많은 공장, 작업장에서, 직원과 노동자들이 저지를 수 있는 위반 사항을 규칙으로 명시하고, 이를 위반한 자에게 부과되는 벌금을 정하고 있다. "약속이 법을 만든다"라고 사람들이 보통 말하곤 한다.

코뮌은 이에 동의하지 않고, 오늘 아침 공식지에, 행정 책임자와 직원, 고용주와 노동자 간에 맺는 이러한 성격의 규칙과 계약을 금지하는 법령을 발표한다.

결근, 실수, 작업의 불량, 즉 한마디로 규칙을 위반한 직원이나 노동자가 전에는 경미한 벌금으로 해결할 수 있었지만, 이제는 해고 될 수도 있다.

이렇게 벌금으로 생긴 공제금은 어디에서도 고용주의 이익으로 돌아가지 않았다. 이 공제금은 질병 시 당사자들에게 도움을 주거나, 연금 기금을 위한 공동 기금으로 사용되었다.

*

코뮌은 법령을 만드는 것에만 그치지 않고, 사람들에게 수수께끼 같은 요청을 한다. 예를 들면, 직업적으로 버섯을 재배하는 모든 사람은 그들의 주소를 정부에 보내야 한다.

공식지에서 이렇게 농부들에게 요청한다. 나는 이 멋진 식물을 재배하는 한 농부를 보았는데, 그는 그 요청을 이해하지 못해서 참여하기를 꺼린다.

*

같은 신문에는 연합군 장교들의 정직함을 인정하지 못하는 메모가 포함되어 있다. 클뤼즈레 장군은 일부 장교들이 직무를 그만두면서 "더 이상 그들의 소유물이 아닌 장비와 무기를 가지고 간다."라고 말한다. 장비와 무기의 도둑질은 분명히 큰 규모로 이루어졌으며, 이에 따라 전쟁부 대표의 다음 발언도 이해가 된다. "코뮌에 큰 비용을 초래하는 남용을 끝내야 한다."

27일 회의에서의 티에르 씨의 연설에 대해 모두 찬성하는 분위기이다. 그는 훌륭한 효과를 거두었다. 사람들은 행정부 수반이 계속 화해의 조처를 유지했고, 피를 흘리지 않기 위해 계속해서 노력을 기울인 것에 대해 감사하고 있다. 사람들은 또한 그의 단호함을 아낌없이 칭찬한다. 그는 국회의 권위로 인정된 유일한 정식 권력만을 존중하고, 다른 것은 인정하지 않는다고 분명히 말한다. 반란군과는 협상하지 않는다는 것이다.

*

오늘의 주요 사건은 프리메이슨의 시위이다.

2,000에서 3,000명의 '형제들'이 모여, 몇몇 코뮌 회원들과 함께 포르트 마요로 이동하여 그들 명예의 상징을 성벽에 세웠다. 거기서 몇 명의 대표들은 평화의 말을 전하기 위해 베르사유로 이동해야 했다. 공화주의 연맹은 행정부를 만날 때, 적어도 겉으로는 코뮌과 어떠한 사전 약속도 없는 것으로 보였으며, 그들의 개입이 코뮌과는

전적으로 독립적이라고 공표했다. 그러나 프리메이슨은 다르다. 그들은 오히려 코뮌의 후원 아래 시위를 조직하고, 코뮌의 주장을 받아들이고 확대했다. 결국, 메이슨 단체의 이른바 고위 인사들에게서 버림받은 상태로 이 일부 메이슨 회원들은 시청의 승인을 받은 후 행진을 시작했다.

*

펠릭스 피야Félix Pyat는 사임을 철회했다. 그는 자신의 지역구 시민들의 간절한 요청을 받아들이기로 했다고 말한다.

4월 30일

지난밤에 공격이 있었다. 이 공격은 확실히 베르사유 측의 주도로 이루어졌고, 목표는 여전히 연합군에 의해 일부 점령되어 있었던 물리노Moulineaux 마을과 클라마르Clamart 역이었다.

간략하게 상황을 요약한다.

이미 참혹한 상태였던 이시 요새와 성벽이 9시부터 포탄으로 덮였고, 연합군은 무너진 성벽과 파괴된 요새로 인해 제대로 보호받지 못한 채 응전하려고 노력했다. 그들은 최선을 다해 방어에 집중했다.

그동안 두 개의 정규군 부대가 방해받지 않고 진격했다. 한 부대는 클라마르역 방향으로, 다른 부대는 여전히 연합군이 장악하고 있는 물리노 지역으로 향했다. 곧 두 진영 간에 총격전이 벌어졌다. 두 시간의 전투 끝에 연합군은 요새 아래로 무질서하게 후퇴했다. 내가 포격이 멈추는 것을 확인한 시점인 자정에 베르사유 군대는 물리노, 클라마르역, 그리고 이시 공원의 일부를 점령하고 있었다.

이 작전의 중요한 결과는 이렇다. 베르사유 군대가 약간의 손실을 보았지만, 반란군에게는 가장 큰 피해를 당한 전투 중 하나였다. 제161대대가 문자 그대로 대파되었다고 한다.

오늘 아침 11시, 연합군은 이시 요새를 버렸다.

〈주르날 드 파리〉는 이에 대해 다음과 같이 말한다. "우리는 이 요새의 주둔군이 철수하는 참담한 광경을 목격했다. 불쌍한 국민방위대는 낙담하고 피폐한 상태에 있었다. 그들은 항상 그렇듯이 자신들이 배신당했다고 반복했다. 하지만 이번에는 철수가 적어도 외관상으로는 실제였다. 요새의 지휘관인 유명한 시민 메지Mégy와 그의 장교들은 명령도, 피난처도 없이 요새의 주둔군을 포탄의 빗속에 방치했다.

이미 3일 동안 요새와 거의 완전히 파괴된 성벽 뒤에서 큰 고통을 겪고 있는 연합군은 무엇을 할 수 있었을까? 그들은 철수했다. 우리는 그들이 행정부에 의해 겁쟁이로 취급될 것으로 예상한다."

*

나는 북부 철도 회사가 코뮌에 필요했던 200만 프랑 중에서 303,000프랑의 기여금을 납부한 공식적인 사실을 기록하게 되어 유감이다.

*

이 사실과 두 명의 공증인 임명은 오늘 아침 신문이 4월 30일 내 기록을 채워줄 수 있는 전부이다. 또한 29일의 군사 작전에 대한 거짓 보고서를 참고로 남긴다.

*

최근에 '상업 및 생계' 대표는 식료품 가격 인하를 발표했다. 그러나 이러한 가격은 상당히 상승하고 있다.

쇠고기 500그램당 1프랑 50상팀, 양고기 1프랑 70상팀, 돼지고기 1프랑 70상팀, 송아지고기는 (기억에 의하면) 오래전부터 더 이상 없다. 보통 크기의 토끼 한 마리 5프랑, 양배추는 (기억에 의하면) 어떤 시장에서도 찾아볼 수 없다.

8개의 정어리가 들어 있는 정어리 통조림은 가격 인하 발표 당시

1프랑이었으나, 오늘은 1프랑 80상팀이 되었다. 그리고 다른 것들도 마찬가지이다.

*

어제 독일의 개입에 대한 소문이 퍼졌다. 오늘은 그 소문이 어느 정도 신빙성을 갖추고 있는 것 같다.

생—드니Saint-Denis에서 지휘하는 드 파브리스de Fabrice 장군이 다르부아Darboy 주교의 석방을 코뮌에 요청했다고 한다. 이 요청은 혁명 회의에서 약간의 소란을 일으켰다.

*

독자들은 정부가 〈공식 신문〉을 통해 버섯 재배자들에게 그들의 주소를 제공하라고 한 요청에 대해 파리 시민들이 놀랐다는 내용을 읽었을 것이다.

최소한 용어상으로 이상했던 이 요청이 오늘 설명된다. 정부가 그 생산자들과 연락하려 했던 것은 귀중한 균류에 대한 순수한 관심에서가 아니었다. 오직 그들만이 몽루주 지역 지하에 펼쳐진 채석장에 대한 정보를 제공할 수 있기 때문이었다. 이 지하 채석장은 버섯 재배자들에게 잘 알려져 있다. 따라서 농업과 공공 식품은 이 사건과 무관했다. 나는 어느 정도 짐작하고 있었다.

5월 1일

며칠 전부터 시민 클뤼즈레의 별이 코뮌에서 빛을 잃어가고 있다. 오늘 아침의 공식지에 따르면 그의 체포 소식이 다음과 같이 전해졌다.

"시민 클뤼즈레는 전쟁부 대표로서의 직책에서 해임되었다. 그의 체포는 집행위원회가 명령했고, 코뮌이 승인했다."

전쟁부 대표가 갑작스럽게 실각을 한 진짜 이유에 대해 여러 가지 설이 돌고 있다.

29일 연합군이 겪은 중대한 패배도 그와 무관하지 않을 것이다. 하지만 연합군 총사령관이 독재하려 했을 것이라는 이야기와, 권위가 날로 커지고 있는 시민 들레스클뤼즈Delescluze와의 갈등이 있었다는 이야기도 있다. 이 갈등의 결과로 시민 들레스클뤼즈가 클뤼즈레 장군의 해임뿐만 아니라 체포까지 요구했을 것이다.

전쟁부 장관의 해임과 체포가 단지 군사적인 실패에 대한 처벌로만 보려 하지 않는 사람들은, 주요 인사들을 감금하는 것이 코뮌이 가장 심각한 패배를 시민에게 알리는 유일한 방법임을 상기시킨다. 그러면 기억 속에 뤼리에Lullier와 베르즈레Bergeret의 이름이 떠오른다. 조치의 원인이 어디에 있든, 이 조치는 코뮌 아래서도 타르페이아 바위가 카피톨리노[73]에 가깝다는 것을 다시 한번 증명한다.

*

시민 로셀Rossel이 전쟁부의 시민 클뤼즈레를 대신하게 되었다. 이 인물은 전임자의 참모총장이자 군사 법원의 수장이었다.

공병 대령의 직함을 가진 로셀 씨는 불만을 품은 전직 정규군 장교라고 한다.

*

나는 이 일일 기록에서 이 사실을 이미 기록했었다. 시청에 앉아 있는 국제적인 사람들로부터 시청에 속한 많은 직무 중 하나를 누군가 맡기만 하면, 전쟁, 행정, 재정, 정치, **사회적 경제** 문제에 무지할수록 더 많은 능력과 지식을 보여주며, 더욱 성공을 거둘 수 있다. 그들이 시청에서 나올 때는 항상 변해서 나온다.

여기 새로운 증거가 있는데, 나는 이것을 오늘 자 코뮌 신문에 삽입된 보고서에서 인용한다.

G. 메G. May와 엘리 메Élie May 두 사람은 모두 가짜 보석과 보석세공품을 거래하는 잡화상들이었고, 게다가 유대인이기도 했다. 이들은 3월 18일 이전에 정해진 시간 동안 통로나 대로의 카페, 예를 들어 바리에테 대로boulevard des Variétés의 카페에서 자신들의 작은 장사를 하고 있었다.

3월 18일이 되었다. 시민 외드Eudes는 자신을 장군이라고 부르기 시작하고, 시민 G. 메를 불러 그에게 **총무 총괄책임자** 직위를 부여한

● ●
73. 고대 로마에서 카피톨리노는 권력의 중심지. 타르페이아 바위는 사형수를 처형하던 낭떠러지이다.

다.

이렇게 임명하는 것보다 쉬운 일은 없다.

자 이제 내가 방금 상기시킨 특별한 배경 덕분에, 이 중요한 직책을 위해 메 형제가 매우 잘 준비되어 있었기 때문에 (우리는 곧 그들이 가짜 보석을 거래하듯이 이 직책을 반반씩 맡아 수행했다는 것을 알게 될 것이다), 그들은 이 직책을 훌륭히 수행했다. 그들은 내가 언급한 보고서에서 이를 직접 증언한다.

형은 먼저 정확하지 않은 프랑스어로, 외드Eudes 장군이 그를 "총무직을 맡고, 수행하라고 지명했다"라고 우리에게 말한다. 총무직을 맡고, 수행하게 되자 그는 '대중에게 응대하는 직원'들을 임명한다. 대중에게 응대하는 직원들이 있다는 것은 전례가 없는 일이었다. 이 어려운 일을 달성한 것은 시민 메 덕분이었다.

그러나 총무 책임을 맡고 운영하는 일은 한 사람에게는 무거운 짐이다.

총무 총괄책임자가 된 시민은 무엇을 할까? 인용해 보면, "나는 내 동생 엘리 메의 헌신을 요청할 수밖에 없었다. 나는 그에게 특정부서 총무 책임자 직위를 부여했다."

이후 그는 '담배 총괄 관리'를 맡게 되었다.

메May 형제는 충분히 재능이 있는 것 같다. 금박 보석, 가짜 보석, 담배 총괄 관리, 군대의 보급 행정의 방대한 관리 등 그들은 아무것도 두려워하지 않는다. 모든 일에 능숙하다, 그렇지 않은가?[74]

..
74. 저자의 이러한 표현은 거리 상점에서 일하는 유대인을 바라보는 차별적 시각을 나타낸다.

*

현재 코뮌은 특정 구역에서 얼마 전 설정한 소위 과세 목록을 징수하려고 한다.

그들은 소유주들에게 1871년의 세금을 납부하라고 요구하고 있다. 그들은 경고를 배포했다.

소유주들의 일반적인 입장은 이렇다.

1. 그들은 강요받아 어쩔 수 없을 때 납부할 것이다.

2. "잘못 납부한 사람은 두 번 납부한다"라는 말이 있듯이, 그들은 강제로 요구된 금액을 내면서 집행관의 중재를 요청하여, 그들을 강제로 납부하게 한 모든 불법 행위를 준비하고 실행하는 데 참여한 세무관, 재정 담당자 및 기타 모든 공무원 또는 자칭 공무원에게 자신들의 권리를 잃지 않으려 한다.

나는 이런 입장을 지지한다.

*

어제 루브르 박물관 마당에서 소위 도민 집회가 열렸다.

게시문을 통해 파리에 거주하는 **지방 출신**의 모든 시민에게 호출 명령이 내려졌다. 명분은 항상 같다. 화해라는 명분이다.

이 집회를 주재한 밀리에르Millière 씨는 이 소환에 응한 몇백 명의 사람들을 자신의 출신 지역의 **대표자**로 간주했다.

이것은 함정이었다.

밀리에르 씨는 사전에 단순명료하게 코뮌에 대한 지지를 표명하는 문서를 준비해 놓았고, 서명을 요청했다. 그리고 특히 코뮌과 공모하여 회의를 조직한 사람들로부터 몇몇 서명을 얻었다. 그런 다음, 그러한 상황에서 항상 있는 호기심 많은 사람에 에워싸인 채, 서명자들은 시민 밀리에르를 앞세우고 그들의 문서를 시청으로 가져갔다.

이 시위에 참여한 사람들은 대부분 오랫동안 고향을 떠나 있었으며, 대부분 돌아갈 생각도 없다. 그렇지 않다고 해도, 하루아침에 이러한 성격의 회의에 참석하여 자신들이 고향을 대표하고 그들의 바람, 필요, 소망을 표현하려고 하는 것은 어떤 자격으로 가능한 일인가? 이러한 임무, 권한, 의무가 있는 유일한 회의는 국가 자체로부터 권한을 부여받은 국민대표부[75]이다. 국민대표부는 루브르 박물관 마당에 모이는 것이 아니라 베르사유에 모인다.

*

'시 자주권'을 옹호하는 또 다른 사람이 여기 있다. 그는 확실히 우리나라에서 태어난 것이 아니며, 어느 프랑스 시청도 그의 출생 기록을 증명할 수 없다. 그는 뇌이이에서 지휘하는 총사령관의 전령 장교이고 이름은 파타펭키Patapenki이다. '키'는 충분히 폴란드식이지만, '파타펭'은? '파타펭'은 3월 18일부터 수많은 외국인의 국적을 밝히기 위해 노력해 온 전문가들조차 당황하게 만든다. 이런 수많은 외국인의 손에 이 불행한 대도시의 운명이 떨어진 것이다.

---

75. 국민대표부(Représentation nationale)는 프랑스 국회를 말한다. 나폴레옹 3세가 전쟁 패배 후 실각하고 제3공화국이 선포된 뒤 1871년 2월 8일 국회가 설립된다. 이 국회는 남성 보통선거로 선출된 638명의 의원으로 구성되고, 처음에는 보르도에 있다가 1871년 3월 베르사유로 옮긴다. 제3공화국은 1940년까지 이어진다.

5월 2일

코뮌이 창설한 공안위원회는 '다섯 명의 위원으로 구성'되며 '모든 위원회와 대표단에 대한 광범위한 권한'을 가진다.

이 위원회는 '코뮌에만 책임을 진다'라고 되어 있다.

이 마지막 문장은 사회주의적이고 코뮌적인 프랑스어여서 완전히 이해되지 않는다.

그러나 첫 번째 법령에 이어지는 두 번째 법령은 이해하기 쉽다.

"코뮌은 (…).

다음의 법령을 발표한다.

코뮌의 위원은 코뮌의 재판권 외에 다른 어떤 재판권에도 소환되지 않는다."

이는 코뮌이 자신이 설립한 법정에서조차 두려움을 느끼고 있으며, 따라서 자기 위원들에 대해 스스로 법정임을 선언하여 미리 대비한다는 의미이다.

나는 이 두려움이 정당하다고 생각하지만, 평등 원칙에 새로운 손상을 입힌다는 점에서 이렇게 대비한 것을 비판한다. 그러나 어쨌든 평등 원칙은 3월 18일부터 시청에서 여러 번 손상을 입었기 때문에, 한 번 더 손상된다고 특별히 더 대단한 것은 없다.

〈코뮌 신문〉의 공식 난에는 이 법령만 포함되어 있으며, 이것으로 충분하다.

*

하지만 어제와 마찬가지로 신문 비공식 부분이 또다시 나의 시선을 끌었다.

내가 몇몇 사례를 수집한 이런 엉터리 프랑스어로 글을 쓰고 말하는 것은 행정 관리부에만 해당하는 것이 아니다. 이는 연합군 작전 중대에서도 넘쳐난다.

나즈Naze 지휘관은 이시 요새를 방어하고 있었다. 그는 요새를 넘기라는 독촉을 받은 상황을 다음과 같이 상부에 보고한다. "제110대대의 지휘관은 적의 군사軍使에게서 요새를 넘기든가 아니면 **총살당하라는 명령을 받았다**."

이어서 "내 대대가 수행한 수많은 용감한 행위를 열거하기는 어렵다."라고 말했다.

그러나 지휘관에게 총살 명령이 내려졌고, '수많은 용감한 행위'가 거의 이루어지지 않았던 제110대대에는 여전히 눈에 띄는 장교들이 있었다. 보고서에는 그 이름이 나열되어 있는데 마지막에 이렇게 적혀있다. '메나르Ménard라는 이름의 소위'.

이런 보고서를 작성하고 죽다니! 왜냐하면 나즈 지휘관은 머지않아 전사할 것이기 때문이다.

이시 요새의 방어책임자는 전쟁부 대표에게 이렇게 결의를 알린다. "내일 내가 희생자 수를 완성할 것이다."[76]

• •
76. 여기서 저자는 코뮌 지휘관이 프랑스어가 서툴다고 말하려는 것이다. '총살 명령

*

아직 남아 있는 몇몇 석간신문은 공안위원회를 창설하는 법령에 강하게 반대하고 있다. "필연적으로 93년[77]을 표절할 운명을 가진 시청의 사람들이 이 불길한 단어와 아이디어를 발굴한 것은 당연했다."라고 한 신문이 말한다.

또 다른 신문은 "코뮌은 93년의 사람들을 모방하려는 열망에 사로잡혀 있다. 머지않아 우리는 혁명 재판소가 나타나는 것을 보게 될 것이며, 단지 샤스포 소총이나 기껏해야 더 **빠른** 기관총이 단두대를 대신하게 될 것이라는 차이만 있을 뿐이다."라고 말한다.

문제의 법령은 모든 벽에 붙어 있다. 이날의 공고문을 읽는 그룹에서는 불쾌한 재판소를 떠올리는 기억들이 모두에게 되살아났다. 그렇지만 누구도 의견을 공식화하거나, 생각을 표현하거나, 느낌을 나타내지 않는다. 사람들은 그것을 읽기 전보다 더 슬픈 마음으로 그룹을 떠났다. 그리고 만약 두 친구가 함께 읽었다면, 그들이 물러가며 아주 낮은 목소리로 서로에게 생각을 전했을 것이다. 그 생각은 변함없이 같은 질문으로 끝났는데, 그 질문은 한 달 전부터 아주 두려운 느낌으로 반복되던 것이다. "우리는 어디로 가고 있는가?" "우리는 어디로 가고 있는가?" "언제 이 모두가 끝날 것인가?"

을 받다(ordonnait d'être passé par les armes)'는 적에게서 받은 통지를 알리는 표현으로 적합하지 않고, '수많은 용감한 행위(nombreux actes de bravoure)'는 지나치게 수사적이어서 보고서에 어울리지 않고, '라는 이름의(nommé)'라는 표현은 군대에서 쓰지 않는 표현이다. 또한 '희생자 수를 완성할 것(je compléterai le nombre des tués)'도 과도하게 문학적, 감상적이라는 것이다.

77. 93년은 1793년을 말한다. 대혁명 후 공포정치가 시행되던 해로서 그때에도 공공안전 위원회가 있었다.

오늘 밤과 낮의 포격은 마무리되었다. 이시 요새는 거의 파괴되었다. 베르사유 병사들은 이를 점령할 수 있지만, 원하지 않았다. 그들은 더 이상 요새의 포격을 두려워하지 않게 되었고, 그것만으로도 충분하다.

한편, 내가 앞서 말했듯이, 지뢰가 묻혀 있고 폭발할 수도 있다는 두려움 외에도, 방어벽과 방어 진지가 이토록 파괴된 장소를 점령하는 것은 위험했다.

만약 그곳에 정부군이 자리 잡았다면, 방브의 포대와 소형 함선들에 대해 명백하게 불리한 위치에서 싸워야 했을 것이다. 따라서 방브와 센강의 소형 함선들이 무력화될 때까지 이시를 점령하지 않을 것이다.

이제 모든 정규군의 작전이 방브, 몽루주, 센강 소함대에 집중되고 있다.

*

체포와 수색이 계속되고 있다. 심지어 증가하고 있다.

그랑드–아르메 대로avenue de la Grande–Armée에 있는 내무부 장관 에르네스트 피카르Ernest Picard 씨의 거주지가 약탈당하고 파괴되었다. 지하 저장고도 잊지 않았는데, 사실 어느 곳도 그냥 넘어가는 법이 없다. 인간 사냥도 계속되고 있다. 가장 충실한 코뮌 병사들이 여기에 투입되고 있음은 말할 필요도 없다.

신문 〈페〉와 〈에코 뒤 수아르l'Écho du soir〉는 오늘 발행되지 않았다. 이들이 폐간된 것으로 알려졌다. 〈공식 신문〉은 코뮌의 이러한 소위 새로운 자유주의 행위에 대해 침묵하고 있다.

5월 3일

코뮌은 자신의 신문 공식 난에 게재된 메모에서 정부 사절단 깃발에 대한 존중 방식을 다음과 같이 제시한다.

"정부가 사절단을 파견하는 것은 때때로 전쟁 술책을 은폐하기 위한 것이다. 비록 적이 공격을 중단했더라도, 사절단을 맞이하기 위해 우리 측의 공격을 중단해서는 안 된다."

이와 같은 선언은 부연 설명이 필요하지 않다.

*

같은 신문은 코뮌 회의에서 공안위원회의 구성이 결정되었다는 회의록을 게시한다.

시민 미요Miot는 이 법정의 설립을 촉발한 최초의 사람 중 한 명이었다. 그는 이런 사실을 상기시키고 다음과 같은 불길한 약속으로 끝맺는다.

"일반적으로 코뮌은 나약하고 무기력하다고 비난받고 있다. 방어하기 위해 새로운 추진력을 제공할 위원회, 배신자들의 머리를 베어버릴 용기를 가진 위원회가 필요하다."

*

자신의 역할을 점점 더 진지하게 생각하는 코뮌은, 보다 정확히 말하면 법무부 대표인 시민 프로토의 공식 서명을 받은 집행위원회는 파리에서 5명의 치안 판사와 4명의 서기를 임명했다.

*

코뮌의 명령에 따라 몇몇 공증인들의 사무실이 폐쇄되었다.

*

〈나시옹 수브렌 *la Nation souveraine*〉 신문은, 강력하게 구상하고 작성한 기사를 통해, 우리가 처한 중대한 상황에서 언론이 해야 할 역할을 성찰한다.

기사는 3월 18일 이후 파리가 처한 절망스러운 장면의 생생한 진실을 기술한 후, 다음과 같이 결론을 내린다.

"파리의 가장 확고한 권리 회복 목표를 위한 공동 행동을 조율하기 위해 언론이 각 구성원 간에 생각, 원칙, 긴급성을 토론하는 일종의 회의를 주도하기가 왜 그렇게 어려운가?

내전을 시민 투표로 전환하자고 제안하고, 도시의 안녕을 위해, 파리에 있든 없든, 모든 시민이 참여하도록 하는 선언문을 언론이 발표하기가 왜 그렇게 어려운가?

이제 파리에서 유일하게 남은 행동 주체는 언론이다. 따라서 언론의 의무는 행동하는 것이다.

(…) 만약 우리의 재앙이 완성된다면, 그것이 완성되어야 한다면, 사람들은 미래에 우리의 잔인하고 무능한 실패를 바라볼 것이다. 지금, 이 순간 일어나고 있는 일은 미래의 기억과 역사 속에서 절대적으로 이해할 수 없을 것이다.

프랑스와 세계 앞에서, 시민 전체가 자신의 피, 재산, 권리, 명예를 자기 의사에 반하여 무기력하게 포기하는 것에 대해 미래의 사람들은 경멸하고 놀라지 않을 수 없을 것이다.

그리고 사람들은 이렇게 말할 것이다. '그리고 언론도 무기력했다!'"

이 기사는 오늘 저녁 정치 클럽에서 많이 읽혔고 매우 높이 평가되었다. 〈페〉와 〈에코 l'Écho〉를 폐간한 다음 날이어서 더욱 대담하게 여겨졌다.

*

이시 요새를 지휘하던 시민 메지의 체포 소식을 발표한다.

*

새로운 전쟁부 대표인 로셀 씨가 우리 군대 출신의 불만족한 장교였다고 내가 말할 때 나는 올바로 알고 있었다.

로셀 씨는 에콜 폴리테크닉 École polytechnique을 졸업하고 아직 서른이 되지 않았던 전쟁 초기에 공병 대위였다. 메츠 Metz에서 포로가 되었으나 탈출에 성공하여 투르 Tours 위원회[78]에 합류했다. 그는 독재자 강베타 Gambetta의 마음에 들어 단번에 대령으로 승진했다. 이 임명은 2월 19일 정부에 의해 비준될 수 없었고 비준되지 않았다. 이에 따라 로셀 씨는 불만을 품게 되었고, 현재 그가 차지한 위치에 있게 된다.

*

방돔 기둥 철거가 예정된 날은 5월 8일이다.

어제부터 그 받침대를 둘러싼 비계가 설치되고 있다.

..
78. 투르 위원회는 프랑스–프로이센 전쟁 중 정부를 대표하는 위원회이다. 투르는 파리가 포위된 뒤 임시 수도가 되었다. 투르 위원회는 전쟁을 치르고 나라를 임시로 운영하는 임무를 맡았다.

5월 4일

"폐간된 신문들의 정책을 따르겠다."라는 확신이 있던 〈나시옹 수브렌〉 신문이 코뮌의 명령에 따라 폐간되었다.

이 불행한 신문은 19호가 마지막이다. 〈에코 뒤 수아르〉는 6호, 〈페〉는 고작 4호만 발간했다.

코뮌과 제빵업계는 합의에 도달하지 못하고 있다. 코뮌은 비도덕성과 존엄성을 이유로 제빵사들의 야간작업을 금지하려 한다. 이와 관련된 첫 번째 명령이 내려진 것이다.

이들은 노동의 자유를 주장하고, 자신들과 같이 공익을 위해 밤에 일하는 수많은 직업을 언급하며 코뮌의 법령을 반박한다. 그들은 자신들을 위해 만들어진 코뮌의 법령을 무시하고, 항의하며 계속해서 반죽하고 빵을 굽고 있다.

오늘 아침 공식 신문에 발표된 새로운 법령은 금지를 재확인한다. 법을 위반하여 제조된 빵은 압수하는 것으로 처벌한다.

석방 이후 시민 아시Assi에 대해서는 별다른 소식이 없었다. 며칠 전 그는 전쟁 탄약 제조에 관한 조사 위원회로 배정되었다. 그는 첫날에 맡았던 중심적인 역할에서 멀리 떨어져 있다. 그가 바로 3월 29일에 '코뮌의 성대한 선언식'을 주재한 사람이 아니던가? 여기 말하기 어려운 것이 있다. 코뮌은 자신들의 회의에 아무도 입장시키지 않았고, 회의록을 복제하는 것도 허용하지 않았음에도 불구하고, 이 회의록이 〈파리-주르날〉의 지면에 계속해서 게재되는 것을 보고 놀랐다.

이 신비를 밝힐 수 있는 몇 가지 비밀 정보가 나왔다. 〈파리-주르날〉은 회당 15프랑의 가격으로 회의록 복사본을 사들였다는 것이다. 시민 아시의 감금이 이러한 폭로와 시기적으로 일치한다는 것이 주목되었다.

*

코뮌이 폐지한 첫 10개의 신문은 5,000명의 노동자를 강제로 실업 상태에 빠뜨린다. 이 수치는 신문사 자체에 의해 신중하게 작성된 통계에서 나온 것으로서, 그 정확성을 입증하는 자료와 함께 코뮌에 제출되었다.

*

방금 코뮌의 5월 2일 자 회의록을 읽었다. 그 회의에서 재무부 대표 시민 주르드Jourde가 재정 상황을 보고했다.

4월 30일 현재, 현금 잔고는 875,827프랑 58상팀만 남아 있었다. 3월 20일부터 4월 30일까지, 코뮌은 2천5백만 프랑을 사용했으며, 하루에 50만 프랑을 소비했다. 이를 정당화하는 어떤 설명이나, 통제나 검토를 할 수 있게 해주는 세부 사항도 당연히 제공되지 않았다.

전쟁부에만 2천만 프랑이 지급되었다. 그 '전쟁부'를 지켜 왔던 시민들이 이 금액으로 무엇을 했을까? 그들 자신도 알고 있을지 나는 모르지만, 내가 확실히 아는 것은 이 금액의 원래 주인이었던 프랑스는 그 사용처를 영원히 모를 것이라는 점이다.

*

베르사유군이 또 다른 성공을 거뒀다. 어젯밤 물랭–사케Moulin-Saquet를 어렵지 않게 기습 점령했다.

이번 원정이 어떻게 이루어졌는지 다음과 같다.

새벽 1시쯤, 매우 소수의 보병 부대가 빌쥐이프Villejuif의 참호에서 나와 보루로 접근했다. 농민으로 변장한 병사들이 이끄는 소 떼가 부대 앞을 걸어갔다. 베르사유군을 지휘하는 장교는 연합군의 암호를 알고 있었고, 이를 확인하러 온 상사에게 암호를 말했으며, 이에 따라 병사들은 비상경보 없이 보루에 진입할 수 있었다. 들어서자마자, 그들은 전날의 공격으로 지쳐 거의 모두 잠들어 있던 수비대를 공격했다. 제55대대와 제120대대 등 두 부대가 거의 완전히 포로가 되었다.

준비된 이송용 말을 보루의 대포와 기관총에 연결했으며, 병사들은 다른 모든 무기와 탄약과 함께 이를 옮겨갔다.

이 대대가 속한 고블랭Gobelins 지역에서는 동요가 크게 일었다.

5월 5일

오늘 아침 코뮌은 적어도 이미 절반 정도는 열린 문을 두드린다. 시청의 공식 기관지는 정치적 서약과 직업적 서약의 폐지[79]를 규정하는 법령을 발표한다.

9월 4일 정부는 출발하자마자 이 맹세 중 첫 번째를 폐지했다. 두 번째 맹세를 폐지할 긴급성이나 필요성은 무엇이었을까?

코뮌의 법령에는 이에 대해 우리에게 설명하는 어떠한 근거도 없다.

*

말을 파리 밖으로 반출하는 것이 15일 이상 동안 사실상 금지되었었다. 오늘 코뮌의 명령으로 이것을 규정화한다. 이제부터는 법령을 손에 들고 코뮌의 경비병들이 이 동물의 반출을 금지할 것이다.

이 금지의 목적은 무엇인가?

공공 식량 공급을 위한 것인가, 아니면 전쟁의 필요를 위한 것인가? 이전의 경우와 마찬가지로 공식 법령은 이에 관해 설명하려 하지 않는다. 그러나 법령이 확실하게 우리에게 말하는 것은, 예를 들면,

---

79. 정치적 서약은 특정 정치 체제에 대한 충성을 맹세하는 것이고, 직업적 서약은 특정 직업군의 윤리와 책임을 다하겠다는 것이다. 이를 폐지한다는 것은 정치적 자유를 증진하고, 직업윤리를 개인의 양심과 판단에 맡기겠다는 의미일 수 있다.

말이 성벽을 넘게 하려는 시도는 말의 가치의 '3배에 해당하는' 벌금으로 처벌될 것이라는 점이다.

*

국민방위대 연합 중앙위원회의 권력과 권위는 계속해서 어디에서나 느껴졌지만, 코뮌 설립 이후에는 더 이상 공식적인 성격은 없었다.
이제 보완되었다. 이 위원회는 전쟁 행정을 담당하게 될 것이라고 코뮌이 결정했다. '군사 작전 지휘권'만이 대표에게 맡겨졌다.
이 조치에는 아마도 심각한 이유가 있을 것이다. 이는 3월 18일 운동의 주동자들을 공식적으로 다시 업무에 복귀시키는 것이다.

*

공증인 사무실의 문서에 봉인한 경찰서장은 리옹 형사 법원에서 배임죄로 15개월의 징역형을 선고받은 크레디 코메르시알 뒤 론 Crédit commercial du Rhône 은행의 운영자였던 오베 Hauvet 씨이다.
그에 대한 판결은 항소심에서 확정되었다. 이 코뮌의 경찰서장은 푸아시 Poissy에서 형을 복역했었다.

*

코뮌의 한 대표가 길거리에서 직접 국민방위대의 제1연대장을 체포했다.
제14연대장도 체포되었다.

*

에밀 드 지라르댕 Emile de Girardin 씨가 다시 어려운 일을 맡는다. 오늘 저녁, 이 언론계 원로의 새로운 신문 첫 호가 발행된다. 이 신문의 이름은 〈위니옹 프랑세스 l'Union française〉이다.
이번에 그가 내건 깃발은 '연방 공화국'이다. 〈리베르테〉의 전 편집장이었던 그의 계획의 핵심은 프랑스를 미국 연합과 같은 15개의 주로 나누는 것이다.

이러한 프로젝트의 적절성을 판단하는 것은 내 역할이 아니다. 그렇지만 파리 사람들은 만약 내일 국회의 법령으로 지라르댕 씨의 조언을 따라 그렇게 결정된다고 해도, 내란이 멈추고, 반란자들이 무기를 내려놓고, 우리 사이에 질서와 개인 및 공공 안전이 보장될 것이라고 확신하지 않는다.

그렇다. 지라르댕 씨는 우리에게 현 사태의 해결책을 제공하지 못한다.

반대로 지라르댕 씨는 우리가 처한 심각하고 고통스러운 상황에서, 3월 18일의 사람들에게 어느 정도 도움을 주는 잘못된 행동을 하고 있다. 이는 현재 시청에서 승리를 거두고 있는 사람들에게 주지 말아야 할 도움을 주는 것이다.

*

오늘 저녁 6시 반에 몽마르트르에서 내려오는 대로에서 연합군 제147대대가 행진했다. 선두에는 처음으로 제네바 십자가를 팔에 두르고 가슴에 빨간 어깨띠를 걸친 약 12명의 간호사가 있었다. 이 구급대원들의 복장이, 옷을 잘못 입었다고는 할 수 없으나, 더럽다는 점에서 성실한 노동자의 아내들로 보이지는 않았다. 잘못 입은 것과 더러운 것은 다른 것이다.

게다가 이 대대의 모습은 내가 너무 자주 목격한 적이 있었고, 앞서 언급한 몇몇 불쌍한 간호사 중 일부는 부상자들에게 어떤 도움을 제공하기에 부적합한 상태였다.

5월 6일

암살과 국왕 처형을 찬양하고 미화하는 것, 이것이 과거 공안위원회의 첫 번째 행위여야만 했다.

코뮌의 공식 신문은 오늘 아침 위원회의 명령을 발표하는데, 이것은 불운한 루이 16세를 기리기 위해 세워진 참회 예배당을 철거하라는 것이다.

역사는 이러한 책임을 감당하는 것을 두려워하지 않은 사람들의 이름을 기록할 것이다.

여기 공안위원회의 명령이 있다.

공안위원회

루이 16세의 참회 예배당으로 알려진 건물은 첫 번째 혁명에 대한 지속적인 모욕이며, 민중의 정의에 반대하는 끊임없는 반동적 저항이기 때문에 다음과 같이 명령한다.

제1조. 루이 16세의 참회 예배당은 철거될 것이다.

제2조. 철거된 자재들은 공공 경매로 판매되어, 국유재산 관리부의 수익이 될 것이다.

제3조. 국유재산 관리부장은 본 명령의 실행을 일주일 이내에 진행

할 것이다.

파리, 플로레알 16일, 79년.[80]

공안위원회,

앙트완 아르노Ant. ARNAUD, 제라르뎅GÉRARDIN, 레오 메이예Léo MEILLET, 펠릭스 피아Félix PYAT, 랑비에RANVIER.

위원회는 동시에 3월 18일 사람들도 감히 아직 다시 소생시키지 못했던 혁명력을 사용하기 시작한다.

*

전-경찰청 대표는 언론에 대한 활발한 활동을 멈추지 않고 계속 이어간다.

오늘 아침의 공식 신문에는 시민 쿠르네Cournet의 새로운 결정이 실린다. 그 결정은 다시 7개의 신문을 폐간하는 것이다. 그 신문들은 〈프티 모니퇴르le Petit Moniteur〉, 〈프티 나시오날le Petit National〉, 〈봉 상스le Bon Sens〉, 〈프티트 프레스la Petite Presse〉, 〈프티 주르날〉, 〈프랑스〉, 〈탕〉 등이다.

이번 폐간 명령에는 긴 전제 사유가 앞에 첨부되었는데, 이것은 이전에 폐간된 신문들이 받지 못했던 영광이다.

시민 쿠르네는 참 친절한 사람이다. 그는 이 사유를 생략할 수도 있었을 것이다. 이 대량 학살에서 살아남은 한 생존자가 말한 것처럼,

---

80. 프랑스 혁명력에서 플로레알은 여덟 번째 달로서 그 16일은 5월 5일을 의미한다. 79년은 1792년 시작된 혁명력 79년으로 서기 1871년을 의미한다.

자의적 결정에는 설명이 필요 없다.

*

이전 페이지 중 한 곳에서, 나는 총무 총괄책임자와 부서 책임자인 메 형제를 약간 괴롭혔다. 그들은 태어날 때부터 유대인이고 직업은 잡화상이었다. 그러나 나의 비판은 결국 순전히 문법적인 것이었다. 코뮌이 그들에게 가하려고 하는 것과 비교할 때, 내가 그들에게 제기한 논쟁을 만약 그들이 읽게 된다면 얼마나 그것이 부드럽게 느껴질까. 그리고 코뮌의 조치는 〈공식 신문〉에 다음과 같은 언급으로 시작된다.

"한 명은 총무 총괄책임자이고 다른 한 명은 부서 책임자인 시민 메 형제는 심각한 이유로 해임되었다. 그들은 자기 행동에 대한 찬사를 국장이 없을 때 공식 신문에 삽입하려고 시도했다. 그러나 그것은 처음부터 끝까지 거짓이다.

조사가 시작되었다."

*

파리의 세입자들은 자발적으로 의무를 이행하지 않고, 코뮌이 일반법에서 정한 바와 같이 행동하려는 것 같다. 즉, 그들은 10월, 1월, 4월 임대료를 내지 않으려 하는 것이다.

오늘 코뮌은 새로운 공식 통지로 그들에게 이를 이행할 것을 독촉한다.

*

내가 그 회의록을 갖고 있는 5일에 열린 코뮌 회의에서는 꽤 흥미로운 사건이 발생했다.

전-경찰청의 전-대표였던 라울 리고Raoul Rigault는 현재 검찰과 코뭔 의원을 겸하고 있는데, 그는 동료들에게 자신이 코뮌 의원 중 한 명이며, 블랑셰Blanchet라는 가명을 사용하는 시민 파니유Panille를 체포해 마스스 교도소에 감금했다고 발표했다. 결국 파니유는 코뮌 의원 자격을 더 오래 유지하지 못하게 되었다.

제공된 정보에 따르면, 이 개인은 단순히 전과자일 뿐이다. 그의 진짜 이름은 파니유였고, 그 이름을 사용하는 것이 위험했기 때문에 블랑셰라는 이름을 사용하게 되었다. 그는 3월 18일 위원회에서 자신의 민주적이고 사회적인 원칙을 주장한 후, 위원회의 지지를 받으며 시의 구역 중 하나에 출마해서, 3월 26일 **자유롭고 현명한** 유권자들이 이 전과자를 시청에 앉혔다.

*

물랭–사케Moulin-Saquet 보루를 지휘하던 연합군 장교가 방금 체포되었다.

*

새로운 신문 〈에투알l'Étoile〉은 세 번째 호를 발행한다. 이 신문의 태도는 공화주의 연맹이 시청의 반란 정책에 완전히 동의하기 전의 모습을 그대로 보여주고 있다.

*

부르고뉴 거리rue deBourgogne에서 나는 성벽으로부터 돌아오는 제127대대를 만났다. 그들은 평소 연합군답게 행진하고 있었는데, 도로의 중앙도 부족했는지 인도 위의 보행자는 고의적이고 무례하게 부딪히지 않으려면 조심히 피해 다녀야 했다. 이 대대는 "코뮌 만세, 공화국 만세, 귀족 타도!"라고 외치며 콩코르드 광장으로 향한다. 이렇게 예전 외침을 점점 더 많이 범죄적으로 표절하는 것 대신, 시대에 맞게 보완된 구호를 외치는 것은 언제나 가능할까?

이들이 지나가는 동안 창문들이 닫혀 있었다.

연합군 일행이 오늘 아침 모든 **빵집**에 난입했다. 이중 상당수 **빵집**에서는 야간작업을 금지하는 자의적인 명령을 무시하고 반죽하고 굽고 있었다. 아직 뜨거운 화덕 속 빵들이 모두 압수되었다.

*

파리 남쪽에서 밤새 전투가 벌어졌다. 전투는 연합군에게 유리하지 않았던 것 같다.

몽루주와 이시 쪽에서는 의회 군대가 두 번의 공격을 진행했다. 몽루주 요새 전방 참호에 대한 공격은 요새를 포격하는 샤티용 포대의 지원을 받는 정찰 작전에 가까웠다.

5월 7일

오늘 시청 신문의 공식 난은 공영 전당포에서 모든 20프랑 이하의 저당 증서에 대해 무료로 저당 물품 회수를 허용하는 법령으로 시작한다.

*

비공식 난에는 다소 불안한 내용이 있다.

"상업부는 베이컨과 햄의 염장을 준비하기 위해 염장 업자들에게 도움을 요청한다."[81]

*

3월 21일, 27개 신문이 국민방위대 연합 중앙위원회의 찬탈에 대한 공동 항의에 서명했었다. 이제 그중 여섯 개만 남아 있다. 그것들은 다음과 같다. 〈주르날 드 파리〉, 〈모니퇴르 위니베르셀〉, 〈파트리〉, 〈위니베르〉, 〈나시오날〉, 〈시에클〉.

*

공화주의 연합 연맹이 프랑스의 모든 도시의 시의회 대표들을 보르

---

81. 염장 음식을 준비한다는 것은 비상시를 대비한다는 의미이기 때문에 불안한 내용이 된다.

도Bordeaux에 소집하려는 노력은 보르도에서 질서를 원하는 사람들로부터 어떤 격려나 승인도 받지 못하고 있다. 당연히 이 시도는 3월 18일 사람들과 범죄적 협력을 한 것으로 생각되며, 동시에 이는 국민의회의 권리와 주권에 대한 침해로 여겨진다.

이 혐오스러운 시도가 성공한다면, 파리에서는 오랜 시간 동안 겪어온 현실적이고 생생한 고통이 다시 한번 연장될 것이다.

이제 혼란에서 벗어나자. 코뮌에서 선출된 사람들은 코뮌의 이익을 위해, 그리고 프랑스에서 선출된 사람들은 프랑스의 이익을 위해 일하게 하자.

*

체포 소식.

2구에서만 다섯 명의 신부 체포 할당량을 채웠다.

*

국민방위대 제15대대는 1,500명으로 구성되어 있다. 코뮌은 그 부대에 붉은 깃발을 들게 하고, 방벽 방어에 세 개의 행군 중대[82]를 투입하도록 요구한다.

지휘관은 붉은 깃발은 거부했지만, 한 가지를 양보했다. 그는 자원병을 모집하기 위해 명부를 돌릴 것이다. 그렇지만 그는 어떠한 압력도 가하지 않고 중립을 유지하기로 한다. 그러자 다섯 명이 자원병으로 등록했다. 지휘관의 행동에 코뮌은 불만을 느꼈고, 밤에 그를 체포하려고 그의 집에 찾아갔다. 그는 부재중이었다. 그들은 몇 달 전에

---

82. 행군 중대(Compagnie de marche)는 주로 일시적인 특정 임무를 위해 행군과 이동을 하는 부대로서 상시적으로 다양한 전투 활동을 하는 보병 중대(Compagnie d'infanterie)와 구별된다.

출산하고 병을 앓고 있는 그의 아내를 데려갔다. 뒤퓌Dupuy 부인은 비올레 거리rue Violet에 있는 제15연대[83] 본부에 감금되었다.

*

스트라스부르 대로boulevard de Strasbourg 31번지에 거주하고 있는 선량한 상점 주인인 보르댕Bordin 씨는 불행하게도 40살이 되지 않았다. 사람들이 그를 저항자로 체포하러 그의 집에 찾아갔지만, 그때 그는 집에 없었다. 대신 젊은 아내와 노모를 체포하여 감옥에 보냈다.

보고된 다른 체포 사례에는 특별한 사건이 없었다.

*

코뮌은 탑승기구搭乘氣球[84]를 이용한 작전을 목표로 노력했지만 성공하지 못했다. 코뮌은 주로 자유기구를 통해 성명서와 무장 촉구 문건을 지방에 전달했다.

어제 시청 광장에서 두 대의 기구가 발사되었다.

*

일반적으로 다음과 같은 의견이 제시된다.

모든 교전에서, 의회 군대는 가능한 한 국민방위대의 생명을 존중한다. 승리할 수 있는 두 가지 조치 중에서 자기 편의 손실이 대등하다면, 그들은 항상 상대방의 희생을 최소화하는 조치를 선택할 것이다. 그들의 목표는 포로를 만드는 것이다. 마찬가지로, 연합군이 전열이 흐트러져 무질서하게 도망칠 때, 지휘관들이 후퇴가 거짓임을 확신하

---

83. 여기서 당시의 레지옹(légion)은 현재의 연대(Regiment) 정도에 해당한다. 현대의 레지옹은 외인부대처럼 독립적으로 활동하는 부대를 지칭한다.
84. 탑승기구는 사람이 탑승하여 조종하는 기구. 자유기구는 바람에 자유롭게 이동하는 기구.

지 않는 한 우리 용감한 군인들은 도망자들에게 총을 쏘지 않는다.

첫째 날부터 베르사유 군대는 이러한 관대한 태도를 보여주었다. 연합군 자신도 인정하듯이, 만약 몽–발레리앙Mont-Valérien 방어군이 그들을 형제로 대하지 않고 적으로 대했다면, 4월 3일의 어리석은 시도에서 그 불 속에 뛰어든 부대는 하나도 돌아오지 못했을 것이다. 요새의 방어군은 단지 그 움직임을 저지하고 그들에게 공포를 주며 도망가게 하는 데 그쳤다.

우리 군대의 이러한 감정은 매우 명예롭고, 나는 이를 기록에 남기고자 한다.[85]

..
85. 베르사유군을 바라보는 이러한 저자의 시각은 5월 21일부터 일주일간 베르사유군이 파리에 진격해 저지른 무차별 학살과 상충한다.

5월 8일

오늘 코뮌의 신문에는 공식 난이든 비공식 난이든 중요한 내용이 없다.

코뮌의 공식 신문 다음으로 내가 처음으로 읽은 신문은 그들의 비공식 기관지인 〈라펠〉이다. 다음은 내가 읽은 내용이다.

"결국 도시는 **노동**과 **지성**의 중심으로서 **권리**를 대표하기 때문에 **시골 반동 세력의 의도에 대항하여 미리 대비해야 한다.**"

만약 이 농촌 주민들에게 대한 무례한 모욕을 문제 삼을 가치가 있다면, 나는 그 저자에게 이렇게 답하겠다. 만약 여러분이 노동을 통해서만 권리를 대표한다고 주장한다면, 나는 그 주장이 진실과 완전히 반하는 것이기 때문에 받아들일 수 없다. 농촌에서는 새벽이 농부를 들판으로 부르고, 석양이 농장으로 돌아갈 신호를 준다. 여러분이 소중히 여기는 도시, 특히 큰 도시에서는 노동자의 하루가 6~8시간에 불과하다. 농촌에서는 노동자가 일요일에 휴식을 취하지만, 도시에서는 여기에 월요일과 화요일까지 더해진다.[86] 많은 경우, 이틀

---

86. 당시 많은 도시 노동자는 주말에 과도한 유흥을 즐겼으며 이에 따라 월요일과 화요일에 휴식을 추가로 취하는 문화가 형성되었다.

동안 시간을 낭비하는 것보다는 일을 하는 것이 더 나을 것이다. 그렇다. 노동은 도시의 독점적 특권이 아니다. 농촌에서야말로 노동이 높이 평가되고 있다.

당신들은 자신들이 지성이라서 권리를 대표한다고 말하지만, 그것은 단지 주장일 뿐, 증명된 바는 없다. 도시가 농촌보다 우월하다는 증거를 제시하지 않는 한, 당신들은 그에 따르는 특권을 주장할 권리가 없다. 그 증거를 제시해 보라. 불가능한 일을 시도해 보라.

*

뱅센느Vincennes의 주요 지역에서 상당히 큰 소요가 일어났다. 지역 당국과 협력하여 주민들은 파리 코뮌의 명령에 의해 관청에 걸린 붉은 깃발이 없어지길 원한다.

*

어제 4시경, 국민방위대 제129대대 지휘관 부알리그란Voelligrane 중령이 샤토-도Château-d'eau 광장의 한 카페 앞자리에 앉아 있었다. 그때 한 사람이 경찰이라고 자신을 소개하며 다가와 부알리그란 중령에게 체포하겠다고 말했다. 제복을 입은 상태였던 중령은 허리띠에 손을 가져가 리볼버를 꺼냈다. 그러나 번개처럼 재빠르게 경찰관이 그를 먼저 제압하고, 비슷한 종류의 무기를 꺼내 발포했다. 중령은 세 발의 총알을 맞고 쓰러졌다.

같은 부대 국민방위대가 경찰관을 체포하고, 아직 숨을 쉬고 있던 중령을 인근 구급차로 옮겼다.

*

리볼버에 관하여, 전쟁부의 참모총장은 며칠 전에 무기, 특히 리볼버 보급을 다시 질서 있게 해야 할 때라고 발표했다. 5만 정이 넘는 무기들이 연합군에게 보급되었으며, 이러한 보급에 대한 규칙적인 기록이 없다고 했다.

아주 좋다. 하지만 문제가 되는 것은, 이 무기의 소지가 코뮌과 어떤 방식으로든 연계되지 않은 모든 사람에게만 금지되어 있다는 것이다. 리볼버를 가지고 있다고 보고된 사람들이 많이 체포되었고, 계속 체포되고 있다. 따라서 시민들은 제복을 입었든 안 입었든 그 무기를 소지하는 위험한 특권을 가진 5만 명의 연합군 손에 달려 있다.

*

오트-브뤼에르Hautes-Bruyères 보루를 점령하고 있는 반란군은 오늘 그들의 전방초소에 의회 군대의 공격을 받아 그중 일부를 잃었다.

이시Issy 마을은 오늘 아침부터 완전히 베르사유 군대가 통제하고 있다.

몽트르투Montretout 보루는 32, 40구경의 9개 포대 모두를 드러냈다. 한 포대는 6개의 대포로 구성되어 있다고 알려져 있다. 따라서 54문의 대구경 대포가 하루 종일 푸앵-뒤-주르Point-du-Jour와 오퇴유Auteuil 및 파시Passy의 요새를 포격했다.

서쪽에 다른 특별한 소식은 없다.

5월 9일

파리에서 '1871년 5월 9일 화요일' 발간된 프랑스공화국 〈공식 신문〉에 게재된 '79년 플로레알 19일' 명령에 따라, 공안위원회는 '코뮌의 경계' 내에 있는 모든 승마용 말을 징발하기로 했다.

오늘 저녁 5시에 이 징발이 어떻게 실행되는지 목격했다.

내 눈으로 보지 않았다면, 믿지 않았을 것이다.

나는 친구와 함께 솔페리노 Solferino 거리를 올라가고 있었고, 동시에 12명의 병사로 구성된 국민방위대 기병 부대가 접근하고 있었다. 선두에는 기병 중대장과 대위가 있었다. 작은 부대는 천천히 전진했고, 우리는 다 함께, 거리와 연결된 거리와 같은 이름의 다리[87]를 건넜다. 다리 끝에 도착했을 때, 우리는 멋진 갈색 말을 손으로 끌고 가는 하인을 본다. 지휘관은 그에게 멈추라는 신호를 보내고 그를 향해 곧장 간다. 즉시 지휘관을 둘러싼 부대원들 때문에, 내 친구와 나는 그 장교가 하인에게 무슨 말을 했는지 들을 수 없었다. 그러나 내가 이 사실을 이야기하는 데 걸리는 시간보다 짧은 시간 안에 말의 고삐

---

[87]. 이 다리는 현재 레오폴드 세다르 생고르 인도교를 말한다. 이것은 이전에 솔페리노 다리였다. 1861년 건설되었고, 1992년 재건축되면서 현재 이름으로 바뀌었다.

가 하인의 손에서 병사 중 한 명의 손으로 넘어갔다. 그 병사는 말의 고삐를 잡고 되돌아서 큰 걸음으로 불쌍한 하인의 말을 끌고 갔다. 그 하인은 놀라움과 절망이 교차하는 표정을 하고 있었다.

이 이상한 장면에 몇몇 사람들이 모였고, 그중 한 사람이 대위에게 물었다. "이 사람이 끌고 가던 말 아닌가요?" 그러자 "전혀 그렇지 않습니다."라고 그는 답했다. "이것은 코뮌 기병대에 필요한 말이며, 우리는 그것을 징발합니다."

두 시간 후, 나는 이탈리앵 대로boulevard des Italiens에서 같은 부대를 만났다. 호위대는 이제 5명만 남아 있었다. 공공장소에서 코뮌이 저지른 말 도둑질이 이 두 시간 동안 6번이나 반복되었던 것이다.[88]

*

코뮌에 불만을 품은 중앙위원회가 코뮌을 비난하고, 더 혁명적으로 행동하지 않으면 모든 권한을 다시 장악하겠다고 위협한다고 한다. 중앙위원회는 같은 비난을 공안위원회에도 전달한다.

중앙위원회가 까다롭다는 것을 인정하지 않을 수 없다!

*

베르사유 신문들은 어제저녁 파리 주민들에게 정부가 보낸 선언문을 전해 주었다.

이 문서에서 중요한 사실이 드러났다. 그것은 프로이센이 지쳐서 참지 못하고, 이 상황이 계속되면 자신의 이익을 해칠 것을 우려해 개입하기로 결심했다는 것이다.

---

88. 인원이 12명에서 5명으로 줄었으면 말을 징발한 횟수가 7번이어야 하는데 6번으로 표기한 것은 당시 상황을 조롱하는 과장, 은유적 표현으로 볼 수 있다.

정부는 프로이센의 인내가 행동으로 옮겨지기를 기다리지 않고, '우리를 해방하기 위해' 필요한 조처를 하고 있다고 발표했다.

그 점에 대해 정부에 감사한다.

*

또한 베르사유 신문들이 함께 게재한 임대법은, 처음 보기에는, 이 문제에 관여된 가늠하기 어려운 여러 이해관계를 만족시키는 것처럼 보인다.

*

5구에서는 이렇게 기피자들을 찾는다. 순찰대가 느린 걸음으로 거리를 돌아다닌다. 순찰대장은 모든 행인을 검문하고, 19세 이상 40세 이하로 보이는 모든 남자를 별다른 절차 없이 체포한다. 그는 시청으로 끌려가고, 네 시간 후에 전방 부대에 배치된다.

이 얼마나 끔찍한 일인가!

*

1구에서는, 동네에 게시된 명령에 따라, 관리들이 집 문에 모든 세입자의 이름을 게시해야 한다. 이를 거역하면 체포된다. 잘못된 정보 제공은 명령 불이행과 같은 처벌을 받는다.

*

다시 떠돌고 있는 소문에 따르면 55세까지 총을 들 수 있는 남자들을 모두 총동원한다는 것이다.

*

오늘 저녁 두 개의 새로운 신문이 거리에 등장했다.

하나는 〈스펙타퇴르 *le Spectateur*〉라는 제목을 가지고 있다. 이는 이름을 바꾸어 다시 나타난 〈프랑스〉이다.

다른 하나는 겸손하게 〈쥐스티스*la Justice*〉라는 제목을 택했다.

그 이름에 합당한 평가를 하자면, 솔직히, 이 새로운 신문 첫 호의 모든 내용이 그 이름에 걸맞지 않다는 점을 지적하고 싶다. 그리고 아무런 거리낌 없이 첫 문장으로 "3월 18일은 혁명이었지, 폭동이 아니었다."라는 문장을 쓸 수 있었다는 것도 그렇다.

*

코뮌의 언론에 의해 피크퓌스Picpus의 베네딕토회 수녀들에 대한 가장 악의적인 중상모략이 퍼졌다. 이 존경받는 84명의 수녀가 생라자르Saint-Lazare에 구금되었는데, 그곳은 일반 죄수들이 드나드는 끔찍한 장소이다.

파리 전체가 분노하고 항의하고 있다.

*

오늘 저녁 5시에 파리의 모든 벽에 다음과 같은 내용의 게시물이 붙어 있다.

12시 30분.
어젯밤 주둔군이 떠난 후, 삼색기가 이시 요새에 휘날리고 있다.

전쟁부 대표,

서명: 로셀

이상한 방식으로 패배를 알리고 있다.

나는 이 소식이 기쁘지만, 성공을 알리는 것에나 어울리는 이 형식이 나를 두렵게 한다. 나는 어떤 함정을 두려워하고 있다.

나는 브르테유 대로avenue de Breteuil에 있는 한 집의 8층에 편리한 관측소를 가지고 있으며, 남쪽 전장의 일부를 내려다볼 수 있다. 나는 그곳으로 간다. 그것은 사실이다. 망원경을 통해 나는 흉측한 붉은 깃발을 대신한 국기의 세 가지 색을 아주 분명하게 식별할 수 있다.

또한, 나의 일일 정보에 의하면, 낮과 밤의 전투 결과로 이시 요새를 베르사유 군대가 점령했다.

현재 포위군의 모든 노력은 방브와 몽루즈 요새에 집중되고 있으며, 이 요새들은 곧 이웃 요새와 같은 운명을 맞이할 것이다.

서쪽에서는 전투가 계속되고 있다.

베르사유군은 계속 천천히 그러나 확실하게 전진하고 있다.

10시. 내 친구 중 한 명이 외곽 지역의 한 구청에서 다음과 같은 속보를 받아 적었다.

코뮌이 구청에게.

삼색기가 이시 요새에 휘날리고 있다는 것은 사실이 아니다. 베르사유군은 그곳을 점령하지 않았으며 점령하지 못할 것이다. 코뮌은 상황에 따른 강력한 조치를 방금 취했다.

시청, 5월 9일, 저녁 8시.

서명: 베지니에

내가 직접 보지 않았더라면 의심했을 것이고, 이 서로 모순되는 두 진술을 접하면서 처음의 두려움이 다시 떠오를 것이다.

그렇다면 시민 베지니에Vésinier가 분명한 사실을 부인하는 속보를 보낸 목적은 무엇일까?

5월 10일

혼란 그 자체다!

날이 갈수록 코뮌의 어둠 속에서 진실을 밝히는 것이 점점 어려워질 것이다.

오늘의 상황은 다음과 같다.

공식 신문은 이시 요새에 대한 로셀Rossel의 속보를 그대로 전하고 있다.

그러나 시민 베지니에Vésinier의 속보는 전하지 않는다.

따라서 전쟁부 대표인 로셀이 진실을 말한 것이다.

자신이 작성한 패배 속보를 발표하는 동안, 로셀 씨는 코뮌에 자신의 사임서를 작성하여 보냈다. 그는 코뮌이 항상 토론만 하고 행동하지 않는다고 비난한다.

그는 연합군의 과거, 현재, 미래의 실패를 코뮌의 책임으로 돌린다. 부대장의 행동이 여러 상설, 임시 위원회에 의해 지속해서 방해받는다. 전쟁부 대표는 우리에게 그 위원회를 나열한다.

그는 먼저 코뮌에 속하고, 다소간 다음의 위원회에도 속한다. 군사위원회, 포병 위원회, 연합 중앙위원회, 연대장 위원회, 그리고 마지막으로 공안위원회.

로셀 씨는 코뮌의 장군들이 전투에서 패배할 때 처할 운명을 잘 알고 있어서 편지를 다음과 같이 마무리한다.

"나는 물러난다. 내게 마자스Mazas에 갇히는 영예를 주기 바란다."

그러자 코뮌 내부에는 큰 동요가 일었다. 이는 아마도 그 사임이 대중에게 알려진 것에 대한 분노 때문일 것이다.

한편, 로셀 위원의 감시를 특별히 공안위원회에 맡겼던 코뮌은 이 위원회가 패배와 그 즉각적인 결과 및 앞으로 올 수 있는 결과에 대해 큰 책임이 있다고 한다. 시민 들레스클뤼즈Delescluze는 그 위원회를 맹렬히 비난한다. 그는 어제 회의에서, "공안위원회는 기대에 부응하지 못했다. 그 위원회는 해산해야 한다. 파리를 구하자, 프랑스를 통해 유럽을 구하자."라고 말한다.

여기에 대해 비밀 위원회에서 다음과 같이 결정한다.

"현재의 공안위원회는 그 직무를 중단할 것이다.

새로운 위원회가 임명될 것이다.

전쟁부 대표는 민간인이 맡을 것이다.

새로운 군사 법원이 창설될 것이다.

새로운 공안위원회는 시청에서 상설로 활동할 것이다."

아마도 내일 우리는 조직개편의 기초가 이렇게 확정되었음을 알리는 법령, 명령, 포고 및 결정을 보게 될 것이다.

*

그러는 사이 연합 중앙위원회가 등장했는데, 내가 예상했던 대로 뒤로 물러나지 않고 오히려 운동의 주도권을 다시 잡으려 하고 있다.

바로 오늘, 그 위원회는 백지에 파리 주민들에게 보내는 포고문을 발표한다.[89]

이 모든 갈등이 그 위원회를 걱정하게 하고 위원회의 계획을 위태롭게 한다.

그 위원회가 우리에게 말한 것처럼, "위원회의 의무는 3월 18일 혁명이 무너지지 않도록 하는 것이다. 이 혁명을 아주 멋지게 만든 것은 바로 위원회이다. 이 혁명은 반드시 승리해야 하고, 승리할 것이다."

위원회는 '내분'을 끝낼 것이다.

위원회는 "경쟁을 중단하고, 무지와 무능에서 비롯된 장애물을 제거할 것"이다.

분명히 이 언어는 코뮌과 그를 섬기는 사람들에게 아첨하지 않는 말투이다. 이는 분명 상급 권위자의 언어이다.

보다시피, 상황은 긴장되고 복잡해지고 있다. 모욕으로 간주하게 될 이러한 요구에 대해 코뮌은 어떻게 대응할까?

*

한 국민방위대 병사가 오늘 저녁 어떤 그룹에서 말했다. "군인들을 잃는 것은 아직 아무것도 아닐 것이다. 우리가 얼마나 많은 사람을 잃었는지 신은 알고 있다. 하지만 우리가 특히 잃고 있는 것은 영토이다. 우리의 후퇴는 느리긴 해도 실제로 벌어지고 있으며 매일 반복되고 있다."

연합군의 첫 공격 날짜인 4월 4일부터 베르사유 군대가 이시 요새를 점령한 날짜인 5월 8일까지, 이 한 요새와 그 전진 초소를 방어하는 데에만 국민방위대는 사망, 부상 또는 포로로 6,000명을 잃었다.

---

89. 위원회가 포고문을 '백지'에 작성한 것은 코뮌에 대한 정치적 거리두기 혹은 경쟁의식을 반영한다고 볼 수 있다.

*

신문들이 자기 잿더미에서 다시 태어나고 있다. 〈아노님 *l'Anonyme*〉은 〈비엥 퓌블릭〉과 〈페〉를 이어받으며 오늘 첫 호를 판매한다. 내가 읽어보니, 앞으로 많은 호가 발행되지 않을 것 같다.

*

어젯밤 꽤 늦은 시간에, 몇몇 그룹이 페 거리 rue de la Paix에 모여 있었다. 그들은 대화를 나누며 방돔 기둥을 향해 마지막으로 아쉬운 눈길을 던졌다. 이때, 총검을 착검한 국민방위대가 와서 그들을 폭력적으로 해산시켰다. 그들을 이끈 장교는 칼집에서 칼을 빼 들고 있었다. 이 방식에 항의한 몇몇 사람들은 체포되었다.

같은 일이 리슐리외 거리 rue Richelieu에서도 발생했는데, 이시 요새에 관한 게시물 앞에 모여 있던 몇몇 경솔한 독자들을 강제로 해산시켰다.

*

방브 요새는 오늘 국회 군대에 의해 완전히 포위되었다. 밤새 요새에 포탄이 비처럼 내렸다. 어제 불이 나서 병영 일부가 파괴되었다.

아침이 되자 폭격이 두 배로 강해졌고, 포병들은 더 이상 포를 지킬 수 없어서 나머지 수비대가 먼저 피해 있던 참호로 이동해야 했다.

그래서 요새는 조용해지고 무력해졌다.

국회 군인들은 참호를 공격하여 연합군의 전초 부대를 후퇴시켰다.

요새는 완전히 포위되고 너무 가까이 압박되어 대포가 무력해졌다. 그러나 폭격은 계속되었다. 수비대는 가장 위태로운 상황에 직면해 있었다.

저녁에 코뮌은 이쪽으로 상당한 지원군을 보냈다.

5월 11일

내가 어제 보고한 코뮌의 결의에 따라 새로운 전쟁부 대표는 시민 들레스클뤼즈이다.

공안위원회의 새로운 위원은 시민 랑비에Ranvier, 앙트완 아르노Ant. Arnaud, 강봉Gambon, 외드Eudes 및 들레스클뤼즈이다.

전쟁부에서 교체된 시민 로셀은 4월 30일에 임무를 시작했었다.

공안위원회 창설 당시인 5월 2일에 임명된 위원은 단 7일 동안만 재직했다.

다시 임명되지 않은 위원은 시민 피야Pyat, 레오 메이예Léo Meillet, 샤를 제라르뎅Ch. Gérardin 등이다.

코뮌에서는 사람들이 빨리 소모된다. 그렇지만 문제 해결에는 충분하지 않다!

*

첫 번째 공안위원회는 루이 16세를 기리는 속죄 예배당의 철거를 선언하면서 직무를 시작했다.

두 번째 위원회는 정부 수장의 집을 쓸어버리라고 명령했다.

다음은 이 야만적인 행위의 내용이다.

공안위원회

프랑스공화국 권력의 수장이라고 자칭하는 티에르 씨의 명령에 따라 베르사유에서 인쇄된 벽보가 파리의 벽에 부착되었다.

이 벽보에서 그의 군대는 파리를 포격하지 않는다고 선언하지만, 매일 베르사유의 동족상잔 포탄으로 여성과 어린이가 희생되고 있다.

그는 파리 내부로 들어오기 위해 배신행위를 호소하고 있는데, 이는 무력으로는 영웅적인 파리 시민들을 절대 이길 수 없다고 느끼기 때문이다.

이에 따라 다음과 같이 결정한다.

1조. 티에르의 재산 중 동산은 관할구역 관리자에 의해 압수된다.

2조. 조르주 광장에 있는 티에르의 집을 쓸어버릴 것이다.

3조. 관할구역 관리자 시민 퐁텐Fontaine과 공공업무 대표 시민 J. 앙드리외J. Andrieu는 각각의 책임하에 본 명령의 즉각적인 집행을 담당한다.

파리, 79년 플로레알 21일.

공안위원회 위원,

앙트완 아르노Ant. ARNAUD, 외드EUDES, 강봉F. GAMBON, 랑비에G. RANVIER

사람들은 이와 같은 조치에 대해 항의하지 않는다. 그것을 기록으로 남기고, 그들의 이름을 후세에 알릴 것이다. 그들은 동시대인들에게 규탄받은 것처럼, 후세에도 비난받게 될 것이다.

*

예상했던 대로, 코뮌은 전쟁부 전직 대표인 로셀의 체포를 명령하고 그를 군사 법정에 넘길 것을 지시했다.

로셀 씨는 어제 체포되었고, 코뮌 위원 중 한 명인 시민 제라르뎅이 그의 감시를 맡았다. 그러나 오후 5시쯤 감시자와 죄수가 사라진 것을 발견했다.

그 이후로 시민 베르즈레Bergeret가 두 도망자를 찾고 있다.

경찰 역할을 코뮌에 청원하여 맡게 된 베르즈레 장군이 코뮌을 위해 수행한 군사 지휘에서 성공을 거두지 못한 것처럼, 이 일도 실패하기를 기원한다.

*

몇몇 신문들은 오늘 '파리 권리를 위한 공화주의 연합 동맹'의 새로운 종류의 선언문을 게재하고 있는데, 이 협회는 이를 각 지방 도의회에 전달하고 있다. 이 문서의 제목은 '3월 18일 운동의 기원과 결과'이다.

이 문서는 동맹이 코뮌의 능숙한 보조자에 불과하다는 것을 다시한번 입증한다.

정부가 그 권리를 행사하고 의무를 다하기 위해서 보르도 회의를 저지한 것은 3월 18일 지도자들이 꿈꿨던 그 유명한 '코뮌 연합'을 실현하는 것에 장애물을 놓기 위한 것이었다.[90]

*

- -
90. 보르도 회의(congrès de Bordeaux)는 당시 프랑스의 정치적 혼란 속에서 지방 자치 단체들이 연합하여 중앙 정부와 독립적으로 운영하려는 움직임을 보여주는 중요한 사건이었다. 정부는 이러한 움직임이 국가의 통합과 질서를 위협한다고 판단하여 보르도 회의를 저지했다. 이는 지방 자치 단체들이 연합하여 중앙 정부의 통제를 벗어나려는 시도를 막으려는 조치로, 당시의 정치적 긴장과 갈등을 잘 보여준다.

새로운 신문이 공화주의 연합 동맹에 협조할 것이다. 그 이름은 〈디스퀴시용la Discussion〉이다. 첫 번째 호가 오늘 저녁 대로에서 판매되었다.

코뮌은 계속해서 상호 체포의 학습장이 되고 있으며, "서로를 체포하자."라는 신조를 따르고 있다.

뒤에 보겠지만, 불행히도 그것은 코뮌의 구성원에게만 한정되지 않는다. 어쨌든, 그들은 자체 구성원 중 한 명인, 시민 알릭스Allix의 체포를 또다시 명령했다. 그는 8구 의원이자 행정 책임자였다.

시민 알릭스는 몇 년 전 공감하는 달팽이[91]를 발명한 유명한 학자이다.

한편, 제38대대, 제72대대의 장교들은 자신들의 대장인 지역 책임자를 체포했다. 이유는? 대장의 행동이 부하들에게 미심쩍게 보였기 때문이다. 그 이유로 충분하다.

또한 방브 고등학교의 교장인 슈브리오Chevriau 씨도 체포되었다. 그는 마자스Mazas 감옥에 격리되어 갇혀 있다.

퇴임한 국회의원인 플로케Floquet 씨의 체포 소식도 전해진다. 플로케 씨는 기차를 타고 파리를 떠나려는 순간 체포되었다. 그는 아내와 동행하고 있었다.

마지막으로, 퇴임하지 않은 의원인 쉘쉐르Schoelcher 씨가 파리에서 체포되었다. 그는 안전하게 방문할 수 있을 것으로 믿고 왔던 것이다. 공화주의자였던 쉘쉐르 씨는 12월 2일에 추방되었고, 9월 4일 사건

---

91. 1850년대부터 실존했던 장치. 두 장치에 달팽이를 배치하고 한쪽에서 달팽이를 자극하면 다른 쪽에서 반응한다는 것인데 당대에도 과학적으로 입증되지 않고 비웃음을 샀다. 여기서는 괴상한 것을 발명한 그를 비꼬는 말이다.

이후에야 프랑스로 돌아왔었다.[92]

코뮌은 그를 체포한 것에 매우 기뻐한다고 한다.

*

오늘 하루 동안 발생한 수많은 수색 중에서, 지금까지 존중되었던 생-토마 다캥Saint-Thomas d'Aquin 교회에서 이루어진 수색과 리슐리외 거리rue de Richelieu 83번지에서 패션 신제품[93]을 판매하는 가즐렝Gagelin 씨의 상점에서 이루어진 수색이 가장 중요하다고 생각한다.

총검으로 무장한 국민방위대 파견대가 항상 그렇듯이 이러한 혐오스러운 활동을 지원했다.

• •
92. 쉘쉐르(Victor Schoelcher)는 저명한 공화주의자로서 제2, 3공화국에서 활동했다. 프랑스 식민지 노예제 폐지 운동의 선구자로 알려져 있다. 여기서 말한 12월 2일은 1851년으로 루이 나폴레옹 쿠데타로 제2제국이 수립된 시기이다. 이때 그는 추방되었고, 1870년 9월 4일 제3공화국이 수립되면서 프랑스로 돌아왔다.
93. 당시의 신제품 상인(marchand de nouveautés)은 새로운 패션 제품을 판매하는 상점을 의미한다. 이 상점들은 주로 직물, 의류, 모자, 장갑, 속옷, 재봉 도구 등을 판매했다. 이러한 상점들은 19세기 중반부터 등장하기 시작했으며, 이후 대형 백화점의 전신이 되었다.

5월 12일

공안위원회의 포고문은 코뮌과 공화국이 '치명적인 위험'에서 벗어났음을 파리에 알린다.

우리의 이시 요새가 함락된 것은 우리 병사들의 용기 부족 때문이 아니라 '요새를 넘긴 비열한 배신자' 때문이라고 한다.

"반동의 자금이 우리 중에서도 매수할 양심을 찾았다"라고 자만심 가득한 문서는 강한 어조로 우리에게 말한다.

그러나 동시에 랑비에Ranvier와 그 동료들은 시민들을 안심시킨다. "이 어두운 음모의 모든 실마리는 위원회의 손안에 있다."

공안위원회의 가장 대담한 주장은 다음과 같다. "이번에도 정의가 승리했다."

*

"사랑할수록 혼낸다."라는 격언이 여러 나라에 있다. 과거 기자였던 시민 쿠르네Coumet는 오늘날 전-경찰청의 대표로서 언론의 자유에 대한 뜨거운 사랑을 주장해 왔다. 신문사의 작은 과오를 처벌하는 데 있어서 그보다 더 이 격언을 실천하는 사람은 없다.

오늘 아침에도 시민 쿠르네의 명령에 따라 나이 불문하고 여섯 명의 새로운 희생자를 위한 무덤이 추가되었다. 이들은 다음과 같다.

〈모니퇴르 위니베르셀〉, 〈위니베르〉, 〈스펙타퇴르〉, 〈에투알〉, 〈아노님〉.

〈모니퇴르〉는 대여섯 번의 혁명을 겪고도 82세까지 무사히 도달한 그의 존경할 만한 나이에도 불구하고, 〈에투알〉은 단지 7일 동안만 언론의 하늘에서 반짝였음에도 불구하고, 〈스펙타퇴르〉와 〈아노님〉은 겨우 몇 시간 동안 빛을 본 삶에도 불구하고, 시민 쿠르네의 합법적 엄격함에서 자비를 찾지 못했다.

〈위니베르〉도 다른 이들처럼 쓰러졌지만, 쓰러지기 전에 늙은 전사로서 공동의 적에게 가장 강력한 타격을 가했다.

결론적으로, 언론 세계에서는 조국의 용기를 칭찬하지 않는다.[94]

*

매일 공식지에는 여러 다른 연합군 대대에 배속된 외과 전문 군의관과 보조 군의관의 긴 명단이 발표된다.

임명자 이름의 앞에 박사라는 자격이 붙는 경우는 아주 드물다. 오늘 승진자 26명 중 10명만이 학위 취득자이다.

불쌍한 부상자들!

*

위원회에서 어두운 임무를 수행하는 집행자들이 행동에 나섰다. 티에르 씨의 저택 약탈이 오늘 아침 시작되었다.

*

공안위원회는 군대를 보내 은행을 포위하고 있다. 우리 대형 금융

---

94. 언론은 항상 국가나 사회에 대해 비판적 시각을 취한다는 말을 비꼬아서 하는 것이다.

기관이 코뮌의 금고에 천만 프랑을 입금하도록 독촉받았다는 소문이 있다.

*

8일에 기둥이 철거될 예정이었는데, 오늘은 12일이다. 오늘 저녁 6시에도 여전히 기둥이 서 있다. 페 거리에는 많은 사람이 모여 있으며, 거기서 나는 철거가 15일에 최종적으로 이루어질 것이라는 소문을 듣는다.

5월 13일

3월 18일부터 당연히 중단되었던 사법 절차가 코뮌의 명령으로 다시 시작될 것이다. 오늘 날짜로 발행된 법령은 '코뮌 민사 법원의 재판부를 창설함'으로써 재개를 예고한다.

시민 프로토의 법원에 대해 변호인들이 어떤 형태로든 협조를 거부함에 따라, 법령은 그들 대신 집행관들이 그 역할을 맡게 하고, 당사자들이 스스로 변호할 수 있도록 한다고 규정한다.

법령에 이어 공안위원회의 명령을 통해 새로운 법원의 판사들이 임명된다. 이는 두 명의 정규 판사와 한 명의 대리 판사로 구성된다. 독일인인 시민 폰켄Vonken이 법원을 주재할 것이다.

*

나는 코뮌이 새로운 군사 법원을 창설한다는 결정을 당시에 보고했다.

공안위원회는 이 법원의 판사를 임명하기로 했으며, 당연히 모든 판사는 **연합군 고위 장교들**로 구성된다.

*

코뮌은 고통스러운 고백을 해야 할 시기로 접어들고 있다.

애국적인 열정, 자기희생, 죽을 때까지 영웅적 의무 수행과 같은 말들은 새 전쟁부 대표의 언어에서 사라지고, 오늘 공식지에서 내가 인용한 이 진실 가득한 선언으로 대체되었다.

"급여를 받는 포병의 수는 상당히 많다. 그렇지만 적에 대항하여 포병 임무를 수행하는 사람들의 수는 **극도로 제한적이다**."[95]

검열 자체도 어려워지고 불가능해졌다. 그래도 '들레스클뤼즈 장군'은 검열을 명령했다. 그는 포병부대가 완전히 채워지기를 원한다. 그래서 이런 경고가 나오게 되었다.

"이 검열에 불참하는 모든 포병은 **급여와 식량을** 박탈당할 것이다."

*

코뮌은 새로운 위원회를 구성했으며, 이는 공안위원회의 권위와 책임 아래 운영된다. 이 위원회의 이름은 감시 위원회Comité de vigilance 이다.

나는 이 새로운 위원회의 기능을 고려할 때, **감시**라는 단어가 그 기능을 잘 나타내지 못하며, **공급 위원회**Comité de pourvoyeurs라는 명칭이 더 적합하다고 생각한다.[96]

*

코뮌에서는 조국, 공화국, 코뮌을 구분한다. 코뮌은 이제 "조국에

..
95. 5월 21일 '피의 주간' 초기 국민방위대는 총 17만 명의 무장 병력을 보유하고 있다고 평가되었다. 그러나 학자들에 따르면 총병력이 가동된 적은 없었으며, 대체로 2만 명 정도가 믿을 수 있는 전투원이었다. 여러 대대가 추가 급료, 장비 또는 배급을 받기 위해 병력을 과장 보고 했고, 그렇게 생긴 잉여 물자는 종종 재판매되었다.
96. 이 위원회의 주요 기능이 감시 및 경계보다는 자원을 제공하고 분배하는 것이기 때문이다. 이는 코뮌 행정 내에서 기구의 이름과 실질적 기능 사이의 괴리를 비판하는 표현이다.

크게 공헌했다."라는 것에는 최고의 영예가 더 이상 수여되지 않을 것이라고 결정했다. 앞으로는 "공화국과 코뮌에 크게 공헌했다"라는 것이 영예를 받을 것이다.

*

〈레퓌블리캥 Le Républicain〉, 오늘 첫 호가 발행된 신문의 제목이다. 이 신문은 다음과 같이 신념을 요약한다.

"프랑스인으로서 우리는 말할 의무가 있고, 공화주의자로서 우리는 말할 권리가 있다. 그래서 우리는 코뮌이 폐지한 신문들의 성스러운 길[97]에 우리의 무덤을 추가할 때까지 말할 것이다."

〈레퓌블리캥〉은 사람과 사물에 대한 진실을 말하겠다고 다짐하며, 이렇게 끝맺는다.

"힘들고 위험한 일인 것을 우리는 숨기지 않는다. 프랑스공화국 79년, 플로레알 24일에"라고 빈정거리며 덧붙인다.

*

코뮌은 오페라에서의 애국적인 공연을 위해 관장에게서 기대했던 협조를 얻지 못하자, 이 관리자를 해고했다. 경비병들이 극장 주변을 가득 메우고 있다. 페랭 Perrin 씨에 대한 구인장이 발부되었다고 한다.[98]

*

글래–비주앵 Glais-Bizoin 씨는 오늘 공공장소인 리볼리 거리 rue de Rivoli 에서 두 번째로 체포되었다.

..
97. 성스러운 길(Via Sacra)는 로마의 주요 도로이며, 중요하고 상징적인 경로를 의미할 때 쓰임.
98. 오페라는 오페라 가르니에(Opéra Garnier) 극장을 말하고, 페랭 씨는 그 극장의 관장이다.

오늘 나는 어제 폐간된 〈옵세르바퇴르*l'Observateur*〉의 편집장인 앙드레올리Andréoli 씨가 체포되었다는 소식을 들었다.

*

9구는 생-조르주Saint-Georges, 쇼세-당탱Chaussée-d'Antin 지구와 몽마르트르Montmartre, 로슈슈아르Rochechouart 외곽지구를 포함한다. 오늘 아침부터 이 구역 전체가 연합군에 의해 포위되어 19세에서 40세 사이의 모든 사람이 체포되고 있다.

국민방위대에 저항하면 그들은 무력을 사용한다. 이 사건은 내가 직접 목격한 것으로, 쇼세-당탱의 모퉁이에서 발생했다. 그중 하나의 체포 과정에 모인 군중은 분명히 저항자에게 동정심을 품고 있었다. 그러나 항의는 침묵을 유지했다. 연합군은 총검이 부착되고 장전된 총으로 이러한 종류의 작전을 수행한다.

*

방돔 광장 캠프 근처의 진지와 바리케이드에 어느 정도라도 맞닿은 거리에서는 며칠 전부터 상점 앞면 유리창과 내부 거울에 종이띠를 무수히 붙이고 있다. 이는 거리 전투를 대비하기 위한 것이다. 과학적으로는 이렇게 종이띠를 붙인 유리창은 폭발로 인한 파손을 방지하는 방법이라고 설명한다. 방돔 광장 주변에서는 이러한 예방 조치가 기둥의 붕괴로 인한 진동의 여파를 대비하기 위한 것이라고도 한다.

*

나는 이 메모들이 이 슬프고 고통스러운 시대를 사진처럼 충실하게 재현해 주기 바란다. 그런데 나는 거의 언제나 전쟁 사실에 대한 공식 속보를 언급하지 않는다. 그 이유는 속보에 날짜도 없고, 종종 장소도 표시되지 않고, 발표도 지연되며, 그리고 너무 짧고 모호해서 어떤 전투에도 적용하기 어렵기 때문이다.

오는 13일에도 공식지는 다른 추가 정보 없이 이런 속보를 보도한다.

"몽루주-비세트르 Montrouge-Bicêtre.

위치와 상황이 훌륭하다."

어떤 일의 여파로 위치와 상황이 '훌륭해졌다'라는 말인가?

·어떤 사건에서? 며칟날 몇 시에?

또 다른 경우, 마찬가지로 세심하게 고려해서 모든 데이터를 생략하고 우리에게 다음과 같이 전한다.

"아주 격렬한 포격 전투. 특별한 성과 없음." 혹은 "양측의 위치 유지."

이를 기록해야 할 기자는 곤혹스럽게 되고, 이러한 논란의 여지가 없는 행위에 대해서 조차 논할 수 없다. 모든 소식의 기본이 되는 것, 즉 분명한 생각이나 정확한 사실을 알 수 있는 필수적인 기초자료가 없으므로, 그 소식들은 다른 어떤 정보와도 관련지을 수 없고, 그로 인해 모든 논란과 평가를 벗어난다.

나는 나의 기록에 코뮌의 전쟁 보고가 빠진 것을 정당화하기 위해 이런 설명이 필요하다고 생각했다.

5월 14일

코뮌의 명령에 따라 '내일 24 플로레알'부터, 〈공식 신문〉은 15상팀이 아니라 5상팀에 판매될 것이다.

*

조직 법령 3항에 따라, 코뮌의 모든 부서 대표와 위원회를 완전히 통제할 권한을 부여받은 공안위원회는 공공안전국의 시민 쿠르네 Cournet를 시민 페레Ferré로 교체했다.

*

또 같은 공공안전국은 시민 베르모렐Vermorel을 제거하고, 그 자리를 시민 에밀 클레망Emile Clément으로 채웠다. 또한 시민 마르탱Martin을 보강하여 시민 페레Ferré의 자리를 차지하게 했다.[99]

이렇게 시민들을 교체한 이유는 밝혀지지 않았다.

*

또한 오늘 자 공식지 발표에 따르면, 이 전능한 위원회는 각 구마다 중앙 경찰서를 설치하도록 명령했다.

---

99. 여기서 시민 페레는 테오필 페레다. 5월 14일 코뮌 발표에 의하면 쿠르네를 대신해서 페레가 맡은 자리는 공공안전국의 대표이고, 공석이 된 쿠르네와 페레의 위원 자리를 클레망과 마르탱으로 채운 것이다.

지금까지는 각 지역의 치안 책임자들로 충분했다.

중앙 경찰서 집무실은 진정한 적발 본부가 될 것이다. 그곳에서는, 시청 대표의 도움을 받아, 구역 내에서 이루어지는 체포에 필요한 간략한 조사 절차가 진행된다. 중앙 경찰서장은 매일 '공공안전국 대표'에게 보고할 것이다.

파리지앵들이 아주 신중하게 행동하고 자기 자신을 엄격하게 감시하여, 부디 이 용의자 처벌법[100]을 집행하는 고위 요원 앞에 출두하지 않도록 그들을 보호해 주기 바란다.

*

티에르 씨의 집이 오늘 철거되었다. 이사 작업은 오늘 아침에 완료되었다. 행정부 수장의 예술적 및 문학적 재산의 일부는 시청, 루브르 박물관 또는 도서관으로 옮겨졌다.

이 조치와 그것의 실행은 파리 전체를 충격에 빠뜨렸다. 티에르 씨가 사는 동네는 특히 분노하고 있다. 체격이 좋은 연합군 경비병들이 총검을 장착한 채 저택과 그 주변, 인접한 거리들을 점령하고 있다.

*

고통 속에서도, 파리는 파리 조약[101]의 조건에 대해 거의 관심을 두지 않았다. 하지만 여러 신문은 일부 조건이 가혹하다고 강조한다.

- -
100. 용의자 처벌법(loi des suspects)은 혁명 당시 1793년에 채택된 법으로서, 구체적 증거가 없이도 사람들을 체포할 수 있게 한 법이다. 이 법으로 수많은 사람이 임의로 체포, 구금되었다.
101. 전쟁에 패배한 프랑스와 승전국 프로이센 간에 체결된 프랑크푸르트 조약(1871년 5월 10일)을 가리키는 것으로 보인다. 코뮌의 행동이 프랑스의 정치적 혼란을 심화시켰고, 그로 인해 조약 조건이 더욱 불리하게 설정되었다고 주장하는 것이다.

모두가 이 새로운 불행을 코뮌과 그 비난받을 행동 탓으로 돌리고 있다.

*

시청에서는 코뮌에 대한 소위 새로운 음모가 있다는 이야기가 오가고 있다. 그것은 미님 병영[102]에서 47명의 군사경찰이 국민방위대로 위장한 채로 발견되었다는 것이다.

*

시민 벨레Beslay 씨가 코뮌 의원직에서 사임했다는 발표가 있다. 이 시청 원로의 퇴임은 은행에 대한 수색과 행정부 수장의 관저 철거 관련 법령 집행이라는 두 가지 이유 때문으로 보인다.

*

두 개의 새로운 신문이 창간되었다. 그것은 〈레짐 콩스티튀시오넬 폴리틱 에 소시알*le Régime constitutionnel, politique et social*〉과 〈코르세르*le Corsaire*〉이다.

첫 번째 신문은 '보통 선거 실시'를 요구한다. 이 신문은 에드가르 키네Edgar Quinet 씨가 최근 연단에서 언급한 도시와 농촌 간 정치적 대표성 구분 정책을 채택할 것으로 보인다.[103]

두 번째 신문은 5상팀짜리 신문으로, 훌륭한 의도를 가진 것으로

- -
102. 미님 병영(caserne de Minimes)은 파리 마레 지구에 있는 건물이다. 원래 수도원이었는데, 혁명 당시 헌병 병영으로 바뀌었고 최근까지 그 용도를 유지했었다. 현재는 사회적 건물로 바뀌어 공공주택, 공방, 카페 등 다양한 사회적 시설이 들어서 있다.
103. 에드가르 키네가 제안한 도시와 농촌 간 대표성 구분 정책은 단순히 인구 비례에 따라 의석을 배분하는 방식에서 벗어나, 농촌지역에도 일정 수준 이상의 정치적 대표성을 보장하자는 것이다.

보인다.

*

새로운 언론에서 티에르 씨 가족에게 보내는 호의적인 증언들 가운데, 나는 나의 기록에 다음 내용을 기꺼이 수록한다.

"티에르 씨의 저택은 더 이상 존재하지 않는다. 티에르 씨와 그의 자매 돈느 아가씨[104]는 그들의 삶을 보낸 집, 그들의 어머니, 그 고귀하고 지혜로운 여인이 마지막 숨을 거둔 집을 더 이상 찾을 수 없다. 그들은 대신 모든 선량한 사람의 존경 어린 공감을 얻을 것이다. 만약 슬픔 중에 그들을 위로할 무언가가 있다면, 그것은 그들이 매우 훌륭한 동료들 속에 있다는 사실이다. 기도하고, 사랑하고, 우리의 이웃을 돕는 것을 배우는 성전을 침범하는 사람들이 가족의 안식처인들 존중할 리가 있겠는가?"

*

〈위니베르〉 신문은 동료들이 뒤따를 모범을 보여주었다.

이 신문을 폐지하는 명령이 공식지에만 게재되었고 정식으로 통보되지 않은 관계로, 이 용감한 신문은 발행을 계속한다.

*

코뮌에서 가장 권위 있는 신문은 〈페르 뒤셴 le Père Duchêne〉이라는 이름의 저속한 신문이다.[105] 모든 언론이 주목한 사실은, 이 신문이

..
104. 인용문에서 '그의 자매 돈느 아가씨(Mlle Dosne, sa soeur)'라고 지칭하는 데, 실제로는 티에르 씨의 부인이다. 이것은 현대에는 사라진 당시의 문제적 관례 혹은 저자의 의도적인 선택에 의한 것으로 보인다. 또한 다음 부분에서 부부를 남성 복수가 아니라 여성 복수형(Elles)으로 지칭하는 것도 그들의 슬픔을 강조하기 위한 의도적인 문학적 선택으로 보인다.

코뮌에 한 조언이 거의 항상 다음날이나 그다음 날에 명령으로 변환된다는 것이다. 가장 최근의 사례를 들자면, 오늘 14일의 이틀 전인 12일에 공공안전국 책임자인 시민 쿠르네Cournet를 시민 페레Ferré로 교체한 날, 이 비열한 신문은 쿠르네가 혁명적으로 보면 지위에 걸맞지 않으니 그를 쫓아내라고 코뮌에게 독촉했었다.

나는 그 신문의 오늘 제안은 덜 성공하기를 바란다.

다른 시기였다면, 그리고 내가 방금 언급한 비도덕적인 영향이 아니었다면, 나는 독자들에게 이 신문에서 발췌한 내용을 보여주는 것에 대해 용서를 구할 필요가 없었을 것이다.

그 신문은 코뮌 위원들에게 다음과 같이 말한다.

"당신들은 목숨이 두려운가?

당신들의 목숨이 내게 무슨 상관이란 말인가?

총살하라!

단두대에 올려라!

그리고 혁명을 구원해라!

'그렇다면 공포정치인가?'라고 사람들이 물을 것이다. 그렇다, 공포정치이다! 바보 같은 사람들아! 목적을 원하는 사람은 수단도 원하는 법이다. 그리고 500명의 목숨이면 500,000명의 생명을 구할 수 있었다!"

- - -
105. '페르 뒤셴(Le Père Duchêne)'은 '뒤셴 영감'이라는 뜻으로, '뒤셴 영감'은 불만스럽고 노골적인 목소리를 가진 파리 노동계급을 상징하는 허구적 캐릭터이다. 이 신문은 원래 프랑스 혁명 직후인 1790년부터 1794년까지 존속하며 혁명 반대파를 풍자하고 공격하는 친혁명 급진 언론이었다가, 이후 1871년 파리 코뮌 이후 잠시 복간되어 매우 공격적이고 저항적이며 포퓰리즘적인 목소리를 냈던 것으로 알려져 있다.

그리고 그 신문은 쉘쉐르Schoelcher 씨의 즉각적인 처형을 요구하며 결론을 맺었다.

5월 15일

반란군의 방어가 외부가 아니라 오로지 내부에서만 이루어질 시간이 다가오고 있다. 코뮌에서는 더 이상 착각하지 않는다.

오늘 아침 공식지에 발표된 법령이 이를 증명해 준다.

코뮌의 군대는 현재 세 개의 주요 지휘권으로 나뉘어져 있다. 각각 오른쪽, 중앙, 왼쪽 측면을 담당한다. 이 법령에 따라 각 군대의 수장으로 임명된 장군들은 각자의 군사 구역에 인접한 파리 지역에 대한 상위 군사 지휘권도 함께 갖게 된다.

여기에서 언급된 세 개의 주요 지휘권이 각각 폴란드인 돔브로브스키Dombrowski와 브로블로브스키Wroblowski, 그리고 이탈리아인 라 체칠리아La Cécilia에게 맡겨진 것도 언급할 필요가 있다.

*

표절자, 때로는 무해하고, 때로는 범죄적이며, 때로는 우스꽝스럽지만, 항상 표절자인 코뮌은 이제 93년의 시민증[106]을 부활시켰다. 공안위원회의 법령에 따르면 모든 시민은 이 증명서를 소지해야 한다. 이 증명서는 서류 증빙과 두 명의 증인 서명이 있어야만, 경찰 위원으

---

106. 1793년 국민공회 시절에 시행되었던 신분증 제도.

로부터 받을 수 있다. 혁명 법령 제2조는 "증명서를 소지하지 않은 것으로 발견된 모든 시민은 체포된다."라고 규정하고 있다. 제5조에 따르면 "모든 국민방위대는 신분증 제출을 요구할 수 있다."

파리는 이 새로운 굴욕을 견뎌야 할 것인가?

석간신문들은 이 법령을 무시하고 따르지 말 것을 조언하고 있다.

*

4월 2일, 코뮌의 신문은 다음과 같은 법령을 가장 앞에 게재했다.

"진정한 민주 공화국에서는 한가한 직책도, 과도한 보수도 있을 수 없음을 고려하며, 코뮌은 다음과 같이 법령을 공포한다. 다양한 공공 서비스 직원의 연봉 상한선은 6,000프랑으로 정한다."

일부는 이 법령이 도시 서비스에만 적용된다고 해석한 것으로 보인다. 그다음 날 4월 3일, 같은 신문은 이러한 오해를 해소하기 위해 공식 난에 다음과 같은 공지를 삽입했다.

"4월 1일 회의에서 코뮌은 다양한 공공 서비스에 할당된 연봉 상한선을 연간 6,000프랑으로 결정했다. 여기서 공공 서비스란 모든 공공, 민간, 군사 서비스를 포함하는 것으로 이해해야 한다."

4월 8일, 집행위원회는 다음과 같이 선언한다. 장군 계급은 국민방위대의 조직과 양립할 수 없음을 고려하며, 다음을 결정한다.

"장군 계급은 폐지된다."

그로부터 5일 후, 4월 13일, 재무 위원회와 전쟁 위원회는 다음을 결정한다.

"국민방위대 장교들의 봉급은 다음과 같이 정해진다. 최고 사령관, 월 500프랑. 부사령관, 월 450프랑, 등등 (…)."

오늘 5월 15일, 전쟁부 민간 대표의 명령에 따라, "포병 인원의 봉급은 다음 요율에 따라 책정된다. 장군, 총책임자, 일당 33프랑. 대령, 부책임자, 일당 23프랑, 등등 (…)."

이 언급은 더 이상의 설명이 필요 없다.

5월 15일 발표는 이전에 발표된 장군 칭호를 금지하는 법령을 잊은 것뿐만 아니라, 4월 2일에 발표된 재정적 공평성을 위한 고려 사항 즉 진정한 민주 공화국에서 6,000프랑을 초과하는 모든 보수는 과도한 것으로 간주한다는 것도 더 이상 기억하지 못한다.

실제로, 포병 인원의 '장군, 총책임자'는 하루에 33프랑을 받으며, 연간으로 계산하면 11,880프랑을 받게 된다. 이는 4월 2일에 정해진 최대치의 두 배에 해당한다.

분명히, 높은 보수와 명예, 그리고 직함은 처음에 생각했던 것만큼 코뮌에서 반대자를 많이 두고 있지 않다.

*

⟨탕⟩ 신문이 오늘 가판대와 대로에 다시 등장했다. 이름은 ⟨뷜르텡 뒤 주르 *le Bulletin du jour*⟩로 바뀌었다.

*

며칠 전부터 모든 정보가 암시했던 것처럼, 방브 요새의 철수는 현재 기정사실이 되었다. 주둔군 일부는 카타콤을 통해 탈출하려 했으나, 그 미로 같은 복잡한 구조에서 길을 잃었다. 우연히도 채석장 일꾼들을 만나지 못했다면, 길을 잃은 이들은 굶주림으로 죽었을 것이다. 방브 요새를 지키던 이 불행한 제105, 187, 262대대 병사들은 길 잃을 위기에서 벗어난 것에 만족해하며 이 비극적인 모험담을 전하고 있다.

현재 도시 남쪽 출입구는 이동이 금지되어 있다. 보지라르 Vaugirard

에서는 샤스포 총탄이 비 오듯 쏟아지고 있다. 불로뉴Boulogne 숲 쪽에서도 총탄이 날아오고 있는데, 이는 국회 군대가 방어선에 매우 가까워졌음을 증명한다.

파시Passy의 푸앵-뒤-주르Point-du-Jour 방어선은 연합군이 유지할 수 없는 상태가 되었다. 오퇴유Auteuil에서는 방어벽에 넓은 돌파구가 생겼다.

5월 16일

며칠 전부터 반란자들 공식 신문의 형식이 변화할 것이라고 발표되었으며, 특히 코뮌이라는 단어가 제목에 포함될 것이라고 알려졌다. 오늘 호는 제목 위에 굵은 글씨로 '자유, 평등, 박애'라는 표어를 표시하고 있다. 날짜는 혁명 달력을 사용하여 왼쪽에 다음과 같이 표기된다. '79년 플로레알 26일'

오른쪽에는 관례로 그레고리력을 사용하고 있다. 제목은 여전히 똑같이 프랑스공화국의 공식 신문으로 유지되었다. 신문의 기사에 삽입된 내용의 경우, 일반적으로 그 날짜를 혁명 달력으로 표시하는 것으로 보인다.

*

상황이 나빠지고 있고, 코뮌은 점점 더 심각한 위협을 받고 있다. 방어를 위해 끊임없는 노력이 필요하다.

공안위원회의 결정으로 오늘 아침 군사 위원회가 개편되었고, 구성원 수가 5명에서 7명으로 늘어났다.

다음은 새로운 위원회의 구성원 명단이다. 시민 베르즈레Bergeret, 쿠르네Cournet, 즈레슴Geresme, 르드루아Ledroit, 롱클라Lonclas, 시카르Sicard, 위르뱅Urbain.

공공안전위원회의 신뢰를 잃었던 이전 위원회는 시민 아르놀드 Arnold, 아브리알Avrial, 죠아나르Johannard, 트리동Tridon, 바를랭Varlin으로 구성되어 있었다.

*

같은 공안위원회 법령에 따라 예심 판사, 치안 판사, 코뮌 검사 대리인이 임명된다.[107]

*

시민 가이야르 시니어Gaillard père는 다루기 힘든 성격으로 보이며, 클뤼즈레가 이에 대해 불만을 제기했다. 바리케이드 공사의 기술자이자 총감독관인 가이야르 시니어는 자신이 유용하다고 판단한 장소에 바리케이드를 세우고자 했으며, 전쟁부 대표의 명령, 조언 또는 권고를 전혀 따르지 않았다. 이런 태도를 새로운 민간 군사 지도자 아래에서도 고수하자, 새로운 지도자는 바리케이드 총감독관에게 사임할 것을 요청했다. 오늘 신문의 공식 난에는 '바리케이드 대대'가 '공병 대장'의 관리하에 있게 된다고 기록되어 있다.

*

이어지는 법령에서는 티에르 씨의 집에서 훔쳐 온 가구를 처리하고, 저택 철거에서 나온 자재를 매각하도록 규정하며, "패륜아의 저택 부지에 공공 광장을 설립한다."라고 명시한다.

법령 작성자가 말하는 것에 따르면, 이 결정은 "포격자 티에르의 눈물과 위협에 대한 응답으로, 그리고 그의 공모자인 농촌 의회가

..
107. 예심 판사(juge d'instruction)는 수사 단계에서 사건을 감독 조사하는 판사. 치안 판사(juge de paix)는 경미한 분쟁을 중재하는 판사. 코뮌 검사 대리인은 코뮌에서 검사를 대신해 법적 소송을 담당하는 사람.

제정한 법률에 대한 대응으로" 내려졌다.

이와 같은 방식으로 권력에 협조하고, 권력의 명령을 수행한 고위 관료는 퐁텐Fontaine이라는 이름을 가지고 있으며, 국유재산 총괄 감독관이라는 직함을 맡고 있다.

*

제네바 협약에 가입한 후 코뮌이 발표한 성명에서, 코뮌은 이 가입이 "코뮌이 보유한 새로운 전쟁 무기의 사용을 금지하는 결과를 초래하지 않는다"라고 선언한다. 따라서 코뮌은 "혁명을 위해 과학이 제공하는 무서운 힘"을 투쟁에서 사용할 수 있다.

유럽 전체가 상트페테스부르크 국제회의[108]에서 배척한 이러한 파괴 수단을 오직 코뮌만이 주장하고 있는데, 그 사용을 반대하는 자는 누구인가? 누가 과연 거부하는가? 이 문제에 대한 답변은 성명에서 추가로 설명된다. 그것은 바로 "전쟁으로 생계를 유지하는 왕관을 쓴 독재자들"로, "현대적인 수단의 사용이 전쟁을 영원히 불가능하게 할 것임을 너무나 잘 알고 있기에, 이 수단의 사용을 마치 종교적 금기처럼 스스로 금지하고 있다."

*

외교를 담당하는 코뮌의 대표 파스칼 그루세Paschal Grousset의 직무는 여유가 많다. 이를 이용해 그는 오늘 프랑스의 주요 도시들에 무장 개입을 요청하는 긴급 호소를 보낸다. 일부 발췌한 내용은 다음과 같다.

* *
108. 1868년 열린 회의. 전쟁과 관련된 국제 규정을 논의하기 위해 열렸으며 특히 '파편 폭탄'과 같은 특정 무기의 사용을 금지하려고 노력했다.

"파리는 죽음을 각오하고 있다. 요새 뒤에는 성벽이 있고, 성벽 뒤에는 바리케이드가 있다. 바리케이드 뒤에는 집들이 있으며, 파리 시민들로부터 그 집들을 하나씩 빼앗아야 할 것이다. 긴급하면 항복하느니 차라리 집들을 폭파하겠다."

"주요 도시들이여 이제는 선언문의 시기가 아니다. 대포로 말하고, 행동하는 시기이다."

"형식적인 동정은 충분하다. 당신들에게는 총과 탄약이 있다. 무장하라! 프랑스의 도시들이여, 일어나라!"

이런 웅변적 언어는 파스칼 그루세가, 광기에 찬 날에, 코뮌의 등장을 감히 유럽에 공표하면서 외국 강대국들에 보냈던 메시지가 성공을 거둔 것처럼, 우리 주요 도시들에서도 성공할 것이다.[109]

*

공안위원회의 창설은 코뮌 내에서 몇몇 반대를 초래했고, 분열이 임박한 것으로 보였다. 위원회 구성 법령에서 문제가 된 제3조 해석을 둘러싼 회의에서 결국 이 분열은 폭발하게 되었다. 위원회는 다른 모든 위원회 및 대표단의 해임뿐 아니라 새로운 인사 임명 권한까지 자신에게 부여된 전권에 포함된다는 해석을 관철시켰다.

반대자들은 오늘 코뮌주의 신문들에 선언문을 발표한다. 그들은 공안위원회가 코뮌 자체를 상당 부분 대체하는 권력이라고 보고 있다. 모든 권한과 모든 책임을 흡수하는 진정한 독재라고 그들은 항의한다. 코뮌 내부의 새로운 균열을 피하기를 원하기 때문에,

---

109. 외국 강대국과의 소통에 실패한 것처럼 국내 주요 도시에서도 호응을 얻지 못할 것이란 말의 반어적 표현.

그들은 자신들의 출신 구로 물러난다. 그리고 코뮌이 그들 중 한 명을 심판하기 위해 법정을 구성해 그들을 부르기 전까지는 다시 시청 회의에 참여하지 않겠다고 선언한다. 이 선언문에 서명한 사람은 22명이다.

나는 메모를 통해 독자들에게 이 중대한 사건에 대해 계속 정보를 제공할 것이다.

국민방위대 연합 중앙위원회는 다수파[110] 편에 서 있는 것으로 보인다.

*

전임자만큼이나 자유주의자인 전-경찰청의 새 대표는 코뮌의 제단에 여섯 개의 신문을 희생시켰다. 5월 16일의 희생자들은 다음과 같다. 〈시에클〉, 〈디스퀴시옹〉, 〈나시오날〉, 〈아브니르 나시오날 *l'Avenir national*〉, 〈코르세르〉, 〈주르날 드 파리〉.

이들 중에는 36년 된 베테랑인 〈시에클〉과 두 신생아인 〈디스퀴시옹〉과 〈코르세르〉가 포함되어 있다.

같은 날 저녁 〈주르날 드 파리〉는 〈에코 드 파리 *l'Écho de Paris*〉라는 제목으로, 〈디스퀴시옹〉은 〈폴리티크 *la Politique*〉라는 제목으로 다시 등장했다.

*

큰 상점, 작은 상점, 심지어 카페까지 계속 문을 닫고 있으며, 모든 면에서 그럴 만한 이유가 있다.

그렇지만 '수리로 인한 휴업'이라는 문구를 앞에 게시해서, 실제 이유를 감추고 있다.

••
110. 공안위원회를 지지하는 그룹을 의미.

*

오늘 저녁 5시 반, 코뮌의 어이없는 명령이 실행되었다. 방돔 광장의 기둥은 현재 땅에 누워 있다.

내일 공식지에는 이 기둥이 군중의 환호 속에 무너졌다고 틀림없이 보도할 것이다. 사실을 말하지는 않을 것이다. 나는 그 철거에 참석했다. 보고 싶지 않았기에 보지 않았지만, 군중의 감정을 증언할 수 있기를 원했다. 국민방위대만이 환호했다. 일반 시민들은 침착한 상태를 유지했고, 어떤 외침도 없었다. 이 침묵은 비판이었으며, 그 비판을 가한 사람들은 보나파르트주의자가 아니라 분노한 선량한 사람들이었다. 역사는 기념비를 허문다고 사라지지 않는다. 속죄 예배당의 철거가 1월 21일의 범죄[111]를 없앨 수 있을까?

*

모든 전선에서 정부군과 연합군 사이의 전투가 계속되고 있다.

남쪽에서는 베르사유 군대의 포병 부대가 이제 몽루주 요새에 집중하고 있으며, 그 점령이 임박한 것으로 보인다.

서쪽에서는 지속적인 교전이 이어지고 있으며, 그 결과 정규군은 지난 며칠간 얻은 성공을 공고히 하고 새로운 승리를 준비하고 있다.

새로운 외국 군인이 전장에 등장한다. 그는 러시아인으로 알려진 그레조록Grejorok 사령관이며, 몽마르트르 언덕 포병부대를 지휘하는 임무를 맡았다. 그의 국적이 무엇이든, 첫 시작은 순조롭지 않았다. 베콩Bécon 성과 젠느빌리에Gennevilliers 평야를 공격하는 과정에서 전초 부대의 연합군 병사 30여 명을 전투 불능 상태로

111. 1793년 1월 21일 루이 16세를 처형한 사건.

만들었다.

그는 어떤 축하도 받지 못했다.[112]

---
112. 일부 문헌에는 그레조록 사령관이 루마니아인으로 나타난다.

5월 17일

오늘 아침 〈공식 신문〉은 또 하나의 오래된 관례를 떠올리게 한다.[113] 공안위원회의 명령에 따라 연합군의 세 지휘관 각각에게 민간 감독관이 한 명씩 배정되었다.

해당 명령이 제시된 이유는 "혁명의 이익을 보호하기 위해 민간 요소를 군사 요소와 결합하는 것이 필수적"이라는 것이다.

이에 따라, 시민 드뢰르Dereure는 돔브로브스키Dombrowski 장군에게 배정되었고, 시민 조아나르Johannard는 라 체칠리아La Cécilia 장군에게, 시민 레오 메이예Léo Meillet는 브로블레프스키Vroblewski[114] 장군에게 배정되었다.

*

공안위원회는 오늘 밤, 혁명력 79년 플로레알 27일, "전신망電信網의

---

113. 대혁명 시기에 민간 행정과 군사 조직을 결합하려는 시도가 자주 있었다. 특히 국민공회나 공안위원회(Comité de salut public)가 민간 감독관(commissaire)을 군사 지휘관들과 함께 배치하여 혁명 이념에 따라 군사적 결정을 감시하고 조정했던 사례가 있었다.
114. 여기서 브로블레프스키(Vroblewski)와 앞의 5월15일 내용에서 브로블로브스키(Wroblowski)는 같은 사람을 다르게 표기한 것으로 보인다.

관리 및 운영을 전쟁부의 소관으로 이관한다"라고 결정했다.

*

같은 날짜에, 같은 당국에 의해 발효된 또 다른 법령은 "이제부터 파리로 향하는 모든 열차는 국민방위대의 최전방 초소가 위치한 경계 밖에서 반드시 정차해야 한다. 열차는 이 임무를 위해 파견된 경찰 위원의 검문을 받은 후에만 이 경계를 넘을 수 있다"라고 명령한다.

우리가 살고 있는 체제를 고려할 때 이러한 검문은 놀랄 일이 아니며, 여기까지는 괜찮다. 하지만 더 심각한 것은 다음 조항이다. 나는 이것을 문자 그대로 옮긴다.

"제3조. 지시를 어기려고 하는 모든 열차를 즉시 파괴할 수 있도록, 경계 지점에서 필요한 작전이 즉각적으로 수행될 것이다."

따라서 열차 기관사의 망각, 명령 오해, 신호 오류 등으로 인해 열차가 폭파될 수 있다. 이는 그야말로 끔찍하다. 이와 같은 조치의 발상 자체가 범죄이다.

*

공식지에 삽입된 공지는 오늘 오후 2시에 코뮌 의원들을 소집한다고 알린다. 이 공지는 "출석 확인이 이루어지고 **공식지에 게재될 것이다**"라고 발표한다. 이는 반대 소수파를 향한 경고이자 최후통첩이다. 그들은 이에 어떻게 반응할 것인가?

*

오늘 공식지에 실린 코뮌의 기사는 내가 어제 예상했던 대로, 방돔 기둥의 철거와 관련된 거짓말이다.

환호에 관한 이야기를 해보면, 전에도 여러 번 그랬던 것처럼 우연히도 나는 오늘 밤 몽마르트르 대로에서 연합군 제77대대와 제88대대가 성벽에서 돌아오는 광경을 목격할 수 있었다. 큰 깃발 하나는 총알구멍이 뚫려 있었고, 여러 작은 깃발은 총탄 자국으로 가득했다. 화약으로 검게 그을린 기진맥진한 군대, 전장에서 그들의 깃발이 전투의 흔적을 고스란히 드러낸 이들을 향한 외침이나 환호는 전혀 없었다. 이어진 장면은 더욱 슬픈 증거였다. 그것은 더 이상 돌아오지 못할 이들의 무기와 배낭을 실은 짐수레들이었다! 왜 이들의 행진에는 이렇게 차가운 침묵만이 이어지는가? 그들이 옳은 싸움을 하고 있지 않기 때문이다. 그들이 잘못된 길로 인도되고 속아서 피를 흘리게 된 대의명분이 그것을 내세운 지도자들에 의해 오래전에 명예가 더럽혀졌고, 이러한 불명예가 병사들에게도 드리워졌기 때문이다.

*

내가 이러한 생각에 잠겨 이 불쌍한 사람들을 동정하고 있을 때, 강렬한 폭발음이 들려왔다. 그때 나는 리슐리외 거리rue Richelieu 부근에 있었다. 사람들이 어디선가 발사된 강력한 폭발물이 멀지 않은 곳에 떨어졌다고 생각하며 소동이 벌어진다. 모두가 바닥을 살피며 뛰어다녔지만, 아무것도 없다. 그러다 갑자기 분홍색, 회색, 검은색, 흰색이 뒤섞인, 믿을 수 없을 정도로 두껍고 강렬한 구름이 나타났다. 내 평생 이렇게 비현실적으로 아름다운 장면을 본 적이 없었다. 그 구름은 방돔 광장 위로 솟아오르는 듯하다. 모두가 그쪽으로 달려간다. 처음에는 참모부의 지하에 있다고 하는 화약고가 폭발한 것으로 추측한다. 그러나 곧 그것이 아니며, 샹−드−마르스Champ-de-Mars 근처 라프 대로avenue Rapp 끝에 있는 탄약고가 폭발했다는 사실을 알게 되었다. 나는 그쪽으로 향해 간다.

콩코르드 광장에 도착하자마자 나는 첫 소식을 접한다. 부상자들과, 심한 충격으로 쓰러진 다수의 여성이 후송되고 있었다.

생-도미니크 거리rue Saint-Dominique에서 앵발리드 광장 입구까지 유리창이 깨져 있었다. 보스케 대로avenue Bosquet에 이르러 나는 몇 개의 탄환을 주웠는데 그것들은 변형되어 있었다. 샹-드-마르스 근처에서는 손상되지 않은 집이 하나도 없었고, 모든 건축물이 크고 작게 피해를 보았다. 특히 샹-드-마르스의 사고 현장 바로 근처는 모두 파괴되었고, 막사로 보이는 구조물은 아무것도 남아 있지 않았다. 1867년 만국박람회를 방문했던 독자들은 다양한 대표단과 성가대 등이 저렴한 가격으로 묵었던 마치 하나의 주택 단지와도 같은 대규모 건축물을 기억할 것이다. 그것이 완전히 사라졌다. 샹-드-마르스와 인근의 거리에서는 사람들이 문자 그대로 탄환과 부서진 유리 조각 위를 걷고 있다. 그 지역 전체가 아주 황폐한 모습을 보인다. 50명에서 60명의 사망자와 훨씬 더 많은 부상자가 있다는 말이 오간다. 다행히도 폭발이 일어났을 당시 작업 중이던 남녀 노동자들이 작업을 중단하고 떠난 상태였다고 한다. 시간은 오후 5시 30분이었다.

이 끔찍한 재난의 원인은 알려지지 않았다. 해당 시설에는 모든 종류의 폭발물이 보관되어 있었고, 특히 약 500만 발의 탄환이 있었다.

진동은 샹-드-마르스 주변뿐만 아니라 반경 1.5km에 걸쳐 심각하게 느껴졌다.

사람들은 공포에 질려 뛰어다녔고, 어지러움에 휩싸인 가축들까지 그들을 따라 혼란에 빠졌다.

*

방금 이야기했던 비극적인 사건 때문에 내가 얼마 전에 들은 논의 내용을 잊을 뻔했다. 그것은 연합군이 당연히 참석하지 못하는 한 정치 모임에서 얼마 전 나온 이야기이다.

그 논의에서 나온 의견들을 요약하면 다음과 같은데, 나는 이미 여러 차례 그런 의견을 들은 적이 있다.

도시의 해방이 지연된 것에 대해 누구도 불평하지 않는다. 정부와 군대가 파리를 재점령하고 질서를 회복하는 것을 그 어떤 실패도 넘어설 만큼 철저하게 준비하고 있다고 대부분 확신하고 있다.

실제로 지난 45일간의 끊임없는 부분적 전투를 통해 코뮌 대부분이 파괴되었으며, 현재 남아 있는 잔여 세력도 낙담하고 사기가 떨어졌다. 나는 베르사유 군대가 파리에 입성할 때 전혀 저항을 받지 않으리라고 말하는 것은 아니다. 하지만 내가 단언하는 것은, 한 달 전, 3주 전, 심지어 15일 전이었다면, 그 저항은 지금과는 완전히 달랐을 것이며 그 승리는 매우 비싼 대가를 치렀을 것이라는 점이다.

코뮌은 끔찍한 정치적·사회주의적 교리를 무제한의 권력으로 행사하며, 3월 18일 봉기 성공을 통해 나라에 안겨준 복지의 실상을 파리와 프랑스에 보여주었다. 절대적인 권력을 두 달간 행사한 후, 이제 코뮌은 모든 계층에서 선량한 사람들만큼 많은 적을 가지고 있다. 선량한 사람 중 다수는 코뮌의 시도에 기대하려 했고, 그렇게 해보았지만, 그 결과를 목격했다.

따라서 우리는 우리의 해방이 지연된 것에 대해 불평하지 않는다. 그러나 우리가 비난하는 것은 행정부 수반의 성급한 선언이다. 이와 같은 '최후통첩' 행위는 궁극적이고 결정적인 순간에만 시행해야 한다고들 말한다. 5월 7일의 선언은 군대가 파리에 진입하기 24시간

전에 이르러서 해야만 했다. 사람들이 덧붙이길, 이러한 선언 때문에 점점 더 폭력적인 조치들이 이어졌다고 한다. 정부 선언 이후 지나치게 흥분하고 다급해진 코뮌은 마치 어느 신문이 정확히 찾아낸 그 신조를 실행하는 것처럼 보인다. "가장 짧은 시간에 가능한 가장 많은 해악을 가하라."

*

코뮌은 자신을 배신하는 행위와 배신자들을 사방에서 직면한다.

한 신뢰할 만한 신문은 어제 시청 앞에서 많은 사람에게 공개적으로 발언한 코뮌의 두 구성원, 미오Miot 씨와 랑비에Ranvier 씨의 말을 보도했다. 미오 씨는 이렇게 말했다.

"지금까지 우리의 분노는 물질적인 것들에만 가해졌지만, 복수가 끔찍하게 이루어질 날이 다가오고 있으며, 그 복수의 대상은 우리를 해치고 짓밟으려는 이 비열한 반동 세력이 될 것이다."

더욱 의미심장하게도, 공안위원회의 주요 구성원 중 한 명인 랑비에 씨는 이렇게 덧붙였다: "방돔 기둥, 티에르 씨의 집, 속죄의 예배당은 단지 물질적 처형일 뿐이다. 그러나 코뮌이 궁지에 몰린다면, 다음 차례는 배신자들과 왕당파들이 될 것이다."

*

시민 브뤼넬Brunel 대령은 연합군이 차지하고 있던 이시 요새가 베르사유의 손에 넘어갔을 때 이를 지휘하고 있었다. 코뮌의 일원이자 고위 장교인 그는 전쟁부 대표에게 보낸 긴 보고서에서, 이 요새 함락이 자기 전임자들의 무능함 때문이라고 설명하려 한다. 그가 지휘권을 인계받았을 때는 이미 너무 늦었고, 손상은 회복 불가능한 상태였다. 그는 자신을 구속하도록 요청하며 보고서를 마친다. 그의 요청은 흔쾌히 받아들여졌으며, 시민 브뤼넬은 셰르슈-미디 군사 감옥[115]에 수용되었다.

코뮌의 또 다른 일원인 시민 클레망Clément은 덜 자발적으로 투옥되었다. 시민 클레망은 전직 비밀경찰 요원이었던 것으로 보인다.

*

또 하나의 새로운 신문이 나왔다. 그 이름은 〈콩스티튀시옹la Constitution〉이다. 내가 그것에 대해 생각하는 모든 좋은 점을 말하려면 한 가지 불만부터 말해야겠다. 그 불만은 그 신문이 15상팀에 팔리고 있다는 것이다.

*

전쟁 소식과 관련하여, 어제저녁 참모부 대위의 지휘 아래 연합군 대대가 방브의 학교로 파견되어 그곳에 주둔한 병력을 몰아내려고 시도했다. 하지만 국회 병사들은 참호를 구축하고 기관총을 배치할 시간을 이미 확보한 상태였다. 연합군은 기관총 세례를 받으며 후퇴했고, 그 과정에서 대위를 포함한 약 100명의 병력이 정부군에 포로로 잡혔다.

불로뉴 숲에서는 아르므농빌Armenonville 파빌리온 근처에서 전투가 있었다. 처음에는 연합군 보병들이 우세했지만, 이후 밀려났다. 그리고 다시 연합군이 성벽까지 퇴각해야 했다.

클리시Clichy 쪽에서 어제 베르사유의 포병들이 크게 가까워졌다.

----

115. 1847년에서 1950년까지 사용된 파리 시내 셰르슈-미디(Cherche-Midi) 거리에 있던 군사 감옥. 독일 점령 당시(1940~1944)에는 정치범 수용소로 이용되었다. 건물은 1966년 철거되었고 그 자리에는 현재 사회과학고등연구원(EHESS)이 있다.

몽마르트르에 많은 포탄이 쏟아졌고, 어젯밤에는 생피에르 광장까지 떨어졌다. 부상자와 사망자가 발생했다. 새벽부터 오전 9시까지 주변 구역에서 경보가 울렸다.

5월 18일

예상대로, 코뮌은 공안위원회를 통해 베르사유 정부가 라프 대로 avenue Rapp의 탄약고에 불을 지르게 한 혐의를 제기했다. 위원회는 다음과 같은 말로 악랄하게 비난한다.

"베르사유 정부는 가장 끔찍하고 비열한 새로운 범죄를 저질렀다.

그 요원들이 라프 대로의 탄약고에 불을 지르고 엄청난 폭발을 일으켰다.

희생자는 100명이 넘는 것으로 추정된다. 여성들과 젖먹이까지 갈기갈기 찢겼다.

범인 중 네 명은 현재 공공안전국의 손에 있다."

아무리 공안위원회의 발언이라 할지라도 이러한 기괴한 중상모략에 프랑스 정부가 타격받지는 않을 것이며, 언론에서도 이를 거론할 이유가 없다.

다만, 나는 코뮌이 정부를 이렇게 비난하는 것에 대해 반란 세력 기관들 자체는 어떻게 생각하는지 알아보는 것이 흥미롭다고 생각했다.

그중 가장 혁명적인 태도를 보이는 것은 바로 〈코뮌〉이다.

이제 공안위원회의 선언에 대해 이 신문이 어떤 언어로 답변했는지 보자.

독자께서는 그 표현 방식, 그리고 뭐라고 할까, 그 강도에 대해 관용을 베풀어 주길 바란다. 독자가 이제 보게 될 이 문체는 코뮌 언론에서만 볼 수 있는 것이다.

그 내용은 이렇다.

"물랭–사케Moulin-Saquet의 배신, 이시Issy 요새의 배신, 라프 대로avenue Rapp의 탄약고 배신, 사방에서의 배신! 이곳에는 무능함과 저열함을 제외하고는 다른 배신은 없다. 그들은 공공 서비스를 장악했지만, 그에 대해 약간의 지식조차 없는 멍청이들이고 악당들이다. 그들의 손에서, 공공 안전은 그 자체가 위험한 함정이 되었고, 공공 안녕은 가장 기본적인 보장도 되지 않고, 방치되고 있다."

*

잇따라 나오는 선언문들이 서로 비슷한 내용을 담고 있다. 연합 중앙위원회의 선언문 이후, 시민 파스칼 그루세의 선언문 이후, 결국 파리 국민방위대에 전하는 공안위원회의 선언문이 나오게 되었고, 오늘 아침 우리의 벽을 장식하고 있다.

위원회는 이 문서에서 3월 18일에 착수된 과업을 계속함으로써 국민방위대가 파리의 승리를 보장한다고 주장한다. 그런데 '파리의 승리'란 무엇인가? 이는 "프랑스에서 80년간 이어져 온 **구시대**에 대한 투쟁을 끝내는 것이다. 파리의 승리란 농민들에게 그들의 **권리** 의식을 일깨우는 것이다."

그러나 사기 저하와 실망감이 부대 안에 퍼지고 있다. 이는 큰 위험을 초래한다. 정의와 진실에 대한 감정이 다시금 그 지배력을 되찾을 조짐을 보인다.[116] 코뮌은 이러한 상황을 점점 더 자각하고 있으며, 공안위원회는 다음과 같은 연설을 통해 그들의 용감한 병사들의 열정을 되살리기를 기대하고 있다. 그들을 전투로 내몰기 위해, 위원회는 다음과 같이 덧붙인다.

"만약 반대로 여러분이 망설이거나 물러선다면, 그것은 베르사유 암살자들의 가혹한 보복에 파리를 내맡기는 것이며, 모든 거리가 파괴되고, 대학살이 일어날 것이다 (…)."

*

코뮌 신문의 공식 난에는 제8연대 대령의 군사명령이 발표되었는데, 19세에서 40세 사이의 국민방위대 병사들이 즉시 주둔지에 합류하지 않으면 체포되어 군사 재판에 넘겨질 것이라고 명시한다. 친절하게도 명령에는 이렇게 추가된다. "해당 처벌은 사형에 처하는 것이다."

그런 다음, 이러한 체포 행위가 병사들에게, 특히 그들의 거주 구역에서 활동하는 병사들에게 혐오감을 불러일으킨다는 것을 알고 있으므로, 연대장은 사전 대비를 했으며, 명령을 거부하는 자들에게 경고한다. (자기 아들, 형제, 친척도 포함될 수도 있는 자기 동포에게 총을 쏘는 것을 거부하는 사람도 '명령 거부자'라고 부른다.) 연대장은 "해당 구역과 무관한 외부의 3개 대대가 이 명령을 실행하기 위해 연대에 배치될 것이다."라고 통보한다.

*

나는 어제 코뮌의 회의가 당일 열릴 예정이라고 기록했다. 지금 그 회의록을 갖고 있다. 나는 며칠 전, 〈페르 뒤셴〉의 제안이 거의 항상 코뮌 내에서 논의되었고, 종종 그것들이 법령으로 전환되었다고

---

116. 여기서 말하는 정의와 진실은 코뮌이 주장하는 것이 아니라, 예전 상태 혹은 정부 측의 논리로 돌아갈 수 있다는 말을 비꼬아 표현한 것이다.

말한 바 있다.

"사형에 처해라, 단두대로 보내라."라고 〈페르 뒤셴〉은 5월 14일에 말했다.

그런데 어제 회의에서, 시민 위르뱅Urbain은, 그 제안을 지지하면서, 연합군 대대의 한 여자 취사병이 우리 병사들에 의해 살해되었다는 주장을 근거로 24시간 이내에 구금된 인질 중 10명을 총살할 것을 코뮌에 요청했다. 나는 분석하지 않고, 회의록을 그대로 옮기겠다.

그는 말했다. "코뮌이든 공공 안전 위원회든, 우리가 억류하고 있는 인질 중 10명을 24시간 이내에 처형할 것을 결정해달라고 나는 요청한다. 이는 여자 취사병 살해 행위와 국제법을 무시하며 우리 대표를 총격으로 맞이한 행위에 대한 보복이다. 나는 인질 중 5명이 파리 내부에서 모든 대대의 대표단 앞에서 장엄하게 처형되기를 요청하며, 나머지 5명은 최전선에서 살인 사건의 목격자인 병사들 앞에서 처형되기를 요청한다. 내 제안이 수용되기를 바란다."

이 제안에 대해 코뮌의 검찰관 시민 리고Rigault는 다음과 같이 언급하며 지지를 표현한다.

"나는 베르사유 사람들의 살인 행위에 대해 가장 강력한 방식으로 대응해야 한다고 생각한다. 그렇지만 아무나 처벌해서는 안 되고 책임자들을 처벌해야 한다고 본다."

논의가 시작되어 다음과 같은 의결로 결론이 났다.

"코뮌은 1871년 4월 7일의 법령을 참고하여, 이를 즉각적으로 시행할 것을 요청하고 다음 의제로 넘어간다."

언급된 법령은 내가 그 당시 기록했었다. 코뮌 회의록에는 미안한 일이지만, 해당 법령은 4월 7일이 아니라 4월 6일 것이다. 그런데 인질에 관한 이 법령이 제정되었을 때, 그것이 인디언들에게나 어울릴 만한 방식이라 불릴 만큼 심각한 반발을 불러일으켜 사실상 사문화된 상태로 남아 있었다. 4월 6일에 감히 실행하지 못했던 것을 5월 18일에는 감행하는 것이다. 실제로 공식 신문에는 내일, 금요일, 최초로 기소 배심원[117] 두 그룹을 소집하는 검찰의 공지가 포함되어 있다.

*

회의의 나머지 시간은 코뮌을 두 진영으로 분열시켰던 갈등에 대한 논의로 진행되었다. 반대파들은 복종을 선언했다. 그들은 자신들의 자랑스럽고 도도한 선언을 더 이상 기억하지 않았다. 다수파의 명령과 위협에 굴복하여, 그들은 회의에 참석했다. 따라서 평화가 체결된 것처럼 보였으나, 외교부 대표인 시민 파스칼 그루세Paschal Grousset가 발언을 시작했다. 그는 진지한 경고 없이 용서할 수 없으며, 미래를 대비해야 한다고 생각한다. 더구나 "만약 소수파 시민 회원들이 충실히 약속을 지키는 대신, 코뮌의 안녕을 위협하는 행동을 시도한다면, 우리는 그들을 **찾아내어 처단할** 것이다."

이 위협적인 발언들을 들은 뒤, 시민 발레스Vallès는 다소 두려움을 느끼며 발언을 요청하여, 공동 전선의 탈주를 우려할 필요가 없으며, 소수파가 다수파와 함께 원하는 것은 '가장 완벽한 조화'라고 선언했다. 그는 논의를 결론짓기 위해 그들 사이의 분열을 일으킨 원인을 더욱 깊이 검토하기 위해 선언문 자체를 논의할 것을 요청하며 마무리했다.

---

117. 기소 배심원(jury d'accusation)은 코뮌 당시에 일시적으로 존재했던 제도로 보인다. 대혁명 이후 1791년 배심원 제도가 도입되었으며, 시민이 판결에 참여할 수 있었다.

조금 전 종료될 것으로 보였던 논쟁은 이렇게 계속되었고, 〈공식 신문〉은 발표를 내일로 연기한다고 전했다.

*

최근 창간된 한 신문은 현재 상황을 묘사하며, 그 진실이 이를 능가한다 해도 이것만으로 여전히 충격적이고 주목할 만한 점이 있다고 말한다. 나는 이 기사를 인용할 만한 것으로 생각하고 발췌한 내용을 전한다. 그 기사의 제목은 '마지막 날들'이다.

"이날들은 음울하고, 피와 폐허로 가득하다. 음산하고 수치스럽고 비참하다. 그제 우리 지도자들은 파괴된 기둥 앞에서 샴페인을 마셨다. 어제는 탄약고의 끔찍한 폭발과, 화염의 폭풍, 공포, 사방에 죽음이 있었고, 총알이 비처럼 쏟아지고, 집들이 떨렸다. 마치 도시 전체가 미리 정해진 차례대로 부서지는 것처럼 보였다. 환상적이면서도 끔찍한 일이었다.

같은 시각(회의론자들이 사건의 연관성을 조롱하겠다면 자기 홀로 있을 때나 그렇게 해라.)[118], 방위대가 노트르–담–데–빅투아르Notre-Dame des-Victoires 교회를 포위하고 수색했다. 이 성소는 모든 어머니와 아내, 그리고 자매들이 나라의 영광과 사랑하는 이의 귀환을 위해 기도하던 곳이며, 수년간 가장 회의적인 사람들로부터도 존경받던 한 노인이 선행을 해왔던 곳이지 않던가. 얼마나 큰 선행을 해왔던가! 그런 소박한 교회도 그들이 더럽혔다. 그리고 그날 저녁 그곳에서 클럽 모임

..
118. '연관성'이란 앞의 파괴행위와 뒤의 약탈 행위의 연관성을 말한다. 별로 연관이 없다고 비웃는 사람이 혹시 있다면 그의 감정 결핍을 비판하는 말이다.

이 열리기로 되어 있었다.

이 음산한 악몽은 언제 끝날 것인가? 이 피에 굶주린 유령들은 언제 침묵할 것인가? 잔혹하고, 무능하며, 예전을 모방하는 것에 불과한 그들에게는 단두대가 필요하다. 그들은 단두대를 그리워하고 있다. 미오Miot가 말했고, 랑비에Ranvier가 강조했다. "집 다음에는 목숨이고, 기둥 다음에는 배신자들이다."

모든 정당의 정직한 사람들, 특히 시청의 광란적인 축제를 본능적으로 적대시하는 사람들, 그리고 공개적으로 전파된 범죄적 이념에 대항하는 용감한 작가들에게 코뮌 측 사람들과 그들의 언론이 매일 퍼붓는 모욕과 비난에 분개하며 기사의 저자는 이렇게 이어가고 결론짓는다.

"우리의 입을 막아보라, 할 수 있다면. 우리를 죽여보라, 감히 하겠다면. 그러나 모욕은 삼가라. 그것은 비겁한 짓이다. 특히 당신들처럼 잘 보호받고 있는 자들이라면 말이다.

죽여라, 만약 너희 희극이 미완성이라고 느낀다면. 우스꽝스러운 시민 증명서, 강제 징집, 열차 정지, 개인 소지품 수색, 공공연히 시행된 철거에 이어 피의 증오를 추가하고 싶다면 말이다. 죽여보라 그러나 기억하라. 너희가 배신자와 간첩이라 부르며 모욕하는 모든 이들은 이전에 너희를 보호했던 사람들이며, 너희가 그들에게 도움을 구하러 갈 만큼 충분히 순수하다고 믿었던 이들이었다는 것을."

5월 19일

지금까지 신문 폐간은 경찰청에 연이어 파견된 우리의 대표들이 결정했다. 이제부터 공안위원회가 이 일을 자신들이 할 일이라고 주장한다. 오늘 아침 공식 신문에 게재된 한 법령은 단번에 아홉 개의 신문을 폐간시켰다. 이 법령은 전문을 전달할 가치가 있다.

공안위원회

법령

제1조. 〈코뮌la Commune〉, 〈에코 드 파리l'Écho de Paris〉, 〈앵데팡당스 프랑세즈l'Indépendance française〉, 〈아브니르 나시오날l'Avenir naional〉, 〈파트리la Patrie〉, 〈피라트le Pirate〉, 〈레퓌블리캥le Républicain〉, 〈르뷔 데 되-몽드la Revue des Deux-Mondes〉, 〈쥐스티스la Justice〉 등의 신문은 폐간되며, 앞으로도 폐간된 상태로 유지된다.

제2조. 전쟁이 끝나기 전에는 어떤 신문이나 간행물도 새로 발간할 수 없다.

제3조. 모든 기사는 작성자를 명기해야 한다.

제4조. 공화국과 코뮌에 대한 공격은 군사 법정에 넘겨질 것이다.

제5조. 위반한 인쇄업자는 공범으로 기소되며, 그들의 인쇄기는 봉인될 것이다.

제6조. 본 법령은 해당 목적을 위해 임명된 민간 경찰 위원인 시민 르 무쉬Le Moussu의 관리하에 즉시 폐간된 신문에 통지될 것이다.

제7조. 공공안전국은 본 법령의 실행을 감독할 책임이 있다.

시청, 79년 플로레알 28일
공안위원회,
앙트완 아르노Ant. ARNAUD, 빌리오레BILLIORAY,
외드E. EUDES, 강봉F. GAMBON, 랑비에RANVIER

어느 시대, 어떤 체제에서도 언론은 공안위원회가 코뮌의 위대한 영광을 위해 도입한 엄격한 조치만큼 강하게 통제된 적이 없었다. 1835년의 법과 1852년 2월 17일의 법령조차 언론에 정규 사법 절차를 보장했었다. 그러나 코뮌은 언론 관련 범죄와 위반 사항들을 특별 재판소, 혁명 재판소, 간단히 말해 군사 법정에 회부하고 있다.

베르사유와 공모한 혐의를 받은 사람에게 4월 6일의 법령이 어떤 형벌을 내리는지는 잘 알려져 있다. 언론에 대한 코뮌과 그 산하기관들의 자비로운 조치는 의심의 여지를 남기지 않는다.[119] 군사 법정은 자신에게 제출된 모든 글에서 이러한 공모의 흔적을 찾아내고 이를 확인할 것이며, 해당 글의 작성자는 사형에 처할 것이다.

나는 오늘 폐간된 신문들을 동정하지 않는다. 오히려 그들을 축하

---

119. 엄격한 조치가 분명하게 시행된다는 말을 반어적으로 하는 것이다.

한다. 나는 이들이 79년 플로레알 29일의 법령 제2조에 의한 위험한 기소를 피할 수 있는 상황에 놓여 있다는 사실을 기뻐한다. 그러한 기소에 그들 대부분이 분명히 용감히 맞설 것이기 때문이다.

*

몇몇 구에서는 종교 교육을 세속 교육으로 대체하라는 코뮌의 명령을 실행하는 데 상당한 저항에 부딪히고 있다. 신앙, 양심, 신념, 그리고 이해관계로 언짢아하는 주민들은 '교육 위원회'의 명령을 잘 따르지 않고 있다.

코뮌은 이 저항을 물리치기로 했다. 코뮌은 48시간 이내에, 명령을 위반하고 수도회가 운영하는 학교의 목록을 작성하도록 했다. 또한 "이런 부도덕한 상황이 계속되고 있는" 구청으로 파견된 코뮌 대표들의 이름을 공식지에 발표할 것이라고 명령했다.

*

오늘자 시청의 〈공식 신문〉을 믿는다면, 판사들, 코뮌의 공범자들이라고 불러도 어색하지 않을 그 판사들의 역할이 군사 법정에서 결코 쉬운 일이 아닐 것이다.

계속 처벌해야 할 기자들뿐만이 아니라, 재무부 대표의 명령에 따라 이제는 계급장을 단 도둑들도 심판해야 한다. 시민 주르드Jourde는 "국민방위대 급여가 심각하게 남용되고 있다"라고 말했다. 따라서 그는 급여 담당 장교들이 저지른 횡령을 확인하기 위한 조사를 명령했으며, "그들은 군사 법정에 넘겨져 군사 법률에 따라 엄격하게 처벌될 것"이라고 했다.

*

"코뮌 명령서 하단에 해당 위원의 서명이 없다."는 이유로 "모든 계급의 장교와 시민들이" 이를 실행하지 않는다고 공안위원회는 말한다. 앞으로 이런 식으로 거부하면 반역죄 혐의로 범죄자를 즉시 군사 법정으로 보낼 것이라고 통고한다.

*

또한 〈공식 신문〉은 5월 17일 코뮌 회의의 결과를 우리에게 알려준다. 우리가 알고 있는 선언문에 서명한 소수파를 아주 심하게 비난하며 열띤 토론을 벌인 끝에 시민 미오의 결의안이 채택된다.

이 결의안에 따르면, 다수파는 선언문에서 서명을 철회한다고 선언한 소수파의 행동을 잊고, 선언문 자체를 비난한다. 이와 관련해 어떤 심각한 항의도 발생하지 않았고, 진정으로 정치적인 회의라면 원칙에 따라 비중 있게 다루었어야 할 사건이 이렇게 최종적으로 종료되었다.

회의는 더 혁명적이고, 더 반사회적이며, 한마디로 더 코뮌적이라고 할 수 있는 일련의 제안으로 끝난다.

그중 몇몇만을 언급한다.

우리 민법의 신중한 체계를 단번에 뒤흔들고, 신성하고 도덕적이고 인간적인 법을 부정하며, 시민 베지니에Vésinier는 다음을 요구한다.

1. 인정된 자녀와 합법적인 자녀 사이의 권리 평등이 선포될 것이다. 모든 호칭 상의 구분을 폐지한다. 이제는 합법적인 자녀들만 존재한다.[120]

---

120. 합법적인 자녀는 결혼한 상태에서 태어난 자녀를 말하고, 인정된 자녀는 부모가 결혼하지 않은 상태에서 태어났지만, 부모 중 적어도 한 명이 법적으로 인정한 자녀를 말한다. 이 구분은 과거에는 중요했지만, 현재는 평등하게 권리가 부여되고 있다.

2. 인정받지 못한 사생아들은 코뮌의 자녀가 되어, 코뮌이 그들을 인정하고 합법화할 것이다.
3. 결혼에 관하여, 만 18세의 젊은 남성과 만 16세의 젊은 여성이, 혹은 코뮌의 언어로 말하자면, 만 18세의 남성 시민과 만 16세의 여성 시민이 시 행정관 앞에 나아가 결혼의 연을 맺겠다고 선언하면, 그들의 결혼은 성립된다.

부모의 동의도, 사전 공표도, 아무것도 더 이상 필요 없다. 이 모두는 사라져야 할 '**구세계**'에 속하는 것이다.

이어서 시민 자크 뒤랑Jacques Durand이 등장한다. 이사할 자유(누가 그 자유를 규제할 수 있다고 생각했을까?)는 그에게 사회 질서에 심각한 위협을 가할 수 있는 것으로 보였고, 그는 코뮌에 다음과 같은 법령을 요구했다. "앞으로 모든 이사는 세관원이나 코뮌의 다른 관리의 입회하에 포장 단계부터 감시받아야 한다."[121] 회의록에는 이 제안을 듣고 회의장에서 웃음이 터졌다는 언급이 없다.

따라서 우리는 곧 이런 어처구니없는 제안들이 코뮌의 법으로 변모하는 것을 보게 될 것이다.

*

지금까지 역에서 검사받은 것은 단지 수화물뿐이었고, 가끔 남성들이 수색받았다. 여성들은 거의 완전한 이동의 자유를 누려왔다. 그런데 어제부터는 여성들도 수색받기 시작했다. 거친 목소리와 예상할 수 있는 말투, 초라한 옷차림, 그리고 어깨에 붉은 누더기를 두른

---

121. 여기서 '세관원'은 실제 세관원이라기보다 코뮌이 지정한 내부 감시 요원 또는 관리 인력을 말하는 것으로 보인다. 과도하고 비현실적인 규제를 조롱하고 비판하는 의미로 등장한 것이다.

못된 여성들이 이 새로운 업무를 맡고 있다.

*

우리 여성들과 소녀들에게 가해지는 이러한 굴욕들과 더불어, 거리에서는 남성들에게도 모욕 행위가 이루어지고 있다. 처음에는 조심스럽게 시작되었던 연합군들의 욕설은 지난 한 달 동안 날이 갈수록 더 심해지고 있다. 오늘 저녁 6시, 나와 내 몇몇 친구들은 콩코르드 광장에서 한 그룹의 코뮌 지지자들에게 무례한 호칭을 들어야 했다. 내 펜은 차마 그것을 기록할 수 없지만, 저자들이 의도했던 느낌을 빼고 호칭만 전달한다면 이렇게 하나는 재현할 수 있다. '카옌의 공급자들'.[122]

어제부터 포격이 거세어지고 있으며, 파리는 그야말로 불의 고리 안에 갇혀 있다. 전투는 모든 전선에서 진행되고 있으며, 분명히 성벽 가까이 다가가고 있다. 포탄은 파리 안쪽에 더 많이, 그리고 더 자주 떨어지고 있다.

그런데도 코뮌은 계속해서 승리를 주장하고 있다.

이 주장을 내가 말하지 않을 이유는 없지 않은가? 파리는 이 주장에 만족하고 있으며, 그 이유를 곧 알게 될 것이다.

연합군 대령 마티외Mathieu는 포르트 마이요porte Maillot의 최고 지휘관이다. 이 고위 장교는 그의 지휘 아래 출전한 횟수도 많고, 많은 승리도 기록하고 있다. 그가 불로뉴 숲에서든 다른 곳에서든 출격할 때마다, 베르사유 군 수천 명이 패배의 쓴맛을 보지 않은 적이 없었다.

---

122. 카옌은 프랑스령 기아나의 유배지로서, 이 말은 '유배지로 보내버릴 녀석들'이란 의미이다.

그는 베르사유 군을 절반쯤 파괴된 참호에서 몰아낸 한 결정적 전투 이후 발송한 최근 보고서에서 이런 말로 마무리한다. "내가 포르트 마이요에 있는 한, 여러분은 적이 결코 들어오지 못할 것이라고 확신할 수 있다."

한편 베르즈레Bergeret도 한술 더 떠 말했다. 6월 4일, 우리의 용감한 군대가 한 번의 총성도 없이 뇌이이의 중요한 거점을 차지하기 바로 전날, 베르즈레는 다음과 같은 내용을 전쟁 집행위원회에 보고했으며, 이에 대해 나는 이미 언급한 바 있다.

"뇌이이에 대해 말하자면, 그것은 우리 적들의 목표이다. 나는 그것을 엄청나게 강화했으며, 온 군대가 공격해도 맞설 수 있다고 확신한다."

이렇게 한편으로는 격렬한 전투가 우리와 너무 가까워서 마치 성벽 안에서 일어나는 것처럼 보이고, 다른 한편으로는 점점 더 승리를 자랑하는 반란군의 승리 보고서가 이어진다. 이 모든 것으로 볼 때, 해방의 엄숙한 시간이 가까워졌음을 암시하고 있다.

5월 20일

나는 독자들에게 달이 바뀌는 것을 알린다. 우리는 오늘 '플로레알 29일'에서 '프레리알 1일'로 넘어간다.[123]

오늘 날짜(프레리알 1일)의 코뮌 법령은 다음과 같다.

정의와 도덕성에 대한 본능으로 국민은 항상 이 격언을 주장해 왔다. "도둑에게 죽음을!"

이 법령은 다음을 명한다. 절도 혐의를 받는 모든 공무원이나 납품업자는 군사 재판소에 넘겨지며, 유죄로 판명되면 오직 사형만이 그들에게 적용될 것이다.

나는 동의한다. 그러나 논리적으로는 코뮌이 이 법령의 혜택을 자신에게 서둘러 적용해 보아야 할 것이다. 그 혐오스러운 존재의 날 중 어느 하루라도 도둑질로 얼룩지지 않은 날이 있었던가? 권력을 훔친 후, 그 구성원들은 공공 금고, 민간 행정 금고, 개인의 금고에 손을 뻗어 사방에서 약탈하고 황폐화하지 않았던가? 당신들은 자주

---

123. 프레리알(prairial)은 목월(牧月), 혁명력 9번째 달(5월20일~6월18일).

자신의 약탈 행위를 감추기 위해, 부유한 전리품을 내주었던 주인들을 감옥에 가두지 않았나? '프레리알 1일' 법령에 서명한 코뮌의 구성원들이여, 당신들은 너무나 많은 것을 감히 시도했다. 여러분은 이런 속담을 너무 잊고 있다. "교수형 당한 집에서 밧줄 이야기는 절대 하지 말라."[124]

*

같은 날의 법령으로 "뷜르텡 대 루아 *Bulletin des lois*라는 제목의 신문"이 창설되었으며, 이는 코뮌의 모든 공식 문서를 게재하기 위한 것이다. 이 간행물은 매주 한 번 발행될 예정이다.

*

많은 사람의 의견에 따르면, 3월 18일의 움직임은 이중적 원천에서 비롯된다. 하나는 공식적으로 밝혀진 원천, 즉 국민방위대 연합 중앙위원회이며, 또 하나는 은밀하고 드러나지 않은 원천, 즉 국제노동자협회(인터내셔널)이다. 내 생각에는, 이미 언급했고 거듭 강조하듯이, 이 반란은 오직 그 두려운 조직이 만든 작품이다. 그들은 명시적으로 그 이름을 드러내거나 이를 통해 위험에 빠지는 것을 원치 않았다. 인터내셔널은 영국, 프로이센, 오스트리아, 스페인, 벨기에, 다시 말해 그들이 중요한 거점을 보유하고 있는 모든 지역에서 정부들의 주의를 끌지 않는 것이 중요했기 때문이다.

3월 18일 파리에서의 주도권을 인정하는 것은 그 정부들의 눈을 뜨게 하는 것이었다. 그것은, 오늘날 프랑스를 위태롭게 하는 것과

---

124. 특정 상황에서 민감한 주제는 언급하지 말아야 한다. 코뮌이 자신들도 해당 법령의 기준에 부합하지 않으면서 그러한 법령을 선언하는 것이 적절하지 않다는 저자의 비판적인 풍자.

마찬가지로, 미래 안전을 위협하는 시도들이 자국에서도 있을 수 있다고 정부들에게 경각심을 갖게 하는 것이었다. 신중하면서도 영리하게, 인터내셔널은 그렇게 하지 않았으며, 가면을 썼다.

국민방위대의 단순한 대리인으로서, 중앙위원회는 3월 26일, 즉 코뮌이 공식적으로 구성된 바로 다음 날, 자신의 임무가 이미 목적을 달성했음을 인정하고 물러났어야 했다. 그러나 그 엄청난 조직의 대리체로서, 위원회는 무관심할 수도 없었고, 또 그렇게 하려고 하지도 않았다. 따라서 위원회는 결코 권력을 포기하지 않았으며, 겉으로 드러나는 일이 줄어들었을 뿐, 그 권위와 영향력은 여전히 지배적인 상태였다.

코뮌 내에서 혹은 코뮌과 다양한 서비스의 대표자들 사이에서 갈등, 분열, 또는 어떤 의견 불일치가 발생할 위기에 처할 때마다 그 위원회의 영향력이 드러나는 것을 우리가 보아왔다.

클뤼즈레와 로셀은 그들의 행로에서 위원회와 부닥쳤고, 결국 좌절되었다.

오늘날 코뮌은 분열될 위기에 처해 있다. 소수파, 그것도 상당히 중요한 소수파가 이탈하려는 상황에 있다. 공안위원회는 논란이 되고 있고, 전쟁부 대표는 자신이 누구에게 종속되는지조차 알지 못한다. 한마디로, 건물의 모든 부분이 금이 가고 있으며, 상황은 위험하다.

누가 이를 구할 것인가?

소위 국민방위대 중앙위원회를 본래의 이름으로 돌려 부르자면, 인터내셔널 위원회가 아니겠는가?[125]

..
125. 국민방위대 중앙위원회는 인터내셔널과 연관된 성향의 인물들이 중심을 이루

다음은 오늘 아침 파리의 벽에 붙여진, 흰 종이에 인쇄된 그 위원회의 선언문이며, 이를 〈공식 신문〉에 보도한 것이다.

국민방위대 공화국 연합
중앙위원회

파리 시민들에게

국민방위대에게

코뮌 다수파와 중앙위원회 사이의 분열 소문이 우리의 공통된 적들에 의해 끊임없이 퍼지고 있으며, 이를 공개적인 협약을 통해 한 번에 완전히 없애야 할 필요가 있다.

중앙위원회는 공안위원회에 의해 전쟁 행정을 맡도록 지정되었으며, 오늘부로 그 임무를 시작한다.

코뮌 혁명의 깃발을 들어 올렸던 그 위원회는 변하지도, 퇴보하지도 않았다. 그 위원회는 어제와 마찬가지로 오늘도 코뮌을 위해 태어난 수호자이며, 코뮌의 손에 맡겨진 힘이며, 내전에 맞서는 방벽이며, 국민이 획득한 권리를 지키는 파수꾼이다.

따라서, 진정으로 협약을 체결한 코뮌과 중앙위원회의 이름으로, 의심과 무의식적인 비난들이 사라지길 바란다. 가슴은 뛰며, 팔은 무장하고, 우리가 모두 그것을 위해 싸우는 위대한 사회적 대의가 연대와 형제애 속에서 승리하기를 바란다.

공화국 만세! 코뮌 만세! 코뮌 연합 만세!

..
>었고, 그래서 당대 일부에서는 '인터내셔널 위원회'라 부르기도 했다. 반면 공안위원회는 코뮌의 공식 행정 기구로서 더 제도적이고 국가 중심적인 성격을 띠었고, 조직적으로 인터내셔널과 연결된 것은 아니었다.

파리, 1871년 5월 19일
코뮌 위원회

베르즈레BERGERET, 샹피CHAMPY, 즈레슴GÉRESME, 르드루아LEDROIT, 롱클라LONCLAS, 위르뱅URBAIN

중앙 위원회

모로MOREAU, 피아PIAT, 라코르LACORRE, 조프루아GEOFFROY, 구이에GOUHIER, 프뤼돔PRUDHOMME, 고디에GAUDIER, 파브르FABRE, 티에르소니에TIERSONNIER, 본푸아BONNEFOY, 라코르LACORD, 투르누아TOURNOIS, 바롱BAROND, 루소ROUSSEAU, 라로크LAROQUE, 마레샬MARÉCHAL, 비송BISSON, 우즐로OUSELOT, 브랭BRIN, 마르소MARCEAU, 레베크LÉVÊQUE, 숑토CHONTEAU, 아부완 2세AVOINE fils, 나바르NAVARRE, 위송HUSSON, 라갸르드LAGARDE, 오두아노AUDOYNAUD, 앙제르HANSER, 수드리SOUDRY, 라발레트LAVALLETTE, 샤토CHATEAU, 발라츠VALATS, 파트리PATRIS, 푸즈레FOUGERET, 밀레MILLET, 불랑제BOULLENGER, 부이BOUIT, 뒤캉DUCAMP, 그를리에GRELIER, 드르베DREVET

중앙위원회는 어느 때보다 강력해진 모습으로 나타나며, 무엇보다도 "승리해야 할 위대한 국가 대의"에 전념하며, 방어의 지휘를 맡는다. 그리고 전쟁부 대표는 그 위원회의 최고 권위 아래 배치된다.

*

코뮌 명령에 따라 체포, 수감 된 특정 개인을 인질로 간주할 수 있는지를 결정하기 위해 특별 배심원단이 구성되었다. 이 배심원단은 어제와 오늘 그 기능을 수행했다.

공화국 경비대 또는 군사경찰 부사관 12명과 여러 일반 군사경찰이 인질로 선고되었다.

코뮌에 의해 체포된 죄수가 이 배심원단에 의해 인질로 인정되면, 그는 보복 조치용으로 이용될 수 있다. 즉 4월 6일 법령 제5조에 따라 재판 없이 총살될 수 있다.

이 이상한 법정에서는 변호가 허용되지 않는다.

코뮌의 현대판 푸키에–탱빌[126]인 시민 리고는 냉소적인 말로 소위 배심원들에게 유죄 평결을 요구했다. 그가 말하길, "사실은 명백하고 확실하다. 이 사람들은 파리 경비대의 일원이었다. 따라서 변호는 들을 필요가 없다."

그리고 배심원단은 유죄를 선고했다!

변호를 들을 필요가 없다! 이러한 말이 평소 프랑스의 정의가 실현되는 궁전의 아치 밑에서 울려 퍼질 수 있었다.

*

오늘 저녁 대로에서 큰 소란을 일으키는 소식은 어느 정도 신빙성을 얻고 있다(또다시 프로이센 개입에 관한 것이다).

프랑크푸르트 조약[127]의 비밀 조항에는 이런 개입이 규정되어 있다

---

126. 푸키에–탱빌(Fouquier–Tinville)은 대혁명 당시 공공 검찰관. 그는 공포정치 기간에 많은 사람을 단두대로 보낸 것으로 악명이 높다.
127. 전쟁 패배 후 1871년 5월 10일 독일제국과 프랑스 사이에 맺은 조약. 알사스, 로렌 등 영토 일부를 독일에 넘기고, 50억 프랑의 보상금을 지급할 때까지 독일

고 전해진다.

내일 21일, 베르사유 정부는 코뮌에게 48시간 이내에 무기를 내려놓으라는 최후통첩을 전달할 것이다. 이 기한이 지나면 공격이 시작된다. 성공한다면 프로이센은 우리의 일에 계속 간섭하지 않을 것이다. 반대로 실패할 경우, 15만 명 이상의 독일군이 우리의 군대와 합세하여 파리를 점령한 뒤, 프랑스의 미래 운명을 결정하기 위한 국민투표를 시행하는 데 필요한 기간에 파리를 점령할 것이다.

현재로서 나는 이 소식을 단순히 선정적인 뉴스로 간주한다.

베르사유에서의 국가군 조직이 얼마나 치밀하게 구성되어 있는지에 대한 각종 정보들, 우리 도시 바로 앞까지 진격한 포위군의 진군 상황, 지치고 낙담하며 사기가 꺾이고 환멸에 빠진 코뮌의 대대들이 처한 혼란 상태 등을 보면, 국회가 혼자 힘으로 질서를 회복하는 힘든 과업을 해낼 수 있으리라는 희망을 품게 한다. 그리고, 만약 그러한 비밀 조항이 존재한다고 하더라도, 그것이 결국 시행되지 않게 될 것이다.

*

코뮌 〈공식 신문〉은 인터내셔널 회원들이 여기저기서 진행하는 학술적 논의를 우애 있게 환대한다. 오늘 코뮌의 신문은 이 협회가 이번 달 15일 벨기에서 개최한 회의 보고서를 게재했다.

모든 연설자가 경쟁적으로 파리 코뮌의 행동을 칭송하였으며, 독자들은 이에 놀라지 않을 것이다.

그중 한 명은 협회가 꿈꾸는 코뮌의 모습을 정의하며, 다음과 같은

- - 군대가 프랑스에 주둔하게 되었다.

결론으로 교리를 설명한다.

그가 말하길, "우리가 원하는 전면적 교육이란, 미래의 보상을 바라고 권위에 복종하도록 젊은 지성을 독살하는 그런 교육이 아니다. 우리는 유물론자이며, 우리가 굶주림을 해방하고자 하듯이, 지성도 해방하고자 한다. 이러한 교육은 종교의 전파에 맞서는 가장 강력한 전쟁이 될 것이다. 프롤레타리아가 평등한 권리를 누리게 하려면, 사회의 근본을 공격하고 나무뿌리를 뽑아야 한다.

태양 빛처럼, 이 땅은 **자연권**에 따라 우리에게 속한 것이며, 노동자에 의해서만 활용되고, 노동자의 독점적 이익을 위한 재산이다.

그래서 결론은 명확하다. '땅과 햇빛'은 프롤레타리아의 독점적인 소유물이다."

이 얼마나 터무니없는 이야기인가!

이 파렴치한 주장들이 3월 18일 행동을 주도한 사람들 프로그램의 본질을 이루고 있다.

*

클뤼즈레가 내일 일요일 코뮌 법정에서 전쟁부 전직 대표로서 심판받기 위해 출석할 예정이라고 발표되었다.

*

체포와 압수 수색은 이제부터 **플루랑의 복수자**[128]라고 불리는 부대에 맡겨졌다.

이 부대는 코뮌 대대 중에서도 가장 악명 높은 자들로 구성되었다.

---

128. 여기서 플루랑은 귀스타브 플루랑을 말하는 것으로 보인다. 그는 코뮌을 주도한 인물이며 1871년 4월 3일 베르사유 병사에 의해 사살되었다.

각 병사는 금속 호루라기를 지니고 있으며, 이는 야간 작전 중 집결 신호와 경고 목적으로 사용된다.

*

우리의 숨통을 조이는 철과 불의 고리는 날이 갈수록, 아니 매시간 점점 더 조여오고 있다. 밤중 내내 총성, 대포, 기관총 소리가 단 한 순간도 멈추지 않았다.

오늘 오후 4시에 발행된 **당일 소식지**에는 다음과 같은 소식이 실려 있다.

새벽 2시 보고. 한 시에, 파리 플레장스^{Plaisance}, 생–빅토르$^{Saint-Victor}$ 통로 근처, 쇼세–뒤–멘$^{Chaussée-du-Maine}$에서 150미터 떨어진 곳에 각각 산탄 포탄[129]이 터졌다. 곧이어 포탄과 대포알[130]이 93번 방벽과 건초 창고 위로 쏟아졌다.

총격전이 벌어졌고, 모든 사면과 능선에 있는 베르사유의 모든 포대가 불길과 연기로 뒤덮였다. 보루에서도 반격을 개시했다. 전선 전체에서 교전이 진행되고 있다.

스무 군데의 드문드문한 지점에서 총격전이 벌어졌다. 방브^{Vanves}, 말라코프^{Malakoff}, 이시^{Issy}, 푸앵–뒤–주르$^{Point-du-Jour}$, 퐁드라발레$^{Pont\ de\ la\ Vallée}$, 클라마르^{Clamart} 철도, 불로뉴^{Boulogne} 숲 등이다. 몽–발레리앵$^{Mont-Valérien}$은 코뮌의 모든 포대와 대치하고 있다.

..
129. 주로 대포에서 발사되어 내부에 담긴 작은 쇳조각이나 탄환을 흩뿌리며 폭발하는 장치로, 넓은 범위를 공격하기 위해 설계된 무기.
130. 대포알(Boulet)은 19세기 이전 대포에서 사용되었으며, 폭발 기능이 없는 금속 덩어리이다.

몽트르투Montretout는 불길에 휩싸였다. 문자 그대로 대기大氣가 연기로 가득 찼다. 성벽의 총알로 인해 우리는 망루를 떠날 수밖에 없었다. 구급 마차들이 사방에서 도착하며, 포탄과 탄약으로 가득 찬 탄약 마차들과 함께 이동하고 있다.

오늘 밤 베르사유군이 도시 출입로(포르트)를 공격하지 않을까 우려하고 있다. 무장한 군대가 도착하고 있으며, 성벽[131]을 향해 달려가고 있다.

---

131. 1871년 당시 파리에는 1840년에 세워진 '티에르 성벽'이라고 알려진 방어시설이 있었다. 이 성벽은 당시에도 벌써 군사적 방어 목적보다는 행정적 경계로 더 많이 사용되고 있었지만, 코뮌 당시에는 군사적 충돌 지점이 되기도 했다.

5월 21일

오늘 '79년 프레리알 2일' 코뮌 신문의 공식 난은 다음의 공지를 제외하고는 특별히 언급할 만한 사항을 포함하지 않는다.

파리 시민은 48시간 이내에 자택으로 돌아가기를 바란다. 이 시한이 지나도 돌아가지 않은 사람은 그들의 연금 증서와 대장大帳[132]을 불태울 것이다.

중앙위원회를 대표하여,

서명: 그를리에GRELIER

이 공지에서 "대장을 불태울 것이다."라고 명시적으로 적힌 것 외에 다른 의미를 찾아보기는 어렵다. 그런데, 파리를 떠나지 않은 사람들은 어떻게 되는가?[133]

----

132. 당시 연금 증서는 공채나 국가 발행 채권과 관련된 문서로, 소유자가 정기적으로 이자를 받을 권리를 증명하는 역할을 했다. 소유자가 직접 보관하거나 금융기관에 보관했다. 대장(Grand-livre)은 공채의 등록대장으로 행정기관에서 보관했다. 이 두 문서는 당시의 경제적, 행정적 체제를 유지하고 관리하는 데 핵심적인 역할을 했다. 당시 맥락에서 이것을 불태우겠다는 조처는 실질적 실행보다는 상징적이고 심리적인 압박 의미를 담고 있다.

이 위협 아래에 서명된 이름은 코뮌의 위원도 아니고, 재정부 대표도 아니며, 공안위원회 위원도 아닌, 중앙위원회의 일개 위원이다.

*

시청 신문의 비공식 난은 서명이 없는 9개의 군사 보고서로 시작된다. 늘 그렇듯, 익명의 작성자들은 이 보고서들에서 점점 더 커지는 그들의 성공을 기뻐하고 스스로 축하한다. 그러나 안타깝게도, 내가 이미 언급한 바와 같이, 구체적인 날짜와 시간이 없어서 이 보고서들을 검증하거나 신뢰할 만한 출처에서 얻은 정보와 대조할 수 없다.

그런데도, 독자들 눈앞에 예외적으로 이 승전 보고서를 한 사례로 제시할 수 있도록 허락을 구하고자 한다.

나는 공식지의 서체 배치까지 충실히 재현해서 이를 복사한다. 물론 이렇게 복사한다고 해서, 나는 나의 매일 보고를 마무리하는 전쟁 작전에 대한 일일 주석을 생략할 계획은 없다. 만약 내가 코뮌의 보고서에만 의존한다면, 독자들은 빛을 찾으려는 곳에 어둠을 만들려 했다고 나를 비난할 것이다.

다음은 보고서 내용이다.

군사 보고서

장티이 Gentilly

슈와지-르-루아 Choisy-le-Roi, 오를리 Orly, 티에 Thiais 까지 성공적으로

..
133. 이 질문은 성명서가 파리 시민 전체를 겨냥한 위협인지, 혹은 외지로 떠난 일부 대상만을 겨냥한 것인지 불명확하다는 점을 지적하는 것이다. 더 나아가서, 실제로 파리에 남아 있는 사람들조차도 연금 증서나 금융 기록이 파괴될 수 있다는 암묵적 위협으로 해석될 수 있다.

정찰을 완수했다.

비세트르Bicêtre, 저녁 9시

베르사유 군이 바뇌Bagneux 중턱에 포대를 설치했으나, 포탄이 우리에게 도달하지는 못한다. 요새와 오트-브뤼에르Hautes-Bruyères는 발포를 시작해 곧 적의 포대를 제압한다.

자정부터 새벽 2시까지. 적이 바뇌 공동묘지까지 접근했으나, 우리 병사들이 그들을 기존의 위치까지 후퇴시켰다.

몽루주Montrouge

우리 진지가 여러 차례 공격받았으나, 모든 공격을 성공적으로 격퇴했다.

라 체칠리아 장군은 현장에서 붙잡힌 간첩을 총살했다.

오트-브뤼에르Hautes-Bruyères, 빌쥐이프Villejuif와 물랑-사케Moulin-Saquet 방어선에 대한 적의 매우 격렬한 공격이 있었다.

확실한 정보에 따르면, 적은 이 지역에 백여 구의 시체를 남겼으며, 우리 쪽 피해는 경미하다.

비세트르Bicêtre와 오트-브뤼에르에서는 적을 추격하는 데 포격 지원을 했다.

뇌이이Neuilly, 오퇴유Auteuil

중요한 성공을 거두었다.

산발적인 총격전이 이어졌다.

우리 포병들은 활력이 넘치며, 병사들의 사기도 전반적으로 훌륭하다.

뇌이이

모든 상황이 순조롭다.

우리의 바리케이드 포대는 베르사유 군에게 심각한 피해를 입혔다.

자정. 적대 행위가 재개되었으며, 새벽 6시까지 이어졌고, 연합군이 유리하다.

오후. 우리의 보루가 간헐적으로 포격을 가하여 적의 포격을 중지시켰다.

몽마르트, 생투앙^{Saiut-Ouen}

쥬느빌리에^{Gennevilliers} 요새와 보루들을 향한 간헐적인 사격이 이루어지고 있다. 라 조제핀^{La Joséphine} 기지는 베콩^{Bécon}을 향해 포격했지만, 반격은 없다.

아스니에르^{Asnières}

격렬한 포격전이 있었으며, 우리는 베콩의 여러 포대를 침묵시켰다. 몽마르트르는 성공적인 결과를 내며 포격을 계속하고 있다.

오퇴유^{Auteuil}, 파시^{Passy}, 푸앵-뒤-주르^{Point-du-Jour}에서 포격이 계속되고, 많은 포탄이 트로카데로^{Trocadéro}로 향하고 있다. 여성들과 아이들이 죽거나 다쳤다. 그들의 피가 우리의 비열한 적들을 무찔러주길 바란다!

아스니에르, 19일 저녁

베르사유 군이 공격을 시도했으나, 한 시간 만에 그들의 공격이 완전히 중단되었다.

밤. 쥬느빌리에Gennevilliers로 향하던 포병 수송대가 클리시Clichy 포대에 의해 흩어졌다.

아침 9시. 적의 격렬한 포격이 있었으나, 우리의 포대가 이를 진압했다.

정오. 프티-방브Petit-Vanves

가리발디 병력이 지방군을 패주시켰다.[134]

클라마르Clamart 쪽에서도 우리가 여전히 우위를 점했다.

석간신문 〈콩스티튀시옹〉은 프로이센이 중립을 포기하고 다시 적극적으로 행동에 나서겠다고 코뮌 측에 통보했을 것으로 보도한다.

*

3월 18일 이후로, 시청의 지지자들과 신문들은, 파리를 공포에 몰아넣은 정체 없는 권력을 맹목적으로 따르는 미치광이들이 교회에서 한 발굴 작업과 관련하여 비난에 비난을 쌓아 올리고 있다. 이 발굴 작업에서 발견된 인간 유골은 증명할 필요조차 없었던 사실을 재확인시켰다. 예전에 예배 건물의 지하 납골당과 지하 예배실에서 많은 매장이 이루어졌다는 것을 모르는 사람이 있을까? 그리고 1789년 이후 여러 차례 교체된 정부 아래에서도 성스러운 사제들에 의한 이러한 특권적인 매장이 특별히 허가됐던 것을 모르는 사람이 있을까?

코뮌은 누구도 놀라지 않았던 이 사실들을 이용하여, 그러한 매장

..
134. 가리발디 병력(Les garibaldiens)은 이탈리아 혁명가 주세페 가리발디의 이름에서 유래한 것으로 코뮌 측 지원 병력일 가능성이 높다. 지방군은 농촌지역에서 온 베르사유 정부군을 지칭한다.

이 범죄를 감추려는 것이라고 주장하며 이를 반복적으로 강조하고 있다. 또한, "조사가 시작되었고 사법당국에 이 사건을 넘겼다"라고 공개적으로 선언한다.

이 무모한 행태 속에서 한 무덤 발굴자는 더욱 극단적인 주장을 펼친다. 그는 무덤에 누운 희생자들로부터 범죄의 상황에 대한 고백을 직접 들었다고, 성직자 혐오 신문의 순진한 독자들에게 이야기한다.

실제로 그제인 19일, 모든 파리 시민은 2구 지역 행정 당국의 명령에 따라 흰 종이에 인쇄된 생–로랑Saint-Laurent 교회에서 벌어진 범죄에 관한 보고서를 도시의 벽에서 볼 수 있었다.

이 상상의 범죄를 증언하는 지하 공간을 세세히 묘사하고, 희생자들을 분류하고 집계한 후, 이 조사의 주인공은 그들에게 질문을 던진다. 그리고 희생자들이 대답한다!

독자들은 내 말을 믿을 수 있겠는가?

나는 의심스럽다. 하지만 내가 복사한 것은 공식 문서이다. 이제 그것은 이 슬픈 날들의 슬픈 역사에 속하게 되었다.

"우리를 묶은 결박은 우리를 마비시킨다. 오직 우리 머리만이 아직 부드러운 흙 속에서 움직일 수 있다. 우리는 계단과 작은 창으로부터 오는 약간의 공기를 흡입하려 노력했다. 그래서 우리의 모든 머리는 흙 사이의 틈새를 통해 스며드는 약간의 공기를 마시려고 이 출구들을 향해 돌려져 있다."

그들의 의도가 그렇게 명백히 범죄적이지 않았더라면, 그리고 감히 그런 글을 쓰는 비참한 자들이 기대한 결과가 그들의 의도대로 나오지 않았더라면, 이는 단순히 우스꽝스러운 것에 불과했을 것이다.

어쨌든, 신문 〈콩스티튀시옹〉은 오늘 이러한 악의적이고 어리석은 보고 내용을 바로잡는 기사를 싣는다.

불행히도, 이 기사는 깨우침이 필요한 사람들에게는 읽히지 않을 것이다. 아니 그게 아니라, 깨우침이 필요한 사람들이 이 글을 읽을까? 아니 그런 기대를 한 것 자체가 내 착각이었다. 이 기사가 그들의 눈앞에 펼쳐지더라도, 그들은 진실을 믿지 않을 것이고, 다른 문제와 마찬가지로 이 문제에 관해서도 그들의 잘못된 생각을 고집할 것이다. 무오류의 코뮌이 그렇게 말하지 않았던가?

여기에 〈콩스티튀시옹〉의 기사가 있다. 그 제목은 '현대의 헤로스트라토스'[135]이다.

현대의 헤로스트라토스

코뮌 소속 파괴자들은 파리의 여러 교회에서 대규모로 발굴 작업을 계속 진행하고 있다. 이들은 생-로랑에서 발견된 몇몇 무덤에 눈독을 들였는데, 그 안의 시신들은 당시 로베르-우댕Robert-Houdin[136]을 모방한 사람들이었던 것으로 보인다. 자신들 죽음의 방식을 사후에 적었다는 점에서 그렇다. 우리의 시신 발굴자들은 이제 파리를 진정한 폼페이 같은 도시로 만들 의무가 있다고 믿는 것 같다.

그들을 보라. 매번 그들의 총성이 석판 위에서 울릴 때마다, 지하

---
135. 고대 그리스의 헤로스트라토스는 유명해지기 위해 고의로 에페소스의 아르테미스 신전을 불태운 인물이다. 이후 그의 이름은 '부정적인 수단을 통해 명성을 얻으려는 사람'을 상징하게 되었다.
136. 로베르-우댕(1805~1871)은 프랑스의 유명한 마술사이자, 현대 마술의 아버지로 불리는 인물이다.

무덤의 단서를 줄 수 있는 소리가 들려온다. 즉시 망치로 돌을 깨뜨리면, 말로 표현할 수 없는 기쁨과 환희의 소리가 터져 나온다. 그들은 마치 큰 전투 뒤에 시체 무덤의 냄새를 맡는 까마귀 무리를 연상케 한다.

그러나, 코뮌, 이 친구야, 성소의 바닥 아래에서 무덤을 찾는 것만큼 단순한 일이 어디 있겠는가? 만약 파리의 코뮌 용병들이 모두 신을 배반한 것은 아니고, 교회의 역사와 관습을 조금이라도 더 잘 알고 있었다면, 그들은 각 성직자가 자신의 본당에서 덕행으로 존경을 받았고, 그가 정의롭고, 자비롭고, 자애로우며, 이 땅에서 선행을 베풀며 살았을 때, 그는 신도들의 숭배를 받았고, 그의 본당 신도들이 그를 신성한 장소의 바닥 바로 아래에 무덤을 파 주었음을 알았을 것이다. 그것은 이 평화의 사도에게는 청동 기둥이며, 그의 삶과 업적은 개선문으로 기념되는 병사들의 업적에 못지않게 영광스럽다.

최근에 노트르-담-데-빅투아르Notre-Dame-des-Victoires 교회에서 발견된 무덤은, 코뮌의 포고문이 떠들썩하게 다룬 것처럼 특별한 것이 아니라, 90세의 나이로 세상을 떠난 훌륭하고 존경받는 데즈네트Desgenettes 신부의 무덤이다. 그는 본당 전체의 존경을 받는 인물이었으며, 그의 앞에 간청의 손길을 내민 사람은 누구나 풍성한 은혜를 받을 수 있었다. 그는 신도들의 아버지였고, 고통받는 이들의 위로자였다. 틀림없이, 그는 사치와 안락과는 거리가 먼 인물이었다. 오늘날 그의 고요한 휴식을 방해하는 라빌레트la Villette의 가장 보잘것없는 노동자조차도, 단순하고 소박한 벽으로 이루어진 그의 방에서 살기를 원하지 않았을 것이다.

이제 우리는 무덤의 안식을 영원히 잃은 것인가? 그리고 죽음의 공간에서조차도, 파괴하는 샤스포 대신 위로하는 십자가를 손에 들었다는 이유로 쫓겨 다녀야 하는가? 어제 코뮌의 국민방위대 약 500명은 프티-페르Petits-Pères 교회에 와서, 일부는 대제단 위에 나태하게 누워 있었고, 다른 일부는 성모상을 식당 여직원으로 차려 입히고, 초와 향을 태우며 어둡고 음산한 장례 작업을 수행했다. 우리 생각에, 코뮌은 그들이 원하고 주장하는 것처럼 베르사유파를 이기고자 한다면, 그들의 병사들을, 이곳이 아니라, 전초 기지에 배치된 대대들을 강화하기 위해 보내는 것이 더 나았을 것이다.

여태껏 우리는 그들 안에서 오직 한 가지밖에 볼 수 없었다. 그것은 가장 서글픈 문화 파괴 행위에 대한 패러디와 표절이다.

헤로스트라토스는 자신의 이름에 빛을 더할 다른 방법이 없어, 세계 7대 불가사의 중 하나였던 에페수스의 아름다운 신전에 방화했다. 코뮌의 신전과 기둥 파괴자들은 유사한 불멸을 갈망하는 것처럼 보인다.

오늘 아침 〈모 도르드르le Mot d'ordre〉 신문은 발행되지 않았다. 어제 저녁 파리를 떠난 로슈포르Rochefort 씨가 모Meaux에서 체포되었다는 소문이 돌고 있다.

*

아르쾨이유-카샹Arcueil-Cachan에서 존경받는 도미니코 수도사들이 코뮌에 의해 체포되었을 것으로 전해진다.

*

베르사유 군대가 포르트 도핀porte Dauphine 성벽을 넘어섰을 것이라는 소문이 어제저녁 또다시 돌았다. 이곳은 모두가 아는 바와 같이, 옛 엥페라트리스 대로avenue de l'Impératrice였던 위리크 대로avenue Uhrich로 이어진다. 이 소문은 오늘 계속 들린다.

확실한 것은, 어제부터 대포와 총격 소리가 더욱 가까워졌다는 것이다. 발사 사이의 간격이 더 이상 느껴지지 않을 정도로 계속 이어졌고, 소리가 엄청나게 크고 지속적이다. 마치 전투가 바로 근처 거리에서 일어나고 있다고 믿을 정도이다.

현재 시각 4시, 남쪽에서 대규모 전투가 벌어지고 있다고 전해진다. 포격은 전 방어선에 걸쳐 퍼지고 있으며, 요새의 반경 안으로 포탄과 총알이 전에 없이 쏟아지고 있다.

우리가 결정적인 순간에 도달한 것일까?

앞선 일들은 그렇게 믿게 한다.

이를 확증하는 것처럼 보이는 사실은, 모든 코뮌 신문이 연합군의 성공을 그 어느 때보다도 크게 외치고 있다는 점이다.

나는 채 한 시간도 안 되기 전에 콩코르드 광장에서 갓 발행된 〈살뤼 퓌블릭 le Salut public〉 신문을 샀는데, 판매원은 그것이 '바로 오늘 코뮌이 베르사유군에 대해 거둔 큰 승리'를 다루고 있다고 말했다.

'최신 소식'이라는 제목 아래, 붉은 신문은 실제로 다음과 같은 소식을 전하고 있다.

5월 21일 아침. 돔브로브스키가 베르사유 군에 또다시 승리를 거두었다.

저녁과 밤이 시작될 무렵에는 매우 평온했다. 멀리서 간간이 대포 소리만 들릴 뿐이었다.

그러나 새벽 1시에 베르사유 군은 오퇴유 Auteuil 쪽으로 위장 공격을 시작했다. 총격전과 대포 소리로 이들을 맞이했고, 우리 대대는 굳건히 버텼다. 새벽 2시경, 라 뮈에트 la Muette와 포르트 마이요 porte Maillot에서 진짜 공격이 벌어졌다. 전투는 격렬했으며, 베르사유 군의 수가 그 어느 때보다 많았다. 하지만 늙은 마크–마옹Mac-Mahon은 젊은 돔브로브스키에게 자리를 내줄 수밖에 없었다. 그의 용맹함과 지혜만큼이나 행운도 뒤따랐다.

이 공격 동안, 몽트르투Montretout, 몽–발레리앵Mont-Valérien, 쿠르브부아Courbevoie, 퓌토Puteaux, 뇌이이Neuilly 등에 있는 포대 그리고 그랑드–자트Grande-Jatte 섬의 이동식 포대가 베르사유 군을 지원했다. 반면, 연합군은 클리시Clichy에서 오퇴유까지 이어진 요새에 배치된 포병대와 라 뮈에트la Muette의 포대만을 보유하고 있었고, 이들은 전투에서 중요한 역할을 했다. 이에 추가로 개선문에 배치된 12문의 박격포와 장사정포가 있었다.

대포의 끊임없는 발사로 인한 엄청난 소음을 생각해 볼 수 있을 것이다. 그렇지만 총격과 기관총이 포탄보다 더 많은 희생자를 낳았다.

하나의 공격 과정에서 베르사유 군은 성벽을 향해 돌격하며 파리에 진입할 수 있겠다고 믿었다. 바로 그 순간, **17문의 기관총이** 동시에 발사되었고 3,000명이 넘는 베르사유 군이 땅에 쓰러져 죽거나 다쳤다. 우리는 여러 차례 강조했듯, 우리 연합군은 기관총만 있으면 무적이 될 것이다.

오후 4시 30분, 베르사유 군의 화력이 약해졌고, 대포가 멈췄다. 오직 우리 연합군의 기관총만이 그들의 후퇴와 함께했다. 그 후, 포격전은 평소와 같이 다시 시작되었다.

오후 6시, 돔브로브스키 장군이 방돔 광장에 도착하는 것이 보였으며, 그는 이렇게 하루가 잘 시작된 것에 매우 만족해 보였다.

*

날씨가 아주 화창하고, 광장에는 많은 군중이 있다. 각자 그 혐오스러운 신문을 사고, 곧 모두가 신문을 들고 있다. 모두 그 신문을 탐독하고, 만족스러워한다. 이는 코뮌 행위들, 아니면 일반적으로 모든 정부의 행위들 가운데에서도 아주 드물게 나타나는 특권이어서 간단한 설명이 아예 빠질 수는 없다. 코뮌 지지자들은 그 소식을 믿기에 만족하고, 베르사유파는 그 소식이 알리는 것과 반대되는 것을 믿기에 만족하는 것이다.

오후 5시가 되었다. 나는 콩코르드에서 대로로 향한다. 거기에서도 같은 느낌을 받았다.

오후 6시쯤, 몇몇 별동부대가 방벽을 넘었다는 소문이 갑자기 퍼지기 시작한다. 그러나 정규군이 주력을 투입한 지점에 대해서는 여러 가지 다른 이야기가 나돈다. 하지만 포르트 도퇴유porte d'Auteuil라는 설과, 혹은 철도 교량[137]과 포르트 마이요porte Maillot 사이에 걸쳐 있는 방벽 전체가 거의 완전히 무너졌다는 것이 이미 알려져 있었으므로, 그 지점이 무력으로 돌파된 곳이라는 설이 가장 유력하다. 이 사건은 2시간도 채 안 되기 전에 일어났다고 하며, 이는 소식이 대로에 도달하기까지 걸린 시간보다 조금 전의 일이다.

코뮌의 전령 활동은 항상 매우 활발하지만, 이번에는 더더욱 활발해졌다. 특히 방돔 광장과 시청 사이에서 그 활동이 두드러진다. 리볼리 거리rue de Rivoli는 문자 그대로 전령들로 가득 차 있다. 이제는 단순히 빨리 가는 것이 아니라, 아예 전속력으로 통신이 이루어진다.

‥
137. 철도와 도로가 아래위로 함께 있는 다리. 당시에 오퇴유 다리라고 부르던 이 교량은 센강을 건너는 것이며, 오퇴유–불론뉴역과 파리 좌안을 연결해 주었다.

코뮌 권력의 두 중심부 사이에서 이처럼 통신이 급증하는 것은 좋은 소식이 있음을 믿게 만든다.

나는 저녁 8시쯤 집에 돌아오는데, 좌안에 대한 포격이 계속되고 있음을 알게 되었다. 우리 동네 사람들에 따르면, 포탄이 그르넬Grenelle과 보지라르Vaugirard 깊은 곳까지 도달하고 있다고 한다.

5월 22일

아침 8시.

진실이 드러나는 것을 막기 위해 코뮌이 쌓아 올린 장애물들, 더욱 대담해진 거짓말, 점점 더 폭력적으로 이어져 온 조치들, 그리고 사방에서 점차 커져만 가는 혼란 등에도 불구하고, 지난 48시간 동안 우리는 두 달 넘게 우리 눈앞에 펼쳐졌던 이 비극의 첫 막이 끝나가고 있음을 느낄 수 있었다.

어젯밤, 소중한 희망을 품게 한 소문에 따르면, 일부 부대가 방벽을 넘고 있었고, 이는 시청 정부가 그들의 승승장구하는 부대가 "3,000명의 베르사유군을 물리쳤다."라고 발표한 바로 그 시간과 같았다.

시간이 흐르던 지난밤은 마지막 외곽 전투의 증인이 될 것이다.

대포와 총격 소리는 하루 종일 계속되었고, 점점 더 강렬해지며 시간마다, 그리고 15분마다 점점 가까워지고 있다.

4시. 나는 잠자리에서 일어난다.

내 창문 맞은편에 세워진 국민방위대 초소의 병사들이 군사 학교[138]

---

138. 샹 드 마르스 근처에 있는 군사 학교로, 장교 교육과 군사 훈련을 목적으로 18세기에 설립되었다. 현재도 같은 기능을 유지하고 있다.

쪽의 한 지점을 가리키고 있다. 그곳에서 방금 포탄 하나가 터졌고, 나는 아직도 연기가 나는 것을 보고 있다. 그 순간 나는 바빌론 거리^{rue} $_{\text{de Babylone}}$에 주둔하고 있는 두 명의 '코뮌 복수자들'이 발걸음을 서둘러 병영으로 돌아가는 모습을 본다.

나는 집 밖으로 나가서 그들을 뒤따른다. 나는 동네 일부를 둘러보는데, 그곳에는 익숙하지 않은 움직임이 포착된다. 사람들이 질문하고, 대답은 하지만 멈추지는 않는다. 연합군의 북 치는 병사 하나가 지나간다. 나는 누군가 그에게 던진 질문을 듣지 못했지만, 그의 대답을 통해 그것을 유추한다. "그렇소, 그들이 어제저녁 4시경 방벽 위에 그것을 세웠소." 그리고 그 사람은 길모퉁이에서 사라졌다.

내가 보는 것, 내가 듣는 것 모두가 내 마음속에 불안을 불러일으키고, 동시에 희망을 강화한다. 나는 내 관측소로 향한다. 나는 불안한 마음으로 군사 학교의 꼭대기에 지난 2개월 동안 펼쳐져 있던 흉측한 붉은 깃발을 찾는다. 신께 감사드린다! 그것이 사라졌다! 그리고 삼색기가 군사 학교의 모든 꼭대기에서 당당히 휘날리고 있다. 나는 황급히 집으로 돌아간다. 오전 6시까지 있던 국민방위대 초소가 사라졌고, 더 이상 단 한 명의 방위대원도 없다. 바빌론 병영도 텅 비어 있다. 멈추지 않았던 총격전은 더 격렬하고 더 급박해진다. 총성이 사방에서 울려 퍼진다. 총알이 공기 중에 휘파람 소리를 낸다. 어디에서 싸움이 벌어지고 있는가? 여기저기 사방에서 벌어진다. 갑자기 정규군 병사들이 이 거리의 모퉁이에, 다음에 저쪽 거리 모퉁이에, 그리고 이쪽 대로에, 그리고 저 대로변에 나타난다. 이건 해방이다. 베르사유 군대가 파리에 들어왔다.

나는 내가 스스로 맡았던 임무를 완수했다.

해방군이 우리의 성벽 안으로 들어오면서, 파리와 지방 간의 소통이 다시 열렸고 평화가 회복되었다. 신문들은 이 고통스러운 일주일 동안 벌어진 사건들에 대한 정확하고 완전한 이야기를 전했다. 그들은 싸움이 얼마나 끔찍하고 치열했는지를 알려주었다. 그들은 우리의 용감한 군인들이 얼마나 열정적으로, 얼마나 결연한 태도로 구역마다, 거리마다, 파리를 뒤덮은 연합군의 막강한 장애물들을 철거했는지를 말해주었다. 그들은, 점점 더 압박받고, 점점 더 밀려나던 비참한 자들이 자기 지도자들의 모범에 격려를 받으며 도망치는 중에 죽음과 화재를 뿌렸다고 말했다. 그들은 인질-순교자들의 살해와 프랑스 전체가 자랑스러워했던 기념물들의 화재에 대해 말했다. 그리고 그들은 반란이 마침내 진압되고, 파리가 상처 입고, 피 흘리며, 잔해로 덮이고, 두 달 동안 악랄한 범죄자들의 역겨운 속박에 시달렸던 상황에서, 마침내 파리가 그들의 손아귀에서 벗어난 날과 시간을 알려주었다.

나는 이 비참한 광경에 더할 말이 없다.

위대한 도시가 일상적인 노동과 여러 고된 노력을 하는 삶을 되찾기까지는 아직 많은 날이 흘러야 할 것이다.

그렇지만 그 도시는 이미 이를 시도하고 있으며, 자신이 얼마나 비열한 자들의 행위로 인해 폭력적으로 상처 입었는지를 기억하겠다고 약속하고 있다. 그들의 이름은 역사에 기록될 것이지만, 오로지 저주받기 위해서일 뿐이다.

| 옮긴이 해제 |

 이 책의 내용은 지방의 한 기자가 코뮌 기간에 파리에서 일어난 일을 목격하고 정리한 것이다. 〈로제르 신문*Courrier de la Lozère*〉 편집장인 샤를 베르즈랑은 주재원으로 파리에서 근무하며 여러 정보를 수집하고 정리해서 신문사로 보내던 중, 코뮌이 발생하자 자신의 도시로 돌아가지 않고, 파리에 남아서 자기 일을 계속했다. 그 기록을 모아 발표한 것이 바로 이 책이다. 이 책의 출간일은 1871년 6월 5일이다. 이 시기는 코뮌이 진압된 지 불과 1주일도 안 지난 시점으로, 아직 사건의 후속 처리를 겨우 시작하던 때라고 볼 수 있다. 저자의 글은 5월 21일로 끝이 나는데, 이는 소위 '피의 일주일'이 시작되는 날이기도 하다. 저자는 이 중요한 일주일의 사건을 다른 신문 기사로 대신하고 있는데, 그 이유는 밝히고 있지 않다.
 저자는 철저하게 코뮌을 반란군으로 보고 적대시하는 시각에서 기사를 작성했다. 따라서 코뮌이 추진한 정책 중 후대에 긍정적 영향을 미치고 현대에 적용되고 있는 것들조차도 부정적 시선으로 바라보고 있다. 또한 당시 코뮌에 참가하거나 공감한 시민, 특히 노동자 등 하층민의 정서는 외면하고 있다. 그들을 비천한 도시 빈민으로 보고, 그들의 정서나 요구가 무엇인지에 대해서는 궁금해하지 않는

다. 반면에 코뮌주의자들에 의해 보수적, 전통적 가치가 훼손되는 것에는 분개하고 있다. 이는 당시의 왕정 체제에 길든 일반적 정서와 이미 사회의 주역으로 자리 잡은 부유한 부르주아 계층의 정서를 대변한다고 볼 수 있다.

한편 편집자가 머리말에서 밝혔듯이 이 책의 내용은 거리에서 들은 소문, 목격한 사실 등을 시간대별로 정리한 것이다. 그리고 글을 다듬어 완성도를 높이려고 시도하지도 않고, 메모 형태를 그대로 유지하고 있다. 이렇게 훗날 바뀐 관점이나 사실에 따라 그 내용의 오류를 수정하거나 가감하지 않고 한 권의 책으로 묶어 냈다는 것에 이 책의 의의가 있으며, 그것을 유일한 목적으로 하고 있다고 편집자는 말한다. 따라서 번역서의 조판도 가급적 원문의 메모 필체와 문단 구조를 그대로 유지하였다.

*

다음은 '파리 코뮌'에 관한 일반적인 정보를 정리한 것이다. 이 내용은 코뮌이 끝나고 오랜 시간에 걸쳐서 역사적으로 정리된 것이다. 따라서 코뮌이 끝나자마자 작성된 본문을 이해하는 데에 참고 자료가 될 수 있겠다.

코뮌의 정치적 배경

1871년 파리 코뮌은 프랑스-프로이센 전쟁의 패배와 그로 인한 정치적, 사회적 혼란이 주요 계기였다. 프랑스 정부가 굴욕적인 조건으로 독일과 강화 협정을 체결하고, 파리 시민과 노동자들로 구성된 국민방위대의 대포를 압수하려는 시도가 시민들의 반발을 불러일으켰다. 이러한 상황에서 파리 시민들은 자체 선거를 통해 사회주의 자치 정부인 파리 코뮌을 수립하게 되었다.

파리 코뮌 당시 베르사유 정부는 보수적이고 반혁명적인 성격을 띠었다. 실제로 프랑스-프로이센 전쟁에서 패한 후 1871년 초에 남성 보통 선거를 통해 국민 의회가 구성되는데 이 의회는 왕당파 62%(396석), 공화파 약 35%(222석), 보나파르트주의자 약 3%(20석)로 구성되었다. 즉 왕당파가 다수를 차지하였고, 이는 공화정을 원하는 도시지역의 반발에도 불구하고 보수적인 시각을 대변하게 된다.

베르사유 정부는 파리 코뮌의 사회주의적이고 혁명적인 정책에 강력히 반대하며, 기존의 질서를 유지하려는 입장이었다. 아돌프 티에르가 이끄는 베르사유 정부는 파리 코뮌을 진압하기 위해 군사력을 동원했고, 이는 결국 피비린내 나는 진압으로 이어졌다. 베르사유 정부의 이러한 태도는 당시 프랑스 사회의 계급 갈등과 정치적 분열을 극명하게 보여주는 사례로 평가된다.

경과

1870년 7월 19일, 프랑스는 프로이센에 선전포고했다. 나폴레옹 3세 군대가 세당Sedan에서 항복한 후, 파리 의원들은 9월 4일 공화국을 선포했지만, 전쟁은 계속되었고, 파리는 9월 19일부터 포위되기 시작했다. 프랑스의 나머지 지역과 고립된 수도는 필사적으로 저항했다. 수십만 명의 남성들이 국민방위대에 합류했으며, 혁명적 열기가 코뮌 설립을 요구하는 여러 민중 봉기로 이어졌다. 1871년 1월 28일 휴전 조약이 체결되었다는 발표는 수도 내벽을 적군이 침투하지 못하게 막기 위해 많은 희생을 감수하고 혹독한 겨울 속에서도 프로이센 폭격의 고통을 견뎌온 많은 파리 시민에게 배신으로 여겨졌다.

1871년 2월 8일의 총선거는 의회에 군주제와 반동적인 다수를 가져왔으며, 이는 명예 없는 평화를 지지하는 농촌지역과 휴전에 단호히 반대하는 파리 시민들 간의 분열을 가속했다. 3월 18일, 파리 국민 방위군의 대포를 회수하려는 정부의 경찰 작전은 새로운 민중 봉기를 촉발했다. 프랑스는 한편으로는 베르사유로 도피한 아돌프 티에르Adolphe Thiers 정부와 그를 지지하는 국회, 다른 한편으로는 3월 26일 선출되어 이틀 후 설치된 파리 코뮌 간의 내전 상황에 놓이게 되었다.

베르사유군은 1871년 4월 11일부터 5월 21일까지 두 번째 파리 포위를 시작하며 코뮌주의자들이 탈출을 계획하지 못하도록 노력했다. 프로이센군이 수도 북쪽과 동쪽에 주둔한 상황에서, 베르사유군의 작전은 남쪽과 서쪽에 집중되었다. 수도가 견고한 방벽으로 보호받고 있었기에 정부는 점진적으로 수도를 점령하는 신중한 전략을 채택했다. 정부는 특히 군대의 분열, 의회의 정부 전복, 주요 도시들이 파리 봉기에 합류하는 일, 또는 아직 영토를 점유하고 있는 프로이센군이 개입하는 것 등을 우려했다. 이후 베르사유군은 파리 주변, 특히 도시를 보호하는 요새인 이시Issy와 방브Vanves를 집중적으로 폭격했다.

역사가 올리비에 페이노Olivier Peynot의 주장에 따르면, 엄밀한 의미에서 잘 조직된 코뮌의 군대가 별도로 존재한 것은 아니었고 기존의 국민방위대가 코뮌의 방어와 전투를 담당했다. 실제로 파리의 방어는 각 구역마다 병합된 대대들로 구성된 집합체에 의해 이루어졌지만, 이들의 행동은 조정되지도, 효과적이지도 않았다. 또한 국민방위대의 규율, 관리 및 지휘를 개선하기 위해 실시한 개혁은 제한적인 결과만을 가져왔다.

피의 주간 초기, 국민방위대는 총 17만 명의 무장 병력을 보유하고 있다고 평가했으며, 그중 8만 명은 전투 중대, 10,500명은 남부 요새 주둔군, 그리고 수천 명은 병영에 있는 예비군으로 구성되었다. 그러나 역사학자들에 따르면, 총병력이 동시에 동원된 적은 전혀 없었다. 참모부는 여러 대대가 병력을 과장 보고하며, 때로는 추가 급료, 장비 또는 배급을 받기 위해 그렇게 했다는 점을 파악했다. 코뮌은 겨우 2만 명의 적극적인 전투원을 믿을 수 있었다. 국민방위대에는 유능하고 경험 많으며 결의에 찬 병사들도 있었지만, 일부는 미온적 태도를 보였다. 또한, 이들은 기강이 부족했으며, 특히 몇몇 눈에 띄는 음주 사례가 존재했다.

피의 일주일

1871년 파리 코뮌의 '피의 일주일'은 5월 21일 베르사유 군대가 파리에 입성하면서 시작되어 5월 28일 페르-라셰즈^{Père-Lachaise} 묘지에서의 마지막 전투로 막을 내렸다. 이 한 주 동안 봉기는 진압되었고, 코뮌주의자들은 대규모로 처형당했다. 또한 대다수 시민이 학살당했고, 센강은 핏빛으로 물들었다고 전해진다.

5월 21일 일요일 오후, 12만에서 13만 명의 병력을 보유한 베르사유군은 푸앵-뒤-주르^{Point-du-Jour}를 통해 수도의 방벽을 무저항으로 진입했다. 그 시점에 코뮌 위원회는 클뤼즈레^{Cluseret}를 심리 중이었고, 현장 지휘관의 증원요청에도 늦게 대처했다.

다음 날 아침, 연합군은 반격했지만 전투는 체계적으로 이루어지지 않았고, 베르사유군은 계속해서 빠르게 진격했다. 도시 전역에 약 900개의 바리케이드가 설치되었다. 저녁이 되자 베르사유 군대는 이미 도시의 4분의 1을 점령하고 강력한 진압을 시작했다. 바빌론 병영에서 17명의 국민방위대원이 총살당했으며, 첫 번째 화재가 발생하기 시작했다. 이 화재는 코뮌주의자들이 정규군의 진격을 늦추기 위해 선호하는 방법의 하나가 되었다. 오르세 궁전Palais d'Orsay, 튈르리 궁전 Palais des Tuileries과 같은 수많은 기념물이 방화로 인해 불탔다. 베르사유 군대는 오페라, 몽마르트르, 콩코드를 점령했으며, 천문대Observatoire에 도달하여 대규모 처형을 실행했다.

5월 24일, 정규군은 파리 중심부의 바리케이드로 막힌 좁은 거리에서 어려운 진격을 이어갔으며, 특히 라탱 지구에서 치열한 전투가 벌어졌다. 북쪽에서는 베르사유 군대가 동역Gare de l'Est과 북역Gare du Nord 등을 점령했다.

전날의 화재는 계속되었고, 루브르, 생트-오노레 거리Rue Saint-Honoré, 리볼리 거리Rue de Rivoli, 루아얄 거리Rue Royale, 팔레 루아얄 Palais-Royal, 시청 등에서 새로운 화재가 발생했다.

5월 25일, 뷔트-오-까유Butte-aux-Cailles가 함락되었고, 동시에 새로운 인질들이 처형되었다.

다음 날, 샤랑통 거리Rue de Charenton의 한 바리케이드에서 100명 이상의 코뮌주의자가 사살되었으며, 생트-마르그리트 거리Rue Sainte-Marguerite의 방어자들도 전원 살해되었다. 반란자들은 이제 수도 동부의 좁은 지역만을 점령하고 있었으며, 일부 지도자들의 반대에도 불구하고, 새로운 인질들을 추가로 처형했다.

5월 27일, 마지막 연합군이 포위되면서 뷔트-쇼몽Buttes-Chaumont에 대한 공격이 오후 초반에 시작되었다. 정부군은 샤론Charonne 지구로 진격했고, 이곳에서 저항이 약화하였다.

반란자들은 페르-라셰즈 묘지로 후퇴했고, 묘비 사이에서 필사적으로 방어했으며, 마지막 전투는 황혼이 질 무렵 총검으로 벌어졌다.

다음 날 아침, 147명의 코뮌주의자가 연합군 벽mur des Fédérés에서 처형된 후, 울타리 동쪽 벽 근처의 열린 구덩이에 던져졌다.

'피의 일주일' 동안 인명 피해는 매우 컸지만, 정확한 수치는 확정되지 않았다. 또한 바리케이드를 우회하기 위해 대규모로 사용된 포병과 화재는 수도 전역에 막대한 파괴를 초래하며, 대부분 주요 기념물을 훼손시켰다.

학자들에 따르면 승자는 체계적인 학살을 진행했으며, 피의 일주일은 '조직적이고 계산된 숙청'의 성격을 띠고 있다. 따라서 처형된 사람들의 대다수가 조직적이고 준법적인 학살의 희생자였다. 약식 처형은 5월 22일부터 시작되었으며, 베르사유 병사들은 지역을 수색하며, 사소한 의심만으로도 체포하고 처형했다. 이들의 잔혹 행위는 코뮌주의 전투원들만을 대상으로 하지 않았으며, 병원에서 여성, 어린이, 환자, 노인들도 살해되었다. 사망자 수를 둘러싼 논란이 있으며, 각자의 주장이 다르다. 베르사유군 지휘자 마크 마옹Mac Mahon은 조사 위원회에서 17,000명을 언급했고, 다른 학자는 2만 명을 주장했다.

사후 처리

전투가 끝난 후, 베르사유 정부의 진압은 가혹했다. 피의 주간이 시작된 5월 22일부터, 정부는 경찰을 베르사유 군대와 긴밀히 협력시

켜 코뮌주의자들이 도망치는 것을 막았다. 도망자들의 수색은 복잡했다. 한편으로는 경찰의 여러 부서 간 협력이 효과적이지 않았고, 다른 한편으로는, 시청의 화재로 대부분의 개인 파일이 소실되어 신원 확인이 어려워졌다. 이는 때로 비극적인 실수를 초래하기도 했는데, 많은 파리 시민이 잘 알려진 코뮌주의자와 단순히 닮았다는 이유만으로 약식 처형되었다.

1871년 4월 2일부터 5월 20일까지 체포된 수천 명의 연합군 외에도 수도 내부에서 전투가 벌어진 주간 동안 포로로 잡힌 반란군들이 있다. 그러나 체포는 6월과 7월에도 계속되었으며, 종종 밀고로 이루어졌다.

봉기 참여자들을 처벌하는 것 외에도, 베르사유 정부는 국민방위대를 해산함으로써 대중 운동을 지원하는 경향이 너무 강한 이 조직을 제거했다. 국민방위대는 1871년 8월 29일 국회에서 통과된 법으로 해산되었다.

1872년 3월 23일 법은 코뮌주의자들의 유형지로 누벨칼레도니 New-Calédonie를 지정했다. 이 섬을 선택한 목적 중 하나는 태평양에서 프랑스의 존재를 강화하며 농업 식민화를 추진하려는 것이었고, 다른 하나는 코뮌주의자들을 본국에서 멀리 떨어뜨리려는 의도였다. 1872년부터 1878년까지 3,800명 이상의 사람이 매우 열악한 조건에서 이송되었다.

베르사유 정부의 진압을 피해 많은 코뮌주의자가 망명을 선택했다. 이들의 수는 5,000명에서 6,000명 사이로 추정된다. 약 3,000명의 코뮌주의자가 영국에서 피난처를 찾았고, 벨기에, 스위스, 스페인, 이탈리아, 헝가리, 미국, 심지어 러시아에 정착한 이들도 있다.

코뮌의 개혁 정책

파리 코뮌은 짧은 기간 동안 혁신적인 사회적, 정치적 개혁을 시도했으며, 그중에서도 다음과 같은 정책들이 특히 의미 있는 것으로 평가된다.

1. 노동시간 단축. 노동자들의 권익을 보호하기 위해 노동시간을 단축하고, 과도한 노동을 방지하려는 노력이 있었다.
2. 공공 서비스 개선. 교육과 복지 서비스를 강화하여 시민들의 삶의 질을 향상하게 하고자 했다.
3. 여성의 권리 증진. 여성의 사회적 역할을 확대하고, 여성 노동자들의 권리를 보호하는 데 초점을 맞췄다.
4. 군사 민주화. 국민방위대를 통해 군사 조직을 민주적으로 운영하려는 시도가 이루어졌다.
5. 종교와 국가의 분리. 종교적 권위로부터 국가를 독립시키고, 세속적 정부를 지향했다.

이러한 정책들은 당시로서는 매우 혁신적이었으며, 이후 사회주의와 노동운동에 큰 영향을 미쳤다. 이 정책 중에 현대에 적용되지 않는 것은 없으며, 당대에는 거부 반응을 일으켰지만, 현재에는 당연하게 생각되는 것들이다.

당대 반응

파리 코뮌 당시 파리 시민들 사이에서 지지자와 반대자의 분포는 명확히 수치화하기 어렵지만, 대체로 노동자 계층과 빈곤층이 코뮌을 강력히 지지했으며, 부유층과 보수적인 시민들은 반대하는 경향이 있었다. 코뮌은 노동자와 빈곤층의 권익을 대변하며 사회적 개혁을 추진했기 때문에, 이 계층의 시민들이 적극적으로 참여하고 지지했다. 반면, 부유층과 기존 체제를 지지하는 시민들은 코뮌의 급진적인 개혁과 기존 질서의 붕괴를 우려하며 반대했다.

학자들에 따르면, 에밀 졸라, 귀스타브 플로베르 등 당시 주요 작가들은 대부분 베르사유 측을 지지했다. 사건의 직접적 또는 간접적 목격자였던 그들은 코뮌주의자들을 강도와 야만인으로 묘사하는 데 주력했으며, 이들은 봉쇄로 인한 고통과 항복의 굴욕을 악용해 오래전부터 봉기를 계획했다고 주장했다.

후대에 끼친 영향

베르사유 정부의 정책은 프랑스 사회에 여러 가지 영향을 미쳤다. 특히, 파리 코뮌을 진압하는 과정에서 강경한 군사적 대응을 통해 사회적 갈등을 심화시켰다. 이에 따라 노동자 계급과 정부 간의 불신이 커졌으며, 이후 프랑스 사회에서 계급 간의 긴장이 더욱 두드러지게 되었다.

또한, 베르사유 정부는 기존의 보수적인 질서를 유지하려는 정책을 펼쳤으며, 이는 사회적 개혁을 요구하는 목소리를 억압하는 결과를 낳았다. 이러한 억압적인 정책은 프랑스 내에서 민주주의와 사회주의 운동의 발전에 큰 영향을 미쳤다.

파리 코뮌 이후 프랑스 사회주의 운동은 중요한 전환점을 맞이했다. 코뮌의 실패는 사회주의자들에게 큰 충격을 주었지만, 동시에 노동자 계급의 단결과 조직화의 필요성을 더욱 절실히 느끼게 했다. 19세기 후반, 프랑스에서는 다양한 사회주의 정당과 노동조합이 등장했다. 특히 1905년에는 여러 사회주의 정당이 통합되어 '프랑스 사회당SFIO'이 창당되었으며, 이는 장 조레스와 같은 지도자들에 의해 이끌어졌다. 조레스는 평화주의와 노동자 권리 옹호를 강조하며 프랑스 사회주의 운동의 상징적인 인물로 자리 잡았다.

20세기 초반, 사회주의 운동은 노동자들의 권리 향상과 복지 제도 도입에 이바지했으며, 이후 프랑스 공산당PCF과 같은 새로운 좌파 정당들이 등장하면서 다양한 이념적 스펙트럼을 형성했다. 특히 제2차 세계대전 이후, 사회주의 정당들은 프랑스 정치에서 중요한 역할을 하며 노동자 계급의 목소리를 대변했다.

ⓒ 도서출판 b, 2025

파리 코뮌: 한 보수주의자의 기록

초판 1쇄 발행 2025년 9월 24일

지은이 샤를 베르즈랑
옮긴이 강형식
펴낸이 조기조

펴낸곳 도서출판 b
등 록 2003년 2월 24일 제2023-000100호
주 소 서울시 금천구 가산디지털2로 169-23 가산모비우스타워 1501-2
전 화 02-6293-7070(대) | 팩시밀리 02-6293-8080
이메일 bbooks@naver.com | 홈페이지 b-book.co.kr

ISBN 979-11-92986-47-0   03920
값   16,000원

* 이 책 내용의 일부 또는 전부를 재사용하려면 도서출판b의 동의를 얻어야합니다.
* 잘못된 책은 교환해 드립니다.